Hans-Eberhard Lex wurde 1938 in Minden geboren. Nach dem Besuch des Gymnasiums ließ er sich zum Schauspieler ausbilden. Nach 7jähriger Bühnentätigkeit wechselte er in den Journalismus.
Hans-Eberhard Lex lebt in Hamburg und in den Pyrenäen.

Von Hans-Eberhard Lex ist außerdem erschienen:

»*An den Stätten der Französischen Revolution*« (Band 4012)

Die Abbildung auf Seite 4 (Selbstmord des Henkers – anonym) und auf den Seiten 6/7 (Hinrichtung von Louis Philippe Joseph – anonym) befindet sich in der Bibliothèque Nationale, Paris

Vollständige Taschenbuchausgabe August 1991
Droemersche Verlagsanstalt Th. Knaur Nachf., München
© 1989 Rasch und Röhring Verlag, Hamburg
Umschlaggestaltung Manfred Waller
Umschlagfoto AKG, Berlin
Druck und Bindung Ebner Ulm
Printed in Germany   5 4 3 2 1
ISBN 3-426-04090-5

Hans-Eberhard Lex:
Der Henker von Paris

Charles-Henri Sanson/
Die Guillotine/Die Opfer

LA SCÈNE SE PASSE SUR LA PLACE DE LA RÉVOLUTION.
Admirez de Samson l'intelligence extrême!
Par le couteau fatal, il a tout fait périr.
Dans cet affreux état que va t'il devenir?
Il se guillotine lui même.

Für Frantz Priking
und
André Sebastian Lex

»Wer ist dieses unbegreifliche Wesen, das dem Foltern oder Töten der eigenen Spezies den Vorzug über all die angenehmen, einträglichen, ehrlichen Beschäftigungen gegeben hat, die der Kraft und dem Geschick des Menschen offenstehen?«

Joseph de Maistre

Ludwig

ilipp Joseph

Inhalt

Die Sansons

I Impressionen aus der Zone des Todes:
eine »große rote Messe«   12

II Die Sansons: ein Geograph, ein Leutnant,
Heilpraktiker, Henker und starke Frauen   24

III Die Henker in der Geschichte: Sie quälten und
töteten im Dienst der Götter, der Kirche, der
Herrscher und des Gesetzes   47

IV Die Sansons: Aus »unehrlichen Leuten«
wurden anerkannte Citoyens.
Als Henker von Paris erringen sie sogar
Wohlstand   74

V Historische Impressionen I: Frankreichs Bruch mit
dem Ancien régime und Aufbruch in die Neuzeit.
Ein Revolutionsspektakel mit erstklassiger
Besetzung   91

Die Guillotine

VI Zwei Ärzte wollen nur Gutes tun: frühe
Vorläufer der Guillotine. Ein
Straßenräuber als Versuchskaninchen   112

VII Abgeschlagene Köpfe: Ich denke, aber ich bin
nicht mehr. Die Diskussion der Ärzte   136

VIII Historische Impressionen II: Lynchjustiz in Paris.
Ein entsetzter Henker. Erste Hinrichtungen mit
der Guillotine   143

IX Im Vorzimmer des Todes: eine Parade namenloser
Opfer. Sanson und seine Mannschaft. Leben und
Liebe in den Gefängnissen. Fouquier-Tinville, der
Ankläger. Gleichheit im Leben und im Sterben   154

Die Opfer

X Ludwig XVI.: Jeder König ist ein Rebell und Verräter. Der Vatermord. Die Majestät: »Ich sterbe
ohne Schuld!«   174

XI Zwischenspiel: der weinende Henker. »Monsieur
de Paris« und die Guillotine werden eins   194

XII Marat und Corday: Trauerspiel mit einer Senti-
mentalen und einer Kellerratte. Ein Deutscher auf
dem Schafott   201

XIII Frauen unter dem Fallbeil: Jeanne-Manon Roland,
Lucile Desmoulins, Olympe de Gouges, die
Du Barry, Madame Elisabeth und eine Königin,
die ihren Mann becircte, aber nicht das Volk   227

XIV Danton: der schwere Held auf der Bühne der
Guillotine. »Meine Wohnung wird bald das
Nichts sein!«   256

XV Robespierre: der ehrgeizige Intrigant und
»die Ordnung der Dinge«. Die Guillotine zieht um.
Begegnung mit Sanson   273

XVI Die beiden letzten Sansons: farblos und genußsüchtig. Die Guillotine überlebt Henri-Clément.
Nachbemerkung   293

Anhang

Quellen- und Literaturverzeichnis   298
Erklärung der Rechte des Menschen und des Bürgers   303
Paris zur Zeit der Revolution (Karte)   306
Zeittafel   308
Personen der Handlung   313

DIE SANSONS

Der Henker, Zeichnung von Balthasar Anton Dunker

I

Impressionen aus der Zone des Todes: eine »große rote Messe«

Es ist der 17. Juni 1794. Oder der 29. Prairial im Jahr II.
So schreibt es der neue Republikanische Kalender vor, der diesen Sonnabend als Nonidi anzeigt, als neunten Wochentag in der dritten Dekade jenes Monats, den Frankreichs Revolutionäre den Wiesen und dem Frühling gewidmet haben.
Schon der frühe Morgen wirft kaum noch Schatten. Mücken- und Fliegenschwärme lassen die am Rond Point der Champs-Elysées weidenden Kühe und Schafe nicht in Ruhe grasen; wie fluoreszierende Schleier in der stickigen Luft über der Seine umhüllen sie die Häuser auf den Quais. Ein heißer Sommertag steht bevor.
Wie das Vieh leiden auch die Menschen, die verschwitzt schon in der Nacht zu Tausenden aus den 48 Quartiers der Stadt zur Place de la Révolution (heute Place de la Concorde) drängten, mobilisiert durch Zeitungen und Flugblätter mit Vorberichten über eine »große rote Messe«, elektrisiert von der Paranoia der Revolution.
Nun folgen sie der ausgelegten Blutspur wie Jagdhunde dem Wild.
(Michelet hat die Hinrichtungen dieses 17. Juni auf die Place de la Révolution verlegt, andere Historiker auf die Place du Trône-Renversé – heute Place de la Nation. Ich entspreche Michelet*, um direkt die klassische Route der Verurteilten vorzustellen, d. Verf.)
Aber die Neugierde vieler ist nur noch mechanisch. Sie absolvieren ein Pflichtprogramm. Das Rendezvous mit dem Tod wird für manchen Citoyen mit bitterem Nachgeschmack enden. Und mit Haßgefühlen auf jenes Gerüst, das da auf der Place de la Révolu-

---

* Quellenangaben siehe Seite 298

tion, zwischen dem Sockel der Statue des XV. Ludwigs und der Allee der Champs-Elysées, in den Himmel ragt. Eine arrogante Linie hat es, aus solider Eiche, verziert mit Kupfernägeln und Beschlägen, provokant und elegant – Garant für derbe Theaterunterhaltung à la Grand Guignol. Aber für die Darsteller auf der hölzernen Bühne eineinhalb Meter über den Zuschauern, für Henker und Opfer, wird es an diesem Sonnabend wenig Beifall geben. Die Menschen wollen nicht mehr jubeln, wenn Köpfe rollen. Sie haben das Morden satt. Vorbei sind die Tage, an denen in ihrem Namen und mit ihrer Zustimmung Gerechtigkeit geübt wurde. Am 21. Januar 1793 etwa, als Ludwig XVI. auf dem Schafott seinen letzten Auftritt hatte. Oder am 24. März dieses Jahres, als der radikale Einpeitscher des linken Jakobinerflügels, Jacques-René Hébert, mit 17 Gesinnungsgenossen hier vom Leben zum Tode befördert wurde.

An diesem 17. Juni 1794 stehen auf der Liste des Henkers keine großen Namen mehr. Kein Mann ist dabei, der mit revolutionären Tendenzen die öffentliche Meinung bombardierte und den Schrecken auf die Tagesordnung setzte wie jener Hébert in seinem Kampfblatt »La grande colère du Père Duchesne«, der zum Morden aufrief und sich letztlich um Kopf und Kragen schrieb; und auch keine Frau vom Heroinenformat einer Madame Roland ist auszumachen, die gleich einer »heißen Flamme« mit »jungem Herzen« aus glühender Liebe zum Vaterland »heldenhaft und opfermütig« (Michelet) diesen letzten Gang, als Verräterin gebrandmarkt, antreten muß.

Das Schauspiel des Todes findet am 17. Juni 1794 ohne Stars statt. Trotzdem wird es als Galavorstellung in die Revolutionsgeschichte eingehen.

Aber noch ist es nicht soweit. Der Tag ist jung und doch schon heiß. Auf dem Weg zum Guillotine-Spektakel müssen erst einmal Durst und Hunger befriedigt werden. Für die Masse der Armen ein mühevolles Unterfangen, für die wohlhabende Bürgerelite pures Vergnügen. Während sich die einen vor Bäcker- und Schlachterläden schon in frühesten Morgenstunden zu Schlan-

gen formiert haben oder mit den Händlern auf den Märkten feilschen, steuern andere noble Cafés und Restaurants an. Das »Foy« zum Beispiel. Oder das »Tortini« und »Frascati«.
Man trifft sich mit Freunden im »Hôtel de Bourbon«, wo 66 Hauptgerichte, Süßspeisen und Zuckerwerk offeriert werden. Oder bei »Beauvilliers« im Palais-Egalité (ehemals Palais-Royal, vor der Abschaffung adliger Namen und Titel am 17. Juni 1790), wo man unter 178 verschiedenen Suppen wählen kann.
In der Rue-des-Bons-Enfants ordern sie im »Méo« als Frühstück bereits Nierchenragout, im »Café de Février« Artischocken in weißer Sauce oder Krebssuppe und Kalbshirn. Zwischen Palmen und Spiegeln kredenzt man zur Spezialität des Hauses, dem berühmten Ragout von Hahnenkamm, einen süffigen Chablis. Die Auswahl ist groß. Die Speisekarten stürzen in die Qual der Wahl. Soll's Stör in Weißwein sein? Oder eine Poularde mit Reis? Das petit déjeuner artet zum déjeuner aus.
Die Spezialität anderer Eßtempel wird dem Anlaß des Tages gerecht: Zu Wachteln und Drosseln decken die Garçons kleine Guillotinen auf. Der Gast darf Henker sein und die Delikatesse eigenhändig enthaupten. Stilgerechtes Vorspiel zu jenem Schauspiel, das Stunden später wieder mal »im Sturm die Köpfe wie Ziegel von den Dächern rollen« lassen wird.
Dieses anstehende Ereignis weiß man beredt zu würdigen. »Der große Korb ist heute dran!« stellt Madame mit wohligem Schauder zwischen Vor- und Hauptgericht fest, während Monsieur dem kiebigen Sprößling die Handhabung des Miniaturfallbeils erklärt. Und umgehend verzieht sich Jeannot zur Generalprobe mit der kleinen Charlotte unter den Tisch und läßt das Eisen auf ein Püppchen sausen. »Klack!« macht es, und der Kopf ist ab. Und aus dem Rumpf fließt rotgefärbtes Wasser. Die Kleinen jubeln.
Auch jene armen Teufel, die noch nach dem täglichen Brot anstehen müssen, wissen bestens Bescheid: Bei perfekter Bedienung kann das »Rasiermesser der Nation« heute einen neuen Rekord aufstellen. »Die Guillotine hat Hunger!« sagen sie, und nur vom

Schädelabschlagen ist die Rede. Viele flüstern es sich zu, als würden sie sich schämen.

Die Aufregung ist allgemein. Auch im Amphitheater »d'Astley« im Faubourg du Temple, wo die Stallmeisterfamilie Franconi die jungen Zuschauer mit Reiterkunststücken zu zerstreuen sucht, fiebern sie dem Finale entgegen. Und kaum ist das Schlußdefilee beendet, jagen sie einander drängend und schiebend zum Ausgang.

Die Place de la Révolution ist das Ziel der Pariser. Dort ist das rotgestrichene Gerät auf dem Podest schon seit dem Morgen von einigen hundert Leuten umlagert. Noch vermissen sie jene großen Körbe aus Weidengeflecht, in denen je ein Dutzend abgeschlagener Köpfe Platz findet. Und das Beil, »die gut getemperte Schneide von der Qualität bester Hackmesser... acht Zoll breit und sechs Zoll hoch« (Dr. Louis), ist noch verhüllt. Der Henker wird es freilegen, wenn er mit den Verurteilten erscheint. Mitbringen wird er auch die Körbe, in die jedes Opfer blicken muß...

An diesem 17. Juni 1794 sollen 54 Menschen geköpft werden. Aber nur zwei von ihnen haben sich schuldig gemacht. Sie wurden in flagranti als Verschwörer gegen die »Väter des Volkes« festgenommen.

So hatte sich in der Nacht vom 22. zum 23. Mai 1794 der 54jährige Henri Ladmiral aus Puy-le-Dôme zur Rue Favart begeben, um dort dem ehemaligen Schauspieler und Theaterdichter und derzeitigen Präsidenten der Jakobinerversammlung, Jean-Marie Collot d'Herbois, vor seinem Haus aufzulauern und zwei Schüsse auf ihn abzugeben.

Am Morgen danach war die 20jährige Cécile Renault aus der Rue de la Lanterne in der Rue Saint-Honoré bei der Familie Duplay vorstellig geworden, um den Bürger Robespierre zu sprechen. Als man sie durchsuchte, fand man in ihrem Mieder zwei in Schildpatt und Elfenbein gefaßte Ziermesser.

Für beide, den Bauern aus der Auvergne und die Tochter des Papierwarenhändlers Antoine Renault, gab es keinen Grund, im

Prozeß vor dem Revolutionstribunal Mordabsichten zu leugnen. Ladmiral bezeichnete Collot im Verhör als niederträchtigen Schuft, die Renault den Vorsitzenden des Wohlfahrtsausschusses als Tyrannen. Kurz und bündig wurden sie vom öffentlichen Ankläger Fouquier-Tinville zum Tod verurteilt.

Was Frauen betraf, war dieser längst nicht mehr zimperlich. Hatte nicht ein Jahr zuvor, am 13. Juli 1793, eine junge Frau aus Caen, Charlotte Corday, den politischen Kopf der Cordeliers und Freund des Volkes, Jean-Paul Marat, mit einem Dolch in der Wanne gemordet, in der der Demagoge zur Kühlung seines Hitzefiebers seine Tage verbrachte? »Möge die Guillotine ihr Werk tun!« hatte Fouquier für die Corday gefordert.

Und das wird sie auch heute tun, wenn der Scharfrichter die kleine Cécile Renault zu ihrem letzten Gang aufruft. Sie wird ihn nicht allein gehen müssen. Denn der öffentliche Ankläger suchte eine Verschwörung und fand sie. Céciles 63jähriger Vater, ihr 17jähriger Bruder und ihre fromme Tante Edme-Jeanne, eine ehemalige Nonne, wurden mit angeklagt und verurteilt. Ein Mordversuch am unbestechlichen Robespierre – das bedeutete Sippenhaft bis zum Ende. Die Mordmaschine wird mächtig in Schwung kommen.

Noch eine weitere Familie soll an diesem Tag liquidiert werden: die Sainte-Amaranthes – Mutter, Tochter und Sohn. Den Tod hatten sie nie auf der Rechnung. Im locker geführten Haus der üppigen Witwe Jeanne-Françoise-Desmier de Sainte-Amaranthe pulsierte das Leben. Da zeigten sich die Tugendwächter der Revolution in der Gesellschaft leichter und tiefdekolletierter Mädchen immer spendabel. Besonders Charlotte-Rose-Emilie, das Töchterchen der leicht verblühten Gastgeberin, erregte in ihren griechisch-fließenden Gewändern bei manch prominentem Gast Beschützerinstinkte. Hérault de Séchelles und Brissot, Buzot, Desmoulins und Danton erholten sich abends in ihrer Gesellschaft gern und oft vom Revolutionsalltag. Und auch Robespierres Bruder Augustin-Bon-Joseph ließ hier manche Flasche köpfen. Was Wunder, daß die Damen selbst nach der Verhaftung

von Charlottes Mann, dem Sohn des royalistischen Polizeibeamten Sartine, dank guter Fürsprache noch verschont blieben.
Aber der Sicherheitsausschuß wurde hellhörig, als Sartine jr. im Verhör den jüngeren Robespierre belastete, indem er ihn als Patron einiger Spielsalons im Palais-Egalité hinstellte. Durch solch üble Nachrede durfte der große Bruder keinesfalls befleckt werden. Fouquier-Tinville trat in Aktion, ließ das lockere Treiben in den plüschigen Salons des Hauses Ecke Rue de la Vienne/Rue de Neuve-des-Petits-Champs ausspionieren, um dann, nach Rücksprache mit dem älteren Robespierre, in einer Blitzaktion die Familie und Freundinnen zu arretieren. Zu ihnen zählten auch die Exschauspielerin Marie de Grandmaison und deren Zofe Marie-Nicole Brouchard, eine aparte Siebzehnjährige. Ihre Rolle als Verschwörerin wurde selbst einem Fouquier-Tinville während des Prozesses nie klar. Das Komplott dagegen, mit der Renault und Ladmiral in den Hauptrollen, konnte er mühelos zusammenzimmern.
Die Statisterie, die beide umgab, löste in der Öffentlichkeit Spekulationen aus. Welche Verbindung hatte die Renault zu dem Rentner Thédore Marsant, zu dem Kaufmann Léopold Lecomme, zu dem Banker Jauge, zum königlichen Jagdtreiber Eugène Jardin? War es denn möglich, daß sie ein Verhältnis mit dem Kavallerieleutnant Héctor de Ménil-Simon unterhalten hatte? Welche Rolle hatten der Marquis de Sombreuil und sein junger Sohn gespielt? Hatten die Prinzessinnen von Rohan-Rochefort und Saint-Mauris etwa auch am süßen Leben der Sainte-Amaranthes teilgenommen? Und waren die Marquis von Guiche und Marsan, Laval-Montmorency, d'Hauteville und Bassancourt ebenfalls Kunden im Edelpuff in der Rue de la Vienne gewesen?
Fouquier-Tinville sah es so und nicht anders. Verschwörer seien sie, donnerte er in der Verhandlung und fügte einen Stein zum anderen. Als Drahtzieher hatte er sich den Baron Batz ausgeschaut, einen Royalisten reinsten Wassers. Der hatte gestanden, in Paris eine Agentur zuerst zur Befreiung des Königs, dann der

Königin betrieben zu haben. Nach deren Hinrichtung habe er seine Kontakte zu ausländischen Königshäusern nie abreißen lassen. Und was Cécile Renault betraf, so hängte ihr der öffentliche Ankläger auch noch ein Verhältnis mit diesem Konspirateur an, womit dem Prozeß das Siegel höchsten Vaterlandsverrats aufgedrückt war.

Die große royalistische Verschwörung gegen Robespierre bekommt das Etikett Amalgam (Vermischung, Verquickung). Alle Angeklagten werden zum Tode verurteilt.

Während »tout Paris« an diesem Junimorgen auf den Beinen ist, müssen sich die 54 Frauen und Männer hinter den eisenbeschlagenen Türen der Conciergerie, nach Geschlechtern getrennt, einer ungewohnten Toilette unterziehen. Die Gehilfen des Henkers entfernen Nackenhaare und Zöpfe, trennen Kragen von den Hemden. Nichts darf in der letzten Sekunde die sauber-glatte Schnittfläche des Fallbeils hemmen.

Dann nimmt man den Tätern letzte Besitztümer ab, Brillen, Medaillons, Schmuck, Uhren. Und dann, wie bei Attentaten auf Vertreter des Volkes üblich, wirft man ihnen die dunkelroten Hemden von Vatermördern über.

Die rote Blutmesse kann beginnen. Einer feierlichen Hinrichtung steht nichts mehr im Wege. Ein Opferfest für Robespierre, den unbestechlichen Anwalt aus Arras. Er will Blut sehen. Man wird es ihm geben.

Den 54 werden die Hände auf dem Rücken gebunden. Dann führt man sie an langen Seilen, einen hinter dem anderen, in den Cour de Mai. Acht Schinderkarren, dürre Klepper davorgespannt, stehen bereit. Die schweren Tore der Conciergerie öffnen sich.

Eine lange Fahrt beginnt.

»Kanonen folgen den Karren und eine Unmenge Truppen. Ein pompöser und furchtbarer Apparat, wie man ihn seit der Hinrichtung Ludwigs XVI. nicht mehr gesehen hatte. ›Wie‹, meinte man, ›das alles, um *einen* Mann zu rächen! Und was würde man erst beginnen, wenn Robespierre König wäre?‹« (Michelet)

Vier Stunden lang dauert die Fahrt der Karren durch die von Tausenden gesäumten Straßen. »Ansehen, zählen, kennenlernen, ausforschen und ihre ganze Geschichte erfahren« (Michelet) können die Zuschauer die 54 Opfer und auch erschüttert registrieren, daß sechs von ihnen junge Frauen, fast noch Kinder sind.
Neugierig betrachtet man Madame de Sainte-Amaranthe. Die Matrone von zweifelhaftem Ruf fällt immer wieder in Ohnmacht; die Tragödin Grandmaison hält sich unentwegt ein Riechkissen mit Veilchenpulver und Moschus vor die Nase. Die verträumte Cécile wiederum schaut verwirrt auf die vielen Menschen, so, als freue sie sich auf einen langen, tiefen Schlaf.
Eine Revolte der Stille begleitet den Zug.
Langsam rollen die acht Karren über die Pont-au-Change. Die Verurteilten werfen einen letzten Blick auf die Seine. Links geht es ab auf den Quai de la Mégisserie, vorbei am »Café du Parnasse«, an den Blumen- und Vogelständen. Eine Rechtsabbiegung, und sie sind in der Rue de la Monnaie, fahren vorbei an der Stammkneipe der radikalen Revolutionäre, dem »Café zur Mütze«. Lautes Gejohle begrüßt hier die Karren. Weiter zotteln die müden Gäule durch die knapp einhundert Meter lange Rue du Roule, um links in die Rue Saint-Honoré einzuschwenken. Und schon ist, nach Passieren des Clubs der Jakobiner, das Palais-Egalité in Sicht mit seinen Läden und Weinstuben, Arkaden und Galerien, Cafés und Papeterien, Spielhöllen, Etablissements und Luxusbordellen – früher Schauplatz zügelloser Gelage des Herzogs von Orléans, jetzt sind hier mehr als tausend Dirnen auf Kundschaft aus. Auf diesem Liebesmarkt mit seinen vielen Spezialitäten holen sich alte Männer die Lebenswärme der Jugend und junge die Erfahrungen der Liebe. Und manches mehr.
An diesem Tag feiern sie im Palais den Untergang der fülligen Lebedame Sainte-Amaranthe und ihrer Nymphen.
Dort, wo morbide Poesie sich im Dunkel eingenistet hat, herrscht Hochstimmung. Die Balkone in allen Stockwerken sind zu hohen Preisen vermietet worden. Die jungen Vertreter einer neuen

Bourgeoisie haben jeden Preis gezahlt. Nun sitzen sie hoch über der Straße mit ihren Begleiterinnen, gekrönt mit Hüten à la Tartare und in leichte Tuniken gehüllt, die Schultern und Arme und nicht selten auch die Brüste freilassen. In der gleißenden Frühnachmittagssonne prosten sie denen unten auf der Straße zu mit Punsch und mit Champagner Sillery. Einige schleudern halbtrunken den Inhalt der Kelche mit weitem Schwung auf die vorbeifahrenden Opfer. Unglaublich, daß dieser lasterhafte Ort mit seinen furchtbar schönen Menschen nur fünf Jahre zuvor eine Brutstätte der Revolution war, daß hier, von einem Tisch des »Café Foy« herab, Camille Desmoulins mit der Pistole in der Hand und edlem Pathos seine Zuhörer zum Aufruhr und zu den Waffen rief.

Seit dem Umschwung war dem Volk, den Livreebedienten, Dienstmädchen, Schülern, Straßenjungen, Arbeitern, der Eintritt in dieses rote Viertel versagt. Wen es hierhin zieht, der scheut ohnehin das Licht des Tages. Aber wenn die Todeskarren durch die Straßen rollen, drängen sogar die obskuren Gestalten aus dunklen Salons hinaus ans Licht. Neugierig gaffen sie auf die Verurteilten hinunter, die hilflos wie Schaufensterpuppen im Rhythmus der Huftritte auf den Wagen hin und her schwanken. Die da unten, die würden bald tot sein, kopflos, und das hatte wohl seine Ordnung.

Die Fahrt ist entsetzlich lang an diesem Nachmittag. Immer wieder müssen die Karren halten, wenn Zuschauer zu nah stehen oder wenn einige keifende Weiber und volltrunkene Sansculotten, die roten Mützen schief auf den strähnigen Haaren, sich mit stieren Blicken dem Zug in den Weg stellen und taumelnd den Opfern ihren Haß gegen alles Royalistische zugrölen. Arbeitsscheuer Pöbel aus den Vorstädten ist das, Fischweiber und Wäscherinnen, die »Tricoteusen«. Unter dem Einfluß billigsten Fusels ist ihre Radikalität in Blutrausch übergeschwappt. Sie können es nicht erwarten, daß die Opfer endlich ihren Kopf lassen müssen. Und dann ist das Ziel in Sicht. Die Place de la Révolution. Die 54 sehen die Guillotine.

Sie kneifen die Augen zusammen. Grelle Sonne spiegelt sich in der Schneide, blendet. Fremd sieht das Mordgerät aus. Und absolut. Abstrakt in seiner Form und erschreckend real.
Zwei große, sich in den azurblauen Himmel reckende rote Pfosten mit dem Eisen hoch in der Mitte... ein blitzender Stahlklotz, dessen Reflexe sich in die Netzhaut brennen.
In diesen Minuten schließt sich hinter den Wagen die Menge... es gibt keinen Weg zurück.
Noch einige Peitschenhiebe der Kutscher. Dann halten die Pferde wie von selbst.
Die Delinquenten haben die Zone des Todes betreten, den Ort einer großartigen Schauerlichkeit; sie sind eingetreten in jenen dunklen Kreis entfesselter Alpträume, in dem sich das Bewußtsein ausschaltet. Hier fallen die Menschen heraus aus ihrer Identität, treten ein in das Mysterium.
Sie schwitzen kalten Schweiß, und an ihren frierenden Körpern klebt die Nässe. Die Gesichter versteinern, die Hände mit den Fächern bewegen sich automatisch. Reagieren kann keiner mehr, jedes Sichaufbäumen bricht in sich zusammen. Sie fallen in Trance.
Manche haben sich hier in pathetische Selbstdarstellungen geflüchtet. Aber das waren wenige. Und auch ein Danton wird hier noch zittern. So wie die an diesem 17. Juni, der sie mit Staub bedeckt hat und die Falten in ihren Mienen zu tiefen Furchen erstarren ließ.
Die Zuschauer schweigen. Nur zu Füßen des Gerüstes tanzt ein kleiner Rest des Pöbels. Darunter ein paar Weiber, »Guillotineabschleckerinnen«, Megären, wild nach dem Blut der Geköpften, in das sie Hände und Messer tauchen wollen.
Es ist jetzt später Nachmittag. Der Abbé Carrichon steht vorne in der Menge. Still betet er für die Verurteilten, erteilt ihnen die Absolution. Später wird er sich erinnern.
»Ich schauderte... die Berittenen und die Polizei umstellten das Gerüst sofort. Hinter ihnen ein Kreis zahlloser Zuschauer... Ich sah den Henkersmeister mit seinen Knechten... einer von ihnen

fiel durch die Rose auf, die er im Munde trug, durch die Kaltblütigkeit und Überlegenheit seines Handelns. Zurückgeschlagene Ärmel, ein gekräuselter Zopf und schließlich eines der regelmäßigen und auffallenden Gesichter, das den großen Malern, die in der Geschichte der Märtyrer die Henker dargestellt haben, hätte als Modell dienen können ...« (Blanc)

Sie geben sich menschlich, diese Gehilfen. Auf Anweisung ihres Meisters agieren sie schnell, führen die Verurteilten hinauf aufs Schafott, schnallen sie auf das Fallbrett, kippen es in die Waagerechte. In derselben Sekunde legt sich der Eisenring um den Hals des Opfers. Diesem bleibt nur noch ein letzter Blick ... hinab in den Weidenkorb, auf die Köpfe jener, die vor ihm starben.

Ein letzter Atemzug, vielleicht eine blitzschnelle Rückschau aufs Vergangene, ein Gedanke an die Lebenden – Bilder ziehen vorbei ... Ein Riß ... und der »stählerne Wind« durchtrennt den Faden, der Gegenwart, Vergangenheit und Zukunft miteinander verbindet.

Und dann stürzen sie hinaus aus der Welt.

Der Kopf ist gefallen. Ein Gehilfe greift ihn aus dem Korb, zeigt ihn der Menge. Ein anderer kippt den Körper vom Brett hinunter in einen Sturzkarren, um den sich der Pöbel drängt. Man reinigt das Brett mit einem feuchten Lappen, fegt das Gerüst sauber. Feine rote Tropfen spritzen in die ersten Zuschauerreihen.

Die 54 Verurteilten sind an diesem Sonnabend in 28 Minuten geköpft worden.

Charlotte-Rose-Emilie de Sainte-Amaranthe ist vor ihrer Mutter gestorben. Ein Bündel Leid. Als letzte auf der Liste wurde die 17jährige Marie-Nicole Brouchard aufgerufen und hinaufgeführt. Schlafwandlerisch stieg sie aufs Schafott, stellte sich, ihr Kleid ordnend, ruhig gegen das Fallbrett, fragte, als es umgeklappt war, mit zarter Stimme: »Liege ich so richtig?« – Die Antwort hat sie nicht mehr gehört.

»Wir hatten heute acht Karren zu fahren«, wird der Henker von Paris, Charles-Henri Sanson, am Abend des 17. Juni in sein Tagebuch schreiben. »Verurteilte jedes Geschlechts und Standes;

Männer, Frauen, Greise, Tagelöhner, Aristokraten, Priester und Kaufleute. Auf dem Weg zur Guillotine schrieen einige Zuschauer bravo, andere: Das lass' ich mir gefallen. Wenn die Menschen erst einmal von der Verrücktheit befallen werden, dann verwandelt sie diese oft in Raserei. Für viele ist es Ehrensache, daß Paris auf diesem Gebiet nicht hinter den Departements zurücksteht. Sie verlangen: In Lyon und Nantes werden Hunderte zu Tode gebracht, wir müssen Tausende hinrichten.« (Die Zitate aus dem Werk »Mémoires des Sansons« sind im folgenden durchgehend mit S gekennzeichnet.)

Der Henker von Paris hatte die Place de la Révolution bereits vor dem Tod des letzten Opfers verlassen. »Die Haltung dieser Menschen, weder Geschrei noch Tränen, Klagen oder Vorwürfe«, hatte ihn verstört und erschüttert.

»Meine Augen waren von Tränen verschleiert, und meine Knie zitterten.« (S)

II

Die Sansons: ein Geograph, ein Leutnant, Heilpraktiker, Henker und starke Frauen

Er verließ die Place de la Révolution mit schleppenden Schritten. »Du bist krank, geh nach Hause«, hatte ihm sein Gehilfe Desmoret geraten, »ich vertrete dich.« (S) Und so war er einfach gegangen. Und die Menschen hatten eine Gasse gebildet, hatten geflüstert und ihm nachgestarrt, als er, »Monsieur de Paris«, mit starrem Blick den Platz verließ. Irgendwo hatte ihn auf dem Weg durch die Straßen eine junge Bettlerin um Almosen gebeten. Der große Mann war zusammengezuckt. Die Ähnlichkeit des Mädchens mit einem jener Geschöpfe, die gerade geköpft worden waren, mußte ihn wie ein Blitzschlag getroffen haben.

So beschreibt der Enkel Henri-Clément Sanson (in manchen Zeitberichten Henry Sanson genannt) in der Biographie »Mémoires des Sansons – Sept générations d'exécuteurs 1685–1847« den Heimweg seines Großvaters Charles-Henri. Um es vorab zu sagen: Es sind umstrittene Erinnerungen. Ihre numerischen Angaben allerdings sind sehr exakt.

So läßt sich errechnen, daß Charles-Henri vor diesem 17. Juni 1794, unterstützt von seinem Sohn und Nachfolger Henri, schon 1718 Verurteilte zur Guillotine geführt hat und weitere 1200 Urteile wird vollstrecken müssen. Noch 38 Tage wird er nach dem »Amalgam« als Chef einer blutigen Brigade Dienst tun, als Scharfrichter und Henker, als Bourreau, den die Bewohner der Seinemetropole ehrfurchtsvoll »Monsieur de Paris« nennen: ein Hauptdarsteller (vedette) auf dem Revolutionstheater, einer, der mit einer schrecklichen Bilanz seine dunkle Karriere abschließen wird. Vom 25. April 1792 bis zum 21. Oktober 1796 richtet dieser Mann mit seinem Sohn und seinen Gehilfen 2918 Menschen hin. 22 von ihnen sind unter 18 und neun über 80 Jahre alt. 370 Frauen befinden sich darunter.

In ganz Frankreich werden im selben Zeitraum 18 000 Menschen durch das Fallbeil sterben. 31 Prozent davon gehören zum niederen Bürgertum, 28 Prozent sind Bauern, 14 Prozent gehobener Bürgerstand, 10,5 Prozent Handwerker und Arbeiter, 8,5 Prozent Adel, 6,5 Prozent Klerus und 1,5 Prozent Prostituierte und Herumtreiber.

Charles-Henri Sanson ist an diesem Junitag 57 Jahre alt. Noch zwölf Lebensjahre stehen ihm bevor. Sein blutiges Amt jedoch wird er nur noch zwei Jahre innehaben. Pflichtbewußt wird er in dieser Zeit die Listen der Verurteilten im Büro des öffentlichen Anklägers in Empfang nehmen; wird seine Mannschaft, an manchen Tagen bis zu 16 Leute stark, ständig in Bereitschaft halten; er wird die Opfer in der Conciergerie auf ihren letzten Gang vorbereiten lassen, wird Frauen und Jugendliche selbst zum Leiterwagen im Cour de Mai führen und ihnen auf ihrer letzten Fahrt Mut zusprechen. Zu Füßen des Schafotts stehend, wird er, schwarz gekleidet, höflich und korrekt, darauf achten, daß seine Gehilfen die Todesqualen der Unglücklichen nicht brutal verlängern. Kurz: Charles-Henri Sanson wird bis zum Ende seiner Tätigkeit das Urteil des Gesetzes in schonender und würdiger Weise vollstrecken.

Die Psyche dieses Mannes nimmt dabei argen Schaden. Seine Gemütskrankheit wird sich verschlimmern, sein Magen rebellieren, und ein Nierenleiden wird ihm immer mehr zusetzen. Der ruinöse Verfall wird Körper, Seele und Geist zeichnen.

Will man den romantisch eingefärbten Erinnerungen des Enkels Glauben schenken, dann hat sich der Bourreau am Abend des 17. Juni in seinem geräumigen Haus in der Rue Saint-Jean Nummer 16 (heute Rue Château d'Eau 70) in sein Arbeitszimmer verkrochen und beim Licht einer Kerze wieder einmal über das Schicksal sinniert, das ihm und seiner Familie im Jahr 1688 die blutige Erbschaft aufbürdete. »Wir leben in Schimpf und Schande«, hat er in sein Tagebuch eingetragen. »Wer belohnt unser Pflichtbewußtsein? Unsere Arbeit ist für viele niedrig und entehrend. Wir geben uns mit pestkranken Tieren ab, spielen aber selbst nur die Rolle des Esels.« Und an anderer Stelle klagt er: »Gelehrte werden belohnt, Soldaten ausgezeichnet. Jeder Mensch, der sich um das Vaterland verdient macht, hat Anspruch auf die Achtung und die Dankbarkeit seiner Mitbürger. Aber was kann der erwarten, der die Abscheu vor dem Morden überwinden muß, um dann jene Todesurteile zu vollstrecken, die im Namen der Gesellschaft gefällt worden sind.« (S)

Unter dem Gefühl, ein Paria eben dieser Gesellschaft zu sein, von ihr als Mensch ohne Mitgefühl mehr gehaßt als geliebt zu werden, als Aussätziger und Verdammter, Massenmörder und Vampir gezeichnet zu sein, haben Charles-Henri Sanson wie auch seine Vorgänger im Amt des Henkers von Paris (die übrigens alle den Namen Charles trugen) zeitlebens gelitten. Das Familienwappen trug diesem Leiden Rechnung. Da ist eine geborstene Glocke zu sehen, die keinen Klang mehr geben kann. Sans son – ohne Ton. In diesen zwei Worten, die zum Namen wurden, spiegelt sich das Wissen um die Last eines Amtes, dem aber auch Ehrerbietung zu zollen war. Über die historische Entwicklung seines Berufes wohl Bescheid wissend, notierte und zitierte Sanson mehr als einmal: »Es gibt nur zwei erbliche Ämter in Frankreich: das des Herrschers und das des Henkers.« (S)

Das Kainsmal jedoch war und blieb für diese Familie gewaltsam vergossenes Blut. Selbst die ehrfurchts- und respektvolle Bezeichnung »Monsieur de Paris« konnte das Gewissen der Sansons nie beruhigen. Hatte doch keiner von ihnen die Rolle des Bourreau aus eigenem Antrieb gespielt. Am Schicksal des ersten Sanson wird dies deutlich werden.

Dieser Charles Sanson aus Longval, als de Longval geadelt, war der erste einer Dynastie, die über Generationen den »Monsieur de Paris« stellen sollte. In der Hauptstadt trat er, berufen von der Königlichen Kommission, am 23. September 1688 sein Amt an. Wohnung nehmen mußte er, so wollten es die Bestimmungen, dort, wo es seinesgleichen zustand: im Haus des Schandpfahls, neben den Hallen, in der heutigen Rue Baltard. »Le pilori des halles« wurde sein Domizil vom Volk genannt, ein gespenstisches Gebäude, das von einem achteckigen Glockenturm überragt wurde. Hier, direkt über der Wohnung des Scharfrichters, waren während der Markttage an Schandpfählen kleine Gauner und große Betrüger den Blicken und Beschimpfungen ihrer Mitbürger ausgesetzt. Im Anbau des Hauses, zu ebener Erde, wurden die Körper der Hingerichteten gelagert, sofern sie nicht auf dem Schindanger vor den Stadttoren im Wind baumeln mußten.

Ein sonderbares Domizil in einem verrufenen Vorstadtbezirk war das Heim dieses ersten Sanson in Paris. 19 lange Jahre hauste der Mann dort. Dann hatte er genug Geld beisammen, um im neunten Arrondissement, in der Rue Bleue, ein Haus mit Garten zu erwerben. Dieser grenzte an die belebte Rue du Faubourg-Poissonière, damals auch keine gute Adresse. Der erste Sanson fühlte sich in dieser Gegend wohl und sicher. Hier heiratete und starb er nach 45 Jahren. Und hier wurde er auch in der nahen Kirche Saint-Laurent begraben.

Auch der zweite Sanson, Charles, wuchs hier auf, ebenso der dritte, Charles-Jean-Baptiste. Und schließlich auch der vierte, Charles-Henri, der große Sanson der Revolution. Er jedoch, zu Geld gekommen, wird dieses Haus verkaufen. Die neuen Besitzer verwandeln es nach der Revolution in eine elegante Villa, in der General Dalton, einer der Gouverneure von Algier, bis zu seinem Ende leben wird.

Die Sansons ziehen um in einen besseren Bezirk, kaufen sich in der Rue Saint-Jean, nahe dem Boulevard Mantegna, ein stattliches Anwesen. Dazu ein Landhaus im 31 Kilometer von Paris entfernten Brie-Comte-Robert, das sie später gegen einen noch schöneren Besitz in Brunoy, 30 Kilometer von der Hauptstadt entfernt, eintauschen. Eine Familie mit Besitz, den dann jedoch Henri-Clément, der letzte der Sippe, durch sein leichtsinniges Leben reduzieren wird. In der Rue des Marais bewohnt er bis zu seinem Tod das kleine Haus Nummer 31, in dem auch das Memoirenwerk entstanden sein soll.

An das Haus des Vaters und Großvaters in der Rue Saint-Jean erinnert sich der Enkel gern. »Die Gebäude erstreckten sich langhin und hatten folgende Räume: zur Straße hinaus ein Ankleidezimmer, ein großes Eßzimmer und eine Küche. Mein Großvater hatte sich ein Vorzimmer und einen Empfangssaal, eine Apotheke und ein Laboratorium eingerichtet. Diese Zimmer, in denen er auch seine Besucher empfing, waren von der Wohnung abgetrennt. In der oberen Etage befanden sich die Schlafzimmer; im Flügel, welcher sich links vom Innenhof erstreckte, waren Schuppen, Ställe, Holzkammern, eine Waschküche und die Zimmer für die Diener. Ins Haus gelangte man durch ein Tor...« (S)

Gewiß war dieses Haus, dem Zeitgeschmack entsprechend wie dem Vermögen seiner Besitzer, gutbürgerlich möbliert: ein oder zwei Spinde, Kommoden und ein halbes Dutzend mit Utrechter Samt bespannte Sessel im Salon; Wandbehänge im Schlafzimmer des Familienvorstands gegen die Kälte des Winters und ein Bett mit Roßhaarmatratzen und einem Baldachin. Und sicher waren die Fenster bereits verglast. Im Bad wird es eine Wanne gegeben haben und auch schon ein Bidet.

Das tägliche Leben der Sansons muß sehr beschaulich gewesen sein. Eine Wohngemeinschaft mit Familiensinn und starken Bindungen zur Verwandtschaft im ganzen Land. Schon der dritte Bourreau der Dynastie, Charles-Jean-Baptiste (1719–1778), hatte sieben Söhne gezeugt, die alle dem Vater auf seinem Berufsweg folgten. In Versailles und Tours, in Reims und Montpellier, in Dijon und Angers übten sie ihr Amt aus. In jeder Stadt ein Sanson! Familienoberhaupt und Respektsperson war für sie alle der älteste Bruder, Charles-Henri – »Monsieur de Paris«. Hatte er doch als einziger die ganz große Karriere gemacht.

Aber kehren wir zurück zu jenen Tagen, als Charles Sanson de Longval wider Willen das Amt des Henkers aufgebürdet bekommt. Wie eine Lichtgestalt taucht er in den Memoiren von Henri-Clément aus dem Dunkel der Geschichte auf: ein junger Mann, geboren und aufgewachsen wahrscheinlich im heutigen Longval bei Sauges in den nördlichen Cevennen. Einer seiner Ahnen sei Nicolas Sanson (1600–1667), der bekannte Geograph, gewesen, behauptet der Memoirenschreiber und bleibt

den Beweis schuldig. Zu belegen dagegen sind die Tätigkeiten anderer Sansons im 15. Jahrhundert als Bürgermeister in Abbéville im Sommetal.
Aber letztlich ist es dieser Charles Sanson de Longval, mit dem die Familienmisere beginnt. Henri-Clément beleuchtet das Leben dieses jungen Mannes mit schwärmerischen Worten. Leutnant sei er gewesen in der Armee des Gouverneurs von Dieppe, des Kriegshelden de la Boissière. Und fantastisch habe er ausgesehen. »Ein Mann mit schmalem und ernstem Gesicht... von kraftvoller Gestalt, mit breiten Schultern, gewölbter Brust. Am Muskelspiel des jungen Mannes und an seinem langen blonden Haar erkannte man ebenso wie an der Durchsichtigkeit seiner Haut untrügliche Zeichen, welche die nordischen Völker ihren Nachkommen zu hinterlassen pflegen.« (S) Ahnenforschung im 19. Jahrhundert. Groß und blondhaarig waren sie oft, die Stammväter schreibender Nachkömmlinge. Wie Helden aus den Romanen eines Dumas und Hugo tauchen die Altvordern in den Lebenserinnerungen auf. Und wenn sie zudem noch Militärs waren, dann hatten sie Musketierformat und entsprachen jenem Napoleon-Gemälde, auf dem David den Kaiser in herrischer Haltung hoch zu Roß auf dem St.-Bernhard-Gipfel porträtierte.
Auch der erste Sanson also ist einer solchen Idealisierung durch den Nachfahren nicht entkommen. Der rückte ihm mit dichterischer Freiheit zu Leibe und machte aus ihm einen unglücklichen Helden in den Fängen eines widrigen Schicksals. Edel und attraktiv ist dieser Mann, mutig und aufrichtig, ein Diamant unter seinen Kameraden, der verrohten Soldateska des Gouverneurs von Dieppe. Kurzum: ein Edelmann von romantischer Tristesse. Daß dieser brave Leutnant schließlich das Leben eines geächteten Bourreau führen muß und eine ganze Dynastie in den Sumpf des Tötens und Mordens hineinreißt, geht auf das Konto eines allgewaltigen Schicksals und einer übergroßen Liebe.
Um diese Entwicklung darzustellen und seine Vorfahren vom Ruch gewaltsam vergossenen Blutes zu reinigen, bedient sich Henri-Clément in seiner 1863 erschienenen sechsbändigen Bio-

graphie jener Mittel, die bereits im 19. Jahrhundert gang und gäbe waren: Selbst kein guter Schreiber, heuert er Ghostwriter an. Der Journalist d'Olbreuse war einer von ihnen, der Schriftsteller Honoré de Balzac ein anderer. Er, der sich in seiner Jugend mehrfach als Mietschreiber verdingte, hatte um 1830 schon einmal das Thema Sanson zu Papier gebracht. »Mémoires pour servir à l'Histoire de la Révolution Française« hieß das Werk, in dem er gemeinsam mit dem Gelegenheitsliteraten L'Hérétier de l'Ain auch das Leben Charles-Henri Sansons abgehandelt hatte. Hier hatte Balzac Henri-Cléments Vater Henri genannt, den »exécuteur des jugements criminels pendant de la révolution«. Diese ersten Memoiren wurden ein Reinfall, von den geplanten vier Bänden erschienen nur zwei; ein Brand vernichtete einen Großteil der seinerzeit nicht verkauften Bücher.

Auch eine Konkurrenzedition von einem Schreiber namens Achille Grégoire verstaubte in den Regalen der Buchhändler. Trotzdem blieben die Sansons ein Diskussionsthema, vor allem in jenen literarischen Kreisen, die speziell an Memoirenliteratur Geschmack fanden. Und das waren nicht wenige im 19. Jahrhundert. Allein anno 1829 erschienen in Frankreich 736 Titel zum Thema Historie, vor allem Biographien und drastische Zeitberichte. So beschloß der sich stets in Geldnöten befindende Henri-Clément nicht grundlos, die Familienchronik gewinnbringend zu vermarkten. Das Material war ja vorhanden: Eine Buchführung war Pflicht aller Henker gewesen. Darüber hinaus hatte Charles-Henri Sanson auch noch Tagebücher mit seinen von Gewissensbissen geprägten Überlegungen gefüllt.

Viele Ereignisse waren durch mündliche Überlieferungen lebendig geblieben. Denn die in der Isolation lebenden Henker hatten mit ihren Familien immer einen engeren Gesprächskontakt gehabt als manch anderer Bürger mit den Seinen. Den Sanson-Söhnen, die ja den Beruf des Vaters übernehmen mußten, wurde schon in frühester Kindheit das Amt des Henkers durch glorifizierende Erzählungen schmackhaft gemacht und in bestem Lichte dargestellt.

Diese überlieferten Geschichten aufzubereiten und mit den entsprechenden Zeitschnörkeln zu verzieren, die Buchführung der Vorfahren und die Tagebücher Charles-Henris auszuschlachten ist Henri-Clément und seinen Mitautoren nicht schwergefallen. Und keiner von ihnen scheute sich, aus einer Mücke einen Elefanten zu machen. Eines jedoch muß anerkannt werden: Bei allem Zeitschwulst sind die historischen Fakten der sechsbändigen Chronik exakt. Die Schilderungen der Exekutionsabläufe während der Revolution wie auch die Wiedergabe der letzten Worte der Hingerichteten decken sich bis auf minimale Unterschiede mit den Aussagen anderer Augenzeugen und den Dokumenten der Historiker. Was die Angaben über die Privatsphäre der Sansons betrifft, so muß die Wahrheit wohl in der Mitte gesucht werden. Welch eine Verführung war es zweifellos, den ersten Sanson, jenen Leutnant mit dem trainierten Muskelspiel, zum tragischen Helden eines Mantel-und-Degen-Dramas im Stil eines Dumas (des Jüngeren) zu machen (der übrigens auch als Mitarbeiter dieser Memoiren genannt wird).

Und so soll es sich ereignet haben: In eine romantische Liebesgeschichte mit der melancholisch-sanften Marguerite Jouënne, Tochter des Scharfrichters von Caudebec-en-Caux, verstrickt, wird Charles unfreiwillig seinem Henkerberuf zugeführt. Initiator ist ein ob dieser Liaison ergrimmter Vater, der in einem verwünschten Gehöft, außerhalb von Dieppe, in der Nähe des Kirchhofs auf dem Weg nach Neufchâtel, unter Blitz und Donner dem Galan die Hand seiner Tochter unter der Bedingung gibt, »daß ich selbst Henker werde wie er« (S). Bei Nacht und Nebel also wurde aus dem Leutnant ein Henker.

Die näheren Umstände werden nicht geklärt. Waren es Spielschulden, die den jungen Mann zur Desertion aus dem Regiment de la Boissière trieben? War er in einen Ehrenhandel verstrickt, der eine Bestrafung nach sich zog? Hatte er sich so heftig in Marguerite vergafft, daß ihm alles egal war? Hatte er das Mädchen geschändet? Wie auch immer: Charles Sanson de Longval hängt den bunten Rock an den Nagel, heiratet Marguerite und hat

schon wenige Tage später seinen ersten Einsatz, als er unter der Aufsicht des Schwiegervaters einen Dieb und Mörder vom Leben zum Tod befördern muß.
»Meister Pierre Jouënne zwang seinen Schwiegersohn, einen Schlag mit der Eisenbarre auf den Delinquenten zu führen, wobei genannter Schwiegersohn in Ohnmacht fiel und von der Volksmenge mit Spottgelächter belohnt wurde.« (S)
Ein miserables Debüt für den Stammvater von Frankreichs namhafter Henkerdynastie. Aber die Liebe zu Marguerite hat darunter wohl nicht gelitten. Diese wird jedoch nicht alt. Vom finsteren Vater zur Strafe wegen ihrer Heimlichtuerei mit Sanson noch vor der Eheschließung gefoltert, stirbt die junge Frau kurz nach der Geburt des Sohnes Charles. Den Witwer, inzwischen zum Meister seines Faches herangereift, hält nichts mehr in der Provinz. Die Kunde von seinen Fähigkeiten ist ohnehin bis nach Paris gedrungen; die Kammer des Parlaments bietet ihm die Position des Bourreau an, Sanson akzeptiert und reüssiert. Er gewinnt an Ansehen, spart sich ein kleines Vermögen zusammen und wagt noch einmal eine Ehe. Jeanne-Renée Dubut heißt die nicht mehr ganz junge Frau, die sich liebevoll um den mutterlosen Charles II kümmert, dessen düstere Melancholie dem Vater manch schlaflose Nacht bereitet hat. Daß dieser Sohn später, nachdem er am 8. September 1703 offiziell das Amt des Vaters übernommen hat, die Schwester seiner Stiefmutter ehelicht, ist ein Kuriosum. Aber der junge Mann suchte wohl, wie alle weiteren Sansons, in der Gattin mehr die Gefährtin und Trösterin als die liebende Frau.
Es ist diese Marthe, mit der die Galerie jener Frauenpersönlichkeiten beginnt, die im Leben der Henker von Paris entscheidende Rollen spielen sollen. »Frauen, die durch das Gefühl, durch die Leidenschaft und auch durch die Überlegenheit ihrer Initiative herrschten, die von den Verhältnissen der Gesellschaft, an derem Rand sie lebten, oft mehr wußten als ihre Geschlechtsgenossinnen, die bloß Privilegia und keine Rechte hatten.« (Michelet)
Bleibt das Porträt der mit Charles I verheirateten Jeanne-Renée Dubut noch unscharf und ihre Rolle in der Familie nur auf für-

sorgliche Aktionen beschränkt (sie überredete ihren Mann nach einem Schlaganfall zum Umzug ins Departement Brie), so erscheint in ihrer Schwester Marthe zum erstenmal eine Frau, die nicht nur die üblichen Pflichten im Haushalt übernimmt, sondern auch für den Fortbestand der Dynastie sorgen wird. Ein großes Risiko in einer Zeit, in der ein Mann absoluter Herr im Hause war und das Sagen über Frau und Kinder hatte. Die Gattin unterlag seiner Allmacht, die er oft brutal ausnutzte. Während Ehebruch von seiner Seite kein straffälliges Delikt darstellte, waren die Strafen für ehebrecherische Frauen erheblich: mindestens zwei Jahre Kloster. Und danach konnte der Haushaltsvorstand entscheiden, ob die Frau wieder in Gnaden im Familienkreis aufzunehmen war oder weiterhin im Kloster verbleiben sollte. Kehrte sie heim, ging der Trott von vorne los: in aller Frühe aufstehen, Wasser besorgen und wärmen, Feuer machen, die Kinder versorgen, Wäsche waschen und so weiter. Geld und Vermögen verwaltete er. Und am meisten verhaßt waren ihm eigenständige Aktivitäten und Initiativen seiner Angetrauten.

Die Sanson-Frauen brachen mit solchen Moralbegriffen. Allen voran Marthe, die drei Kinder zur Welt bringt. Der Tochter Anne-Renée gelingt ein vorläufiger Ausbruch aus der Isolation des Elternhauses, als sie den Komponisten Christian Zelle heiratet und mit ihm in Soissons bei Reims in der Champagne ein neues Leben beginnt. Ironie des Schicksals oder Einfluß der Mutter: Auch die zwei Söhne dieses Paares werden Henker.

Für Marthe zweifellos eine große Befriedigung, nachdem sie selbst nach dem Tod ihres Mannes am 12. September 1726 für das Fortbestehen des Berufsstandes der Sansons sorgt. Ihr jüngster Sohn, Nicolas-Charles-Gabriel, wird Henker in Reims; der älteste, Charles-Jean-Baptiste, übernimmt des Vaters Position in Paris.

Und das schon im Alter von sieben Jahren. Dabei hätte es für die Sansons keine günstigere Gelegenheit gegeben, aus dem traurigen Gewerbe für immer auszusteigen. Aber Marthe wollte davon nichts wissen. Als erste erkannte sie die Möglichkeiten eines gesellschaftlichen Aufstiegs, ahnte jene Karriere voraus, die sich einem »Monsieur de Paris« im Laufe der Jahre erschließen würde. Hart gegen sich selbst und ihren Sohn, sicherte sie ihm das Erbe des Vaters, indem sie ihre guten Beziehungen zum Kriminalleutnant und Generalprokurator der Stadt Paris wie zum Magistrat nutzte. Später wird sie sich auch noch in zweiter Ehe mit dem Henker Jean Barre verbinden. Und so geschah es, daß der siebenjährige Charles-Jean-Baptiste bei Folterungen und Hinrichtungen auf der Place de Grève (heute Place de L'Hôtel-de-Ville) anwesend sein mußte, wenn statt seiner ein Stellvertreter die Verurteilten im Namen des Gesetzes richtete. Was mag in diesem Jungen vorgegangen sein? Wie stark wurde seine Psyche belastet? Nahm er mit kaltem Herzen einfach zur Kenntnis, was dem Sittenkodex der Zeit entsprach? Akzeptierte er in dem Alter kühlen Sinnes diese Aktionen, so, wie die Kinder unserer Zeit mit nüchterner Neugier Autounfälle und Flugzeugabstürze in den Fernsehnachrichten registrieren?

Marthe Dubuts Einfluß trägt Früchte: Charles-Jean-Baptiste, der dritte Sanson – am 2. Oktober 1726 offiziell im Amt bestätigt und am 31. Mai 1729, jetzt zehn Jahre alt, erstmals bei einer Exekution assistierend –, heiratet eine jener starken Frauen, die wie ein guter Geist die Schwermütigkeit ihres Gatten aufzufangen und den Kindern gegenüber das blutige Handwerk des Vaters stets zu rechtfertigen wissen. Unterstützt wird diese Madeleine Tronson von ihrer Schwiegermutter Marthe, die als graue Eminenz im Haus lebt und durch ungewöhnliche Härte und Gerechtigkeit beeindruckt. Noch einmal läßt sie ihre Beziehungen spielen und sichert dem Enkel Charles-Henri beim Magistrat die Henkerswürde. Seine sechs Brüder werden ebenso »dem düsteren Handwerk des Vaters gewidmet« (S). Die drei Schwestern werden mit Scharfrichtern in der Provinz verheiratet; einige ihrer Kinder wie auch die der Brüder nehmen Henkerpflichten wahr.

Historische Bedeutung erlangt nur der »Monsieur de Paris« Charles-Henri Sanson, jener Bourreau, der Ludwig XVI. hin-

richtet und danach gemeinsam mit seinem Sohn Henri alle großen Persönlichkeiten der Revolution.
Gelegentlich durften bei solchen Staatsaktionen die Sansons aus der Provinz anreisen und assistieren. Oder der große Sanson schaute bei ihnen nach dem Rechten.
Charles-Henri, 1739 geboren, ist das verbindende Glied zwischen den über ganz Frankreich verstreuten Sansons, der Patriarch, die unbestreitbare Nummer eins der Henkerfamilie. »Schön und wohlgebaut, durch eine treffliche Erziehung gebildet« (S), wird er vom König in persona nicht nur in seinem Amt bestätigt. Er darf die Majestät später auch enthaupten.
Als sich dieses Ereignis ankündigt, beweist der Bourreau Familiensinn. Seine Brüder Charlemagne und Louis-Martin werden von ihm nach Paris beordert: Die Aktion mußte perfekt und unanfechtbar ablaufen. Und dafür können nur Sansons geradestehen.
Nach Paris kam die Verwandtschaft aber nicht nur, um bei Hinrichtungen zu assistieren. Mehr als einmal jährlich waren die Sansons bei Familienfesten vereint. Gemeinsam saßen sie dann um den großen Tisch in der geräumigen Küche, aßen, tranken, sangen, redeten. Und sprachen wohl auch über ihre Erlebnisse mit den Delinquenten, diskutierten über das Sterben. Der Tod war im Hause der Sansons immer gegenwärtig. Damals verdrängte man es nicht wie heute: Einmal geht's für jeden ans Abschiednehmen; und die Furcht vor einer spirituellen Wiederbegegnung mit ihren Opfern mag wie ein dunkler Schatten über der Sippe gehangen haben.
Doch sie waren im Rousseauschen Sinne erzogen worden, glaubten an die menschliche Glückseligkeit im allgemeinen und die immerwährende Liebe zwischen Mann und Frau im besonderen. Und sie fanden sich damit ab, daß, wer liebt, auch leidet, und daß jeder eines Tages fortgeht – für immer ...
Charles-Jean-Baptiste Sanson, der Vater des Revolutionshenkers, zog sich oft und früh aus diesem großen Kreis am Familientisch zurück. Mit einem Glas Wein und einem Stück Brot setzte er

sich vor die Haustür auf eine Bank, sah den Passanten nach, grübelte. Lautes Feiern war seine Sache nicht. Wenn die Brüder und Söhne zuviel getrunken hatten und die Diener immer mehr Wein nachfüllten für »Monsieur de Reims«, »Monsieur de Montpellier« und »Monsieur de Versailles«, schloß er sich aus.
Der alte Sanson war an diesen Familientagen immer irgendwie weit weg. Und in der Nacht hörten ihn die anderen in seinem Zimmer im ersten Stock hin und her gehen. Sie wußten, er blätterte in seinen Büchern ...
Charles-Jean-Baptiste Sanson war ein belesener und gebildeter Mann. Er hatte sich einige kostbare Handschriften zusammengekauft. Sie waren Grundstock einer Bibliothek, die immer auf dem aktuellsten Stand war. Wichtige Werke dieser Zeit wie »Considérations sur les causes de la grandeur des Romains et leur décadence« von Montesquieu, »La Nouvelle Héloïse«, »Confessions« und »Emile« von Rousseau waren ebenso vertreten wie Petrarcas Liebeslyrik oder die Bücher von Voltaire und Diderot. Noch der letzte Sanson suchte und fand beim Memoirenschreiben in dieser Bibliothek in Joseph de Maistres Essay »Von der Notwendigkeit, Menschenblut auf Erden zu vergießen« eine befreiende Entschuldigung für seinen anrüchigen Berufsstand und die Bestätigung, daß ein Scharfrichter die erhabenste und angesehenste Person der menschlichen Gesellschaft sein sollte.
Vertiefte er sich einmal nicht in seine Bücher, dann trieb es den dritten Sanson, wie seinen Sohn Charles-Henri, in den Garten. In Kniebundhosen, gemusterten Strümpfen und Schnallenschuhen, einen dreieckigen Hut auf dem Kopf, beschäftigten sie sich mit den Pflanzen und Heilkräutern.
Wie viele Scharfrichter in früheren Jahrhunderten betätigten sich auch die Sansons als Heilpraktiker und Apotheker. Schon der erste Sanson hatte sich medizinisch gebildet, wenn er im »Haus des Schandpfahls« die dort aufgebahrten Leichen der Hingerichteten, »ehe er diese Körper wie angeordnet auf den Schindanger warf, untersuchte, wenn er sie sezierte, um daraus nützliche Lehren zur Erleichterung menschlichen Leidens und

zum großen Kampf des Lebens gegen den Tod, das unwiderstehliche Gesetz der Natur zu ziehen« (S).

Mit dem Studium der Anatomie befassen sich auch seine Nachkommen. Den Leiden des Körpers auf die Spur zu kommen, den Sitz der Krankheitsherde herauszufinden und mit den entsprechenden Medikamenten zu bekämpfen, das hatten sich alle Sansons zum Ziel gesetzt. Diesem Zwecke diente »Monsieur de Paris« ein simpel eingerichtetes Labor im ersten Stock des Hauses in der Rue Saint-Jean. Im Garten hinter dem Haus wuchsen die Heilkräuter und Gewürze, die er mit Fetten, Ölen und Natursäften zu Medikamenten verarbeitete und den Reichen für viel Geld verkaufte, den Armen aber schenkte.

Welch paradoxe Vorstellung: der Henker als Heiler! Schon im frühen Mittelalter war dieser Widerspruch nur scheinbar. Die Sansons setzten hier eine Tradition fort und übernahmen Aufgaben, die man dem Henker immer als eine Art Seelentrost zugestanden hatte, um die Sünde des Tötens zu kompensieren und ihm, einem auf Erden Verdammten und Geächteten, die Chance göttlicher Absolution zu geben.

Die Sansons griffen begierig nach diesem Strohhalm: Charles-Jean-Baptiste und Sohn Charles-Henri hätten auch heute als Heilpraktiker durchaus Erfolg, auch wenn ihre Mittel sich von den heutigen unterschieden. Sie wußten Bescheid über die Heilwirkung von verkohltem Schilfrohr für verbrauchtes Körpergewebe; sie konnten steife Gelenke biegsam machen, ausgeleierte festigen; sie verstanden es, dem Haarausfall entgegenzuwirken, und schärften müde Augen ebenso wie einen abgestumpften Verstand.

Ein rundes Angebot, das für jedes Wehwehchen Abhilfe kannte. Die Sansons empfahlen Salbenklistiere, um entzündete Augen und Husten, Magenschmerzen und Gelbfieber oder auch Auszehrung zu bekämpfen. Schwangeren, die Gefahr liefen, den Fötus zu verlieren, verordneten sie Eibenwurzeln. Sie rieten zu heißen Lupinenpackungen, um Abszesse zum Reifen zu bringen, verordneten Thymian und Eicheln, vermischt mit Fett, gegen alle Arten von Pusteln und Zitronenkraut und Dill gegen Prostataleiden. Sie wußten, welche Venen zum Aderlaß zu öffnen waren und welche Blütenblätter sich für Umschläge eigneten. Mit gekochten Wacholderbeeren machten sie Nasengänge frei, mit Myrten und Käsepappeln attackierten sie juckende Hautausschläge, und mit pulverisierten Kräutermischungen behandelten sie Hexenschuß und Rachitis. Sie ahnten die Ursachen, wenn die Schritte wankten, die Hand zitterte und das Gesicht blaß war. Für Magenverstimmungen und Nierenschmerzen, Gallenentzündungen, Keuchhusten und Heiserkeit hatten sie immer eine probate Arznei.

In der vorrevolutionären Zeit, unter dem Ancien régime, schlugen die Erkenntnisse des Gottfried Wilhelm Leibniz (1646–1716) über Logik, Natur und die dem Körper innewohnende Lebenskraft ebenso hohe Wellen wie Georg Ernst Stahls (1660–1734) Vorstellung von einer »anima« oder empfindlichen Seele, welche die körperliche Gesundheit auf eine der »physis« des Hippokrates und der »psyche« des Aristoteles nicht unähnliche Weise reguliere. Die Sansons, in deren Bibliothek sich auch alle diese Bücher befanden und die sich ja sehr intensiv mit dem menschlichen Körper befaßten, der schon damals, anatomisch zerlegt, in Wachsmodellen zu studieren war, wußten mehr als mancher der in anatomischen Fragen ungeschulten Ärzte der Zeit.

Charles-Henri ist durch seine ererbten Rezepte und ausgefallenen Kuren selbst Medizinern von Rang aufgefallen: Auch ohne Diplom durfte er von so bekannten Ärzten wie Depuytren, Roux und Lisfranc Kranke übernehmen, wenn die sich lieber den hausgemachten Salben eines Heilpraktikers anvertrauten, als einer schmerzhaften und bei vollem Bewußtsein zu ertragenden Operation zuzustimmen.

Dieses Wissen vom menschlichen Körper, von seiner Empfindlichkeit und vor allem die Ahnung von der Verletzlichkeit der Seele trieb die Sansons auch in tiefe Depressionen. Besonders Charles-Henri wurde mit der fast greifbaren Angst der Delinquenten, die er während der Terrorperiode täglich dutzendweise hinzurichten hatte, nicht mehr fertig. Und dann auch noch dieses Nachspiel... das Verscharren der kopflosen Körper auf irgendeinem Vorstadtfriedhof, wo sich die Toten, die Glieder unnatürlich verrenkt, in »nicht allzuviel Wasser, Kohlensäure und etwas Ammoniak« (Mercier) auflösten...

In diesen Momenten muß Charles-Henri den Widerspruch begriffen haben, in dem er sich so oft befand: einerseits pünktlich parat zu sein, auf Befehl zu töten, so gut und perfekt, daß »man ihm nie das kleinste Versagen bei der Abwicklung der ihm übertragenen Aufgaben vorwerfen konnte« (Sieburg), andererseits zu helfen, zu pflegen, zu heilen...

Die beiden Sansons trösteten sich in solch heiklen Situationen mit stummen Blicken. Sie arbeiteten oft zusammen, der Sohn als moralische Stütze des Vaters. Und dieser half dem Sohn bei der Durchführung des Rituals, indem er, eine würdevolle Autoritätsperson, als erster den Opfern in der Conciergerie gegenübertrat und später, zu Füßen des Schafotts, ihre Namen aufrief und sie wie auch ihren persönlichen Besitz protokollierte.

Ordnung in das blutige Verfahren zu bringen, eine musterhafte Registratur des Schreckens zu erstellen – für die Sansons und ihresgleichen wird diese Pflicht in einem Schrei der Verzweiflung enden: »Es scheint mir, daß Ihr mich nur für die Revolution gemacht habt!« (S) Die Sucht eines Libertins wie de Sade, ein erotisches Mordprogramm zu schaffen, war für die Revolutionshenker unverständlich. Der Verfall des großen, meist in Schwarz gekleideten Charles-Henri wird während der Massenhinrichtungen augenfällig. Später wird es zu lesen sein: Der Henker hat geweint.

Die offiziellen Beobachter der Revolution verbannten diese Figur des öffentlichen Lebens ins Abseits. Sowohl Jules Michelet als auch M. A. Thiers, Louis Blanc oder Taine erwähnen den Namen Sanson kaum. Oder sie verurteilen ihn und seine Gehilfen in der vorrevolutionären Phase als gewissenlose Schlächter. Da kreidet Louis Sébastien Mercier dem »Vollstrecker des hohen Gerichts«

nicht nur sein Salär von 18 000 Livres* an, sondern verurteilt auch ihn selbst, wenn er »frisiert, gepudert, galoniert (mit Tressen verziert, d. Verf.), in weißen Strümpfen und mit leichten eleganten Schuhen auf das fatale Blutgerüst steigt... mich dünkt, es wäre besser, er träte in jenen schrecklichen Augenblicken so auf, wie es sich im Angesicht des Todes geziemt«.

Gefällt wurde dieses vernichtende Urteil zu einem Zeitpunkt, zu dem gesagt werden konnte, daß »im Laufe der letzten 40 Jahre nur ein Mensch in Paris geköpft wurde« (Mercier). Damals existierte die Guillotine nicht mal im Kopf ihres Namengebers Dr. Ignace Guillotin.

Zweifellos hatten auch die Sansons, Charles-Jean-Baptiste und Charles-Henri, in den Tagen vor der Revolution besonders spektakuläre Auftritte, als sie nach allen Regeln ihrer Kunst vor großem Publikum auf der Place de Grève den Banditen Cartouche und den Königsattentäter Damiens nicht nur hinrichten, sondern zuvor rädern und vierteilen ließen. Eine Tötungsart, die ebenso wie die vorgeschriebenen Folterungen vom Scharfrichter und seiner Mannschaft beherrscht werden mußte. Die Sansons erfüllten auch diese von der Regierung an sie gestellten Forderungen stets mustergültig. Und als Hauptdarsteller eines bis in alle Details geplanten Spektakels setzten sie bei ihren Vorstellungen die Effekte so geschickt, daß das Publikum auf seine Kosten kam.

Sehr wahrscheinlich wurde Charles-Henri nach der Damiens-Hinrichtung so viel Lob von höchster Stelle gespendet, daß sich der damals 17jährige wieder seines Familienadels de Longval erinnerte und bei einem Schneider Kleider in der blauen Farbe der Edelleute in Auftrag gab.

»Er hielt es einfach nicht der Mühe wert, alte Urkunden des Hauses de Longval herauszukramen und sich zu vergewissern, ob die Henkertätigkeit den Verlust des Adels einschließe.« (S) So konnte der Adel gegen Charles-Henris Anmaßung, sich wie sei-

---

* Ein Livre (später Franc) entspricht nach heutiger Währung 5 bis 15 Mark.

nesgleichen in Blau zu kleiden, protestieren. Der junge Mann wechselte zu Grün. Und wurde zum Modehit. Nachdem allen voran der Marquis de Létorières sich hatte Kleider à la Sanson schneidern lassen, trug man auf einmal sogar bei Hofe Grün.

Er war schon ein Prachtkerl in seinen jungen Jahren, dieser Charles-Henri. »Eine stattliche Erscheinung mit einem ruhigen Gesicht, in dem keine Härte war. Seine Kleidung war elegant, ohne daß sie übertrieben geschneidert war. Er war höflich in seinem Wesen, seine Ausdrucksweise war schlicht und korrekt zugleich. Er war eindeutig ein wohl erzogener Mann.« (Sédillot)

Alles in allem: ein gestandenes Mannsbild. Nobel, zuvorkommend, eher Macher als Handlanger; einer, der nie ohne seinen Degen das Haus verließ und forsch auftrat, selbstbewußt, mit dem Hut unterm Arm. Sogar adligen Damen stach er ins Auge. »...und so mancher brave Flickschuster weiß über die Geschichte der Gehenkten und des Henkers mehr zu berichten als der Mann von Welt über Europas Minister und Könige.« (Mercier)

Über den Privatbereich des Henkers, über sein Leben in der Rue Saint-Jean drang wenig an die Öffentlichkeit. Um so mehr klatschte man über seine zweite Ehefrau, Marie-Anne Jugier, die sechs Jahre älter war als er. Am 20. Januar 1765 hatte er sie in der Kirche Saint-Pierre de Montmartre geheiratet. In diesem Pariser Vorort hatte er sie während eines Jagdausflugs kennengelernt, als er beim Gärtner Jugier eingekehrt war und um Wasser für seine Hunde gebeten hatte. Der Henker und die Gärtnerstochter mochten sich auf Anhieb. Und es war in der Tat eine gute Wahl, die Charles-Henri traf, denn »niemals hat man einen friedlicheren Hausstand gesehen. Die beiden zu gleichem Maße melancholischen und glühenden Herzen verbanden sich zu einer geheimnisvollen Zuneigung, und niemals war der häusliche Frieden von dunklen Wolken verfinstert.« (S)

Der Ruf des jungen »Monsieur de Paris« als Mann von Welt mit guten Manieren nahm der Ehe nichts von ihrer Beständigkeit und Haltbarkeit. Auch nicht, daß die Frauen nach wie vor gesprächig wurden, wenn von ihm die Rede war. Die Töchter des Volkes himmelten ihn als Rächer der Armen an, die von Adel nannten seinen Namen mit einem wohligen Schauer des Entsetzens. Vielleicht würden auch sie ihm eines Tages in die Hände fallen ... Und manche inhaftierte Aristokratin konnte sich selbst in der Conciergerie nicht der Faszination Sansons entziehen.

Und so wie der Vater auch der Sohn. An ihn erinnert sich die Engländerin Grace Dalrymple. Durch Zufall lernt sie ihn kennen, als er mit einem Gefangenenwärter bei einem Glas Wein im Wachtzimmer zusammensitzt. »... ein hübscher, intelligenter junger Mann. Der Aufseher forderte mich auf, mich hinzusetzen und ein Glas mitzutrinken ... Ich wagte es nicht, diese Einladung abzuschlagen. Der junge Mann sagte: ›Nun, ich muß jetzt gehen!‹, nachdem er einen Blick auf seine Uhr geworfen hatte. Worauf der Aufseher bemerkte: ›Ihre Arbeit beginnt erst um zwölf Uhr.‹ Ich schaute den jungen Mann genauer an, und der Aufseher bemerkte zu mir: ›Sie müssen mit diesem Bürger Freundschaft schließen; es ist der junge Sanson, der Scharfrichter, und vielleicht hat ihn das Schicksal dazu ausersehen, Sie zu enthaupten!‹ Mir wurde sehr übel, besonders, als er mich beim Kopf ergriff und sagte: ›Er wird bald nicht mehr lange an Ihrem langen, schlanken Hals sitzen. Wenn ich Sie ins Jenseits befördern muß, wird es nur eine Kleinigkeit sein.‹«

Eine sehr rüde Bemerkung, eines Sansons wahrhaftig nicht würdig, provoziert vielleicht durch einen weinseligen Wärter oder auch mißverstanden von der Engländerin, weil sie des Argots (die derbe Volkssprache wurde von den Sansculotten-Wärtern in den Gefängnissen gesprochen) nicht mächtig war.

Tatsache ist: An den Händen von »Monsieur de Paris« klebte während der Revolution nie Blut. Er schnallte bei den Hinrichtungen nicht einmal die Verurteilten auf das Fallbrett.

»Ich bin niemals hinaufgestiegen«, läßt Henri-Clément den Vater einmal sagen und sich dabei auf den Großvater berufen. »Ich bleibe unten stehen, sorge dafür, daß alles an seinem Platz ist, jeder auf seinem Posten, um die Todesqual der unglücklichen

Opfer nicht zu verlängern oder den schrecklichen Tod noch qualvoller zu machen. Zuletzt genügt ein Augenwink von mir, daß der am linken Pfeiler stehende Gehilfe einen Stift zieht, der das Beil hält. In einer Sekunde ist alles vorbei.« (S)

Schon vor der Revolution hatten die Sansons lieber delegiert als agiert. Das Foltern, Rädern und Vierteilen überließen sie den Knechten. Das Gespräch eines Edelmanns und einer Marquise, bei der Charles-Henri zu Gast war, bestätigt das.

»›Madame, kennen Sie den jungen Mann, mit dem Sie gespeist haben?‹

›Nein‹, erwiderte sie, ›er sagte mir, er sei Beamter des Parlaments.‹

›Er ist der Henker von Paris, ich kenne ihn gut. Bestimmt hat er gerade eine Hinrichtung durchgeführt oder ihr zumindest beigewohnt, denn er richtet selten mit eigener Hand.‹« (Grace Dalrymple)

Ein Essen übrigens, das für Sanson ein Nachspiel hatte. Vor dem Gerichtshof forderte die adlige Dame seine Bestrafung, weil er sich als Beamter des Parlaments ausgegeben habe. Außerdem sei es ihm nicht einmal erlaubt, mit einem einfachen Bürger an einem Tisch zu sitzen. Sanson nutzte die Gelegenheit zur Verteidigung und machte deutlich, daß Gott zwar das Schwert in die Hände des Königs gelegt habe, um Verbrechen zu strafen, die Majestät dann aber diese Aufgabe an ihn weitergegeben habe. Er, ein öffentlicher Diener der Monarchie, gebrauche das Schwert nun, um zu strafen, um die beleidigte Tugend zu rächen. Ein Vorzug, der sein Amt dem Thron sehr nahe gebracht habe. Er und kein anderer sei der »Vollstrecker der Strafurteile«. Sanson wurde freigesprochen.

Dieses Urteil bestätigte im Dezember 1789 die »Assemblée Nationale«. Die Abgeordneten entschieden, daß der Scharfrichter wie jeder andere Bürger im Staat zu behandeln sei. Die Sitte des Mittelalters, den Scharfrichter den »unehrlichen« Leuten zuzurechnen, war damit endgültig außer Kraft gesetzt.

Die amtlich bestätigte Ehrlichkeit Charles-Henri Sansons zog ein paar Monate später der Journalist Antoine-Joseph Gorsas in Zweifel. Er legte Beweise vor, daß im Haus des Scharfrichters von Royalisten staatsfeindliche Flugblätter gedruckt würden. Kein Wunder, höhnte Gorsas und beschwor Sansons königstreue Gesinnung sowie seine guten Kontakte zum Adel. Wieder mußte der Scharfrichter sich vor Gericht verantworten. Und wieder wurde er freigesprochen. Der Vorwurf des Republikverrats war nicht stichhaltig. Gorsas mußte sich öffentlich entschuldigen und tat dies mit ätzender Ironie: »Ich widerrufe, o Charles-Henri Sanson, Bourreau von Paris... Kommen Sie, Charles-Henri Sanson, kommen Sie und nehmen Sie Ihren Platz in einer unserer Körperschaften ein. Sie sind wählbar. Fehlt es Ihnen an einer Stimme? Ich gebe Ihnen die meine... werden Sie Mitglied der Nationalversammlung, werden Sie ihr Präsident...« (Le Courier de Paris, 11. 2. 1790)

Viele solcher Dokumente lassen sich bei der Recherche nicht mehr finden. Selbst das Musée Carnavalet in Paris führt die Sansons nicht namentlich in seiner großen Sammlung zum Thema Revolution.

Vielleicht war es die tragische Situation der Verurteilten, die »Monsieur de Paris« auch bildlicher Darstellung entzog. Als Modell für ein zeitgemäßes Porträt mit stolzem Blick und hoher Stirn mochte Charles-Henri wohl auch nicht posieren. Eher hätten er und sein Vater in die Reihe jener Darstellungen dieses Berufsstandes gepaßt, die in den Flugblättern mittelalterlicher Nachrichtensammlungen, in der Heidelberger Bilderhandschrift des Sachsenspiegels etwa, wiedergegeben wurden. Sie wären auch denkbar in Holz geschnitten von einem Dürer oder Hans Burgkmair, die die dunklen Seiten mittelalterlichen Lebens akribisch nachzeichneten, reportagehaft Folterungen und Enthauptungen darstellten. Aber jenen Dämon, den die Volksmeinung über die Jahrhunderte in den Henkern witterte, machten weder Stephan Lochner, Hans Baldung Grien, Hans Holbein der Ältere und Lucas van Leyden noch Lucas Cranach der Ältere und Dirk Bouts in diesen Männern aus, die auf ihren Passions- und Märtyrer-, Heiligen- und Altarbildern quälen und enthaupten. Da sind keine beschränkten Wüstlinge und häßlichen Sadisten am Werk; ernst und gedankenvoll schwingt mancher das Schwert, scheint sich seines Handelns voll bewußt, leidet sichtlich unter der grausamen Art des Folterns und Tötens – manchmal stärker sogar als das Opfer, das bereits in eine mildtätige Ohnmacht gefallen oder durch einen Herzschlag vorzeitig aus dem Leben geschieden ist.

Das Familiengrab der Sansons auf dem Montmartre-Friedhof in Paris kennzeichnet nur ein schlichter Stein, darauf, kaum noch lesbar, der Name Sanson. Mehr nicht. Keine allegorische Darstellung, keine zersprungene Glocke in Bronze, keine Büste auf schlanker Stele, keine Medaillons mit den Köpfen von Charles-Henri, Henri und Henri-Clément. Ihre Gesichter wurden nie in Stein gehauen oder in Bronze gegossen. Seltsam, wo doch die führenden Männer der Revolution und die großen Ereignisse so oft dargestellt wurden. Von den Kupferstechern Duplessis-Bertaux, Levacher und Villeneuve, von den Zeichnern Raffet und Gabriel, von dem Porträtisten Savée und vor allem von Jacques Louis David. Er bannte die erregendsten Stationen dieser Jahre auf Leinwand und Papier, mal überdimensional den »Ballhausschwur«, mal erschreckend-realistisch die Königin auf ihrer letzten Fahrt, mal idealisiert Marat in der Wanne. Immer war er dabei, dieser Maler, Mitglied des Volksbildungsausschusses und des Sicherheitskomitees: Er sah die Köpfe rollen. Aber den großen Mann zu Füßen des Schafotts, den sah er nie. Auch für ihn war Sanson kein Objekt künstlerischer Begierde.

Selbst Zeichner und Maler, die der Guillotine so nahe waren, daß sie dem abgeschlagenen Kopf Ludwigs XVI. noch jene Ähnlichkeit geben konnten, die dessen Darstellungen als Majestät in Amt und Würden so oft zeigten, übersahen den Henker. Aber auch Zuschauer und Soldaten haben kein Profil auf diesen Bildern. Der abgeschlagene Kopf faszinierte sie alle über die Maßen. Von einer Faust aus dem Korb gerissen und der Menge gezeigt – Bildmotive dieser Art sind typisch für die Epoche.

Die Sansons entzogen sich der Darstellung für die Nachwelt. Möglich, daß sie in jenen Tagen den Kindern als Figuren zusammen mit Miniguillotinen verkauft wurden, daß sie als Ziehpuppen im Handel waren oder auch als Karikaturen in Zeitungen und auf Kartengouachen. Der Hauptrolle, die sie auf dem Theater der Guillotine spielten, wurde jedoch kein Künstler gerecht.

III

Die Henker in der Geschichte: Sie quälten und töteten im Dienst der Götter, der Kirche, der Herrscher und des Gesetzes

Der Scharfrichter, im frühen Mittelalter wie während des Ancien régime: nicht selten ein sensibles Gesicht unter geschwungenem Schwert. So sieht man ihn bei Folterungen und Hinrichtungen agieren, mal bemüht-naiv, dann wieder mit raffiniertem Pinselstrich dargestellt. Auf Triptychen, Rathausgemälden und in Nachrichtensammlungen, auf Todesschreinen und Reliquienkästen. Diese bildnerischen Protokolle werden sich ändern, so, wie sich auch die Rolle des Exekutors wandeln wird.

Der Blick in die Zukunft verrät: Des Henkers Rolle institutionalisiert sich in dem Maße, in dem die Todesstrafe Gesetz wird und ein öffentliches Strafrecht entsteht. Es wird Richter geben, die sie verhängen, indem sie ein Verhalten zur Straftat erklären, das die Mindestvoraussetzungen menschlichen Zusammenlebens in unerträglicher Weise verletzt.

Im 12./13. Jahrhundert tritt der Henker deutlich ins Bild, er wird 1230 erstmals urkundlich als Fronbote erwähnt, dann als Schultheiß, Nach-Richter, Scharfrichter: ein dienstbarer Geist für Dorf- und Hoch-, Stadt- und Femegerichte. Er wird zur Institution, deren »Grausamkeit sich durch die Ursache, (der sie) sich ergeben (hat)« (de Sade), rechtfertigen läßt.

Und das geschieht so: Im Namen Gottes, den Geboten des Alten Testaments verpflichtet, spricht die Obrigkeit – Fürsten, Grafen und Könige – Urteile, um Ordnung zu garantieren und Macht zu demonstrieren. Sprachrohr eines Weltschöpfers, der auch das Jüngste Gericht erdacht hat, vor dem sich der von irdischen Mächten abgeurteilte Verbrecher noch einmal – und dann chancenlos – zu verantworten hat.

Bevor wir in jene Zeiten hineintauchen, in denen Henker und Scharfrichter Hochkonjunktur haben, ein kurzer Blick zurück auf die archaischen Urstrafen, die der Homo sapiens schon vor 40 000 Jahren kannte und mit Lust praktizierte. Hinrichtungsrituale waren das, denen man jene unterwarf, die vorwiegend heilige Tabus verletzt hatten. Gesühnt wurden ihre Vergehen durch Blutrache. Diese Vorstufe einer später legalisierten Todesstrafe verankerte frühe Gesellschaftsordnungen – Sippen und Familienverbände, Stämme und Völker – auf festem Grund.

Die Blutrache, die man durchaus als Selbstjustiz bezeichnen kann, wird schon im Alten Testament empfohlen. Im 4. Buch Mose, Kapitel 35, Vers 19, steht geschrieben: »Der Rächer des Blutes soll den Totschläger zu Tode bringen. Wo er ihm begegnet, soll er ihn töten.«

Der Rächer des Blutes! In frühen Zeiten war das noch nicht der Henker. Seine Aufgaben nahmen bei den alten Griechen und Germanen, bei den Kelten und Römern und auch im alten Israel entweder alle wahr, indem sie »mit gesamter Hand« den Verdammten steinigten und von einem Felsen stürzten; oder die verschworene Gemeinschaft der Priester bestimmte den des Verbrechens Schuldigen zum Menschenopfer und vollzog das Opfer auch im Namen jener Götter, die – egal, ob Wotan, Baal, Moloch, Zeus oder Dionysos – allesamt menschenverschlingende Dämonen waren.

Im Alten Testament häufen sich solche Rituale in erschreckender Zahl. Fast immer ist es Gott, der Bestrafung fordert. So soll Abraham seinen Sohn Isaak opfern (1. Buch Mose, 22), den der Vater allerdings in letzter Sekunde – Gott nimmt seinen guten Willen für die Tat – gegen einen Widder eintauschen kann; so gelobt der Feldherr Jephta vor einer Schlacht, nach einem Sieg den ersten Menschen, der ihm bei der Rückkehr daheim entgegentritt, zu opfern (Richter 11,30). Gott läßt ihn siegen – und dann die einzige Tochter töten... König Saul muß hinnehmen, wie die Gibeoniter sieben Männer aus seinem Gefolge töten als Racheopfer für eine von ihm begangene Bluttat (2. Buch Samuel, 21). Und der König der Moabiter wiederum opfert den Sohn und Thronfolger auf der Stadtmauer, um die angreifenden Israeliten

Die Hinrichtung des Titus Manlius, Stich von Georg Pencz

durch diesen Akt zu erschrecken und zu beeindrucken (2. Buch Könige, 3,27). Der Zweck heiligt das Mittel – die Aggressoren ziehen ab.

Sie alle wollen Gott oder ihren Götzen gefällig sein, fallen, wenn es taktisch nötig ist, in einen heiligen Blutrausch. Für eine Gottheit.

Das Blut fließt in jenen alttestamentarischen Zeiten in Strömen, und nicht nur in den Tempeln verwandeln sich Priester in blutrünstige Schlächter. »Für ihre Götzen schlachten (sie) Kinder an den Bächen, unter den Felsklippen«, klagt der Prophet Jeremias (Jesaja 57,5). Um die Götter nachsichtig und mild zu stimmen und ihnen wohlgefällig zu sein, merzen sie alle mit ihren Menschenopfern am liebsten jene aus, die der Religion und der Gemeinschaft im Wege stehen.

So versenken die germanischen Völker Missetäter und Feinde im Moor; Azteken und Tolteken opfern so viele Menschen, daß sie Eroberungskriege führen müssen, um Material für ihre Rituale zu bekommen: Junge Mädchen, bestens genährt und durch feierliche Kleidung zu Göttinnen hochstilisiert, werden enthauptet.

Es sind sakrale Rechte, die solche Opfer rechtfertigen. Das Bewußtsein, Rechts- und Religionsverbrecher zu vernichten, war sehr ausgeprägt. »Er straft die Sünden der Väter an den Kindern bis ins vierte Glied«, heißt es im 2. Buch Mose (20,5). Besser kann Blutrache nicht beschrieben werden.

Heilige Strafen werden auch an jenen vollzogen, die sich des Inzests und der Zauberei, des Verrats und der Hexerei schuldig machen. Die gestörte Weltordnung (ordo mundi) soll durch den Tod der Verbrecher wiederhergestellt werden.

Wort und Macht der Priester, die in der Götter Namen auf den Altären Blutopfer vollziehen und neben Tieren Kinder, Jungfrauen und Jünglinge opfern, gelten auch auf Rhodos, wo sie dem Kronos opfern; und auch in Rom sind es Priester, die im Jahr 226 vor Christus ein Gallier- und ein Griechenpaar auf dem Viehmarkt lebendig begraben, um einer Prophezeiung zu entsprechen und zu verhindern, daß Gallier und Griechen die Stadt erobern. Selbst ein so aufgeklärter Kopf wie Cäsar hält es im Jahr 97 vor Christus noch für angebracht, Priesterratschlägen folgend, dem Kriegsgott Mars zwei Soldaten zu opfern, um siegreich zu bleiben.

Erst in der römischen Kaiserzeit sprechen Richter die Urteile aus. Erfindungsreich und phantasievoll sind die Strafen vor allem für nichtrömische Rebellen, Straßenräuber und ehrlos-flüchtige Gladiatoren (die eigentlich dem Opfertod in den Arenen in einem Kampfritual geweiht sind).

Jetzt schlägt die Geburtsstunde des amtlich bestallten Henkers, der Carnifex betritt die Szene – ein Mann, der seine Wohnung außerhalb der Stadt hat, um diese nicht durch seine Anwesenheit zu verunreinigen. Eine Diffamierung, die sich bis weit ins Mittelalter halten wird.

Dieser Carnifex und seine Gehilfen übernehmen die Verurteilten (Cruciarii) in Rom am Esquilinischen Tor, führen sie zu einem Richtplatz auf dem Esquilinischen Feld... binden sie mit Weidenruten und Stricken, schlagen sie mit Nägeln an Pfähle, Balken und Kreuze.

Die Kreuzigung. Bekannt wurde sie durch die Hinrichtung des Jesus von Nazareth. Ihm sollten noch viele Glaubensbrüder auf diese Weise in den Tod (sprich: ins Paradies) folgen. Eine Marter, die schnell ihre Anhänger findet, besonders unter den römischen Feldherren. Schon im Jahr sieben vor Christus läßt Crassus zwischen Capua und Rom 6000 Kreuze für den gefangenen Spartakus und seine Männer errichten. Ein anderer Kriegsheld, Flavius, läßt während der Belagerung Jerusalems anno 70 nach Christus täglich einige hundert Gefangene kreuzigen. Der Tod tritt erst nach mehreren Tagen ein. Denn ob genagelt oder nur gebunden, die Menschen sterben bei dieser Tortur meistens an Kreislaufkollaps oder Herzversagen. Auch Blutleere im Gehirn, Atembeschwerden durch Verkrampfung der Muskulatur, Herzflimmern und ständige Ohnmachten führen zum Ende. Monatelang läßt man dann die Leichen hängen – ein Fraß für Geier, Wölfe und wilde Hunde.

Im Jahr 320 nach Christus schafft Kaiser Konstantin offiziell die Kreuzigung ab, nachdem er zum christlichen Glauben übergetreten ist.

Das Motiv der Kreuzigung nimmt in der abendländischen Kunst einen großen Raum ein. Eine klare Vorstellung von dieser Praktik ist jedoch nicht erkennbar. Keiner der Künstler hat jemals selbst an einer solchen Veranstaltung teilgenommen. Sie alle mußten also ihre Phantasie bemühen, um den Schrecken dieses märtyrerhaften Todes zu verdeutlichen.

In einer weiteren Hinrichtungsart, dem Hängen beziehungsweise Henken, manifestiert sich die Position des Henkers, dessen Persönlichkeit und psychische Konstellation die Mitmenschen vor viele Rätsel stellen werden.

»Wer ist dieses unbegreifliche Wesen, das dem Foltern oder Töten der eigenen Spezies den Vorzug über all die angenehmen, einträglichen, ehrlichen Beschäftigungen gegeben hat, die der Kraft und dem Geschick des Menschen offenstehen?« (De Maistre)

Anno 1230 weist der »Schwabenspiegel« diesem Wesen neben dem Vollzug der Leibesstrafen auch die Pflichten eines Aufsehers über die Dirnen, eines Abdeckers, eines Kloakenleerers in den größeren Ansiedlungen und eines Hundefängers zu. Ein Mensch also, der auf der untersten Stufe der Gesellschaft angesiedelt ist – so, wie seine römischen Vorfahren in diesem Amt, die Carnifices, deren Existenz nur den einen Sinn hatte: das Blut von anderen zu vergießen.

Inwieweit der Henker des Mittelalters an seiner Tätigkeit Gefallen fand, sei dahingestellt. Zweifellos hat der Fronbote, »Freimann«, »Züchtiger« oder »Meister Hans«, wie der Volksmund ihn nennt, seine Aufgaben leichteren Herzens ausgeübt als jene ihm bald folgenden Henkergenerationen, die, von der Gesellschaft als »unehrliche Leute« ausgestoßen und mißachtet, ein miserables Leben als Parias führen mußten. Viele wurden mit ihrem Leben nicht fertig; sie verzweifelten in der ihnen aufgezwungenen Isolation, wurden durch Geisterglauben und quälende Erinnerungen an ihre Opfer nicht selten in den Selbstmord getrieben. Der Hang zu Depressionen und schwerer Melancholie war den meisten dieser Menschen eigen, die sich immer wieder fragten: »Warum bin ich zu diesem Beruf verdammt? Warum hat mich das Schicksal dazu auserwählt?«

Dem römischen Carnifex, einem Staatssklaven, bescheinigte Aristoteles im sechsten Band seiner politischen Schriften, daß sein Amt im Staat ebenso notwendig sei wie das der Staatslenker; im Orient hatte der Scharfrichter sogar in unmittelbarer Nähe des Herrschers seinen Platz, um dessen Urteile prompt erfüllen zu können. In Anlehnung an solche Sitten genoß auch der Fronbote gewisse Ehren. Das Wort fron (gleich, frei, herrschaftlich) deutet auf den ehemals geheiligten Nimbus eines Boten der Gerechtigkeit hin; laut »Augsburger Stadtbuch« aus dem Jahr 1230 auf einen Mann, der durchaus für ebenso wichtig gehalten wurde wie die das Urteil fällenden Richter.

Dieses positive Image entsprach auch der Tatsache, daß dieser Mann selbst nicht töten mußte. Wie später die Sansons empfing er die Urteile, gab sie weiter an Gehilfen, die unter seiner Aufsicht die Opfer folterten, aufs Rad flochten, lebendig verbrannten, durch Pferde zerreißen ließen und hängten.

Aber die immer größere Eigenständigkeit dieser Gehilfen machte den Fronboten letztlich überflüssig. Und ruinierte den Ruf des Henkers. Restlos dahin war sein Leumund dann im ausgehenden Mittelalter. Hurensohn von Henker nannte man seinesgleichen, schor ihn mit Bartscherern und Gauklern, mit Juden, Türken und Zigeunern über einen Kamm: ein Schmarotzer in den Augen der Gesellschaft, die sich seiner nur bediente zur Verrichtung der Drecksarbeit. Ein Mensch ohne Rechte, oft von rohem Charakter und Trinker, zum Abschaum geworden.

Aber man brauchte ihn, denn jede Stadt, selbst die kleinste Ortschaft, hatte ihre Galgenstatt.

Damit kommt eine Todesstrafe ins Bild, die in jener Zeit am häufigsten vollzogen wurde. Um die »Pax Dei«, den Frieden Gottes, auf Erden zu manifestieren, wurde vom 10. Jahrhundert an in Europa gerichtet, wer immer sich sündhafter Taten und Laster schuldig gemacht hatte beziehungsweise für schuldig befunden wurde. Galgenvögel gab's in Fülle, landschädliches Pack trieb sich überall herum. Die Massenkriminalität blühte. »Unehrliche Leute«, wie die Henker selbst es waren, wurden die bevorzugten Opfer der Obrigkeit. Sie griff man auf, wo immer man ihrer habhaft wurde: Dirnen und Diebe, verarmte Bauernsöhne, entgleiste Scholaren, jüdische Händler, Gaukler, Taschenspieler, Raubritter und eine herrenlose und beutehungrige Soldateska, ganz zu schweigen von den wirklichen Kriminellen, den Mördern und Straßenräubern. Um 1400 trafen dann die ersten Zigeuner in Mitteleuropa ein – eine weitere Minderheit, die man verfolgen und aburteilen konnte.

Überall wuchsen Galgen und Hängebäume wie Pilze aus dem Boden. Nach heidnischen Vorstellungen auf kahlen Bergrücken oder im Norden hinter den Ortschaften (wo nach dem Glauben der germanischen Stämme Wotan und sein Gefolge, die Raben und die Wölfe, jagten). Hoch aufragende Gerüste waren das, gefertigt aus eichenen Stämmen, astlos und entrindet (um der Magie Vorschub zu leisten). Nur im Hemd oder nackt baumelten da die Opfer.

Im Frühmittelalter war das vorwiegend Diebesgesindel, jeder Gehenkte galt automatisch als Langfinger; Frauen waren kaum darunter – sie wurden ertränkt. Später, vom 13. Jahrhundert an, wurde das Strafmaß Henken auf Hehlerei und Unterschlagung ausgeweitet, dann auf alle Kapitalverbrechen. So schaukelten oft mehrere Missetäter zugleich im Wind auf dem Galgenberg.

In England war das Henken sehr populär. So benutzte Justitia in London seit dem 12. Jahrhundert im heutigen Hyde Park einen dreisäuligen Galgen; auf den Tyburn Fields wiederum henkte man Verbrecher einfach an freistehenden Eichen. Wo immer man nach London hineinkam: Man mußte stets eine Reihe von Galgen passieren. »Sie gehören zur Landschaft. An den Ufern der Themse stehen sie, beladen mit den verwesenden Resten von Meuterern und Mördern. Und auf allen Heiden und in allen Wäldern um die Stadt herum wird man von quietschenden Ketten erschreckt, an denen Straßenräuber hingen. Und selbst mitten in

der Stadt, auf der Fleet Street, der Bow Street, dem Strand, in der Old Street oder auf dem Haymarket hingen tote Menschen...
... Ärzte warteten, um die Leichen der Hingerichteten in Empfang zu nehmen. Sie haben sie den Delinquenten selbst bei Lebzeiten abgekauft, die das Geld pränumerando versoffen haben. Die Angehörigen der Verurteilten wohnen den Exekutionen bei und ziehen, da die Galgen niedrig sind, die Opfer an den Beinen, um ihren Todeskampf abzukürzen.« (Braudel)
Paris steht solchen Verhältnissen nicht nach. Auf dem Montfaucon erhebt sich ein Hauptgalgen mit 16 Säulen, die ein zweistökkiges, 15 Meter hohes Hochgericht bilden. Ein Dutzend armer Sünder konnte hier gleichzeitig gerichtet werden. Keine Ausnahme in einer Zeit, in der das Leben selbst in den von Stadtmauern umgebenen Städten ein Abenteuer war, in denen der Klerus sektiererisch mit Weihrauchwolken gegen den Aberglauben wütete und auf den Straßen ein obdachloser Mob heimat- und besitzloser Mönche, Spielleute, Hausierer, Quacksalber, Teufelsaustreiber, Hexen, Jongleure, Clowns, Pilger, Huren und Aussätziger rund um die Uhr unterwegs war.
Ein großes Angebot für den bereits erwähnten Schandpfahl im Hause des Pariser Henkers. Die Vergehen der Schuldigen, die an einer drehbaren Säule drei Tage lang dem Spott der Öffentlichkeit preisgegeben wurden: Bigamie, Hochstapelei, Kuppelei, Spielbetrug, Mundraub und Blasphemie. Ein Schild über dem Kopf der Verurteilten gab Auskunft.
So radikal, wie der »Blitz des Zeus«, glaubte die richtende Obrigkeit in diesen Haufen hineinfahren zu müssen, um in roh-primitiven Schnellverfahren auszumerzen, was immer gegen die Zehn Gebote verstoßen hatte. Das Henken schien den Gesetzeshütern das probate Mittel zu sein, um mit diesem Abschaum der Menschheit in ihrem jeweiligen Sprengel – einem Gut, einem Dorf, einer Grafschaft oder einer Stadt – fertig zu werden. Und es entsprach der Wesensart des leidgeprüften mittelalterlichen Menschen, daß solche Gerichtsverhandlungen und Aburteilungen zu Volksfesten ausarteten.

Der Marktplatz war der bevorzugte Ort des Tötungsrituals; er sollte es auf lange Zeit bleiben. Dort, wo das Rathaus steht, wird auch in Paris vor der Revolution noch hingerichtet werden – auf der Place de Grève. Auf diese Plätze im Zentrum der Ortschaften trieb man die Missetäter, mit gebundenen Händen, durch eine schimpfende und schmähende Volksmenge, schleifte sie, in Kuhhäute gehüllt, zur Hinrichtungsstätte, wo es hoch herging. Verkaufsbuden waren aufgebaut, Gaukler zeigten ihre Kunststücke, Taschendiebe und Dirnen suchten im Gedränge nach Opfern. Und der Alkohol floß in Strömen.

Hing der Delinquent endlich am Seil, dann begleitete die Menge jede Zuckung seines Körpers mit Beifallsrufen. »Flüche und Verwünschungen erschallen. Arm und Reich, Diebe und Lords ergötzen sich am Schauspiel des Hängens und reißen Witze über die Leiden des Unglücklichen.« (Braudel)

Der Marquis de Sade hat die grenzenlos-hemmungslose Lust, sich an den Leiden anderer zu delektieren, wohl richtig gedeutet, als er schrieb: »Zu allen Zeiten hat es den Menschen Lust bereitet, das Blut von seinesgleichen zu vergießen; und um seine Lust zu stillen, hat er diese Leidenschaft bald unter dem Schleier der Gerechtigkeit, bald unter dem der Religion versteckt. Aber der Untergrund, das Ziel, war zweifellos stets das erstaunliche Vergnügen, das er dabei empfand.«

Der Mensch des Mittelalters war, aus heutiger Sicht, von besonderer Mentalität. Genoß er einerseits hart und gefühllos Quälereien, die man denen zufügte, die sein Leben bedrohten, so betete er andererseits mit tiefer Inbrunst Knöchel und Rippen, Schädelknochen und Schienbeine der Heiligen an: Reliquien, die in kostbaren Schreinen in Kathedralen und Klöstern aufbewahrt wurden. Inbrünstige Gebete und Explosionen von Grausamkeit waren die Ventile, um letztlich auch den eigenen Tod akzeptieren zu können, der häufig von nicht zu heilenden Krankheiten eingeleitet wurde und ausgesprochen schmerzhaft war.

Oft redete man über Gevatter Tod, kein Wunder bei der Lebenserwartung der damaligen Zeit. Je grausamer die Ereignisse waren, die in den Alltag einbrachen und die man selbst überlebte, desto gelassener nahm man das Sterben hin. Angst hatten die Menschen nur vor den von der Kirche propagierten Höllenqualen des Jüngsten Gerichts. Eine Aussöhnung mit Gott zum Lebensende war das Streben vieler. Um so hemmungsloser genoß man das Sterben jener, die sich dem Teufel verschrieben hatten; man genoß es mit einer Lust, die uns heute so unmenschlich erscheint. Der Aussatz der Gesellschaft mußte weg – schnell und radikal. Und das sollte ein Vergnügen sein.

Zum Totlachen war es, wenn man die Übeltäter nicht nur aufhängte, sondern sie noch mit Hunden und Katzen garnierte. Man steckte diese Tiere auch schon mal mit einer Verurteilten in einen Sack, den man dann in einen Teich oder Fluß warf.

Daß die Männer, denen solches oblag, übel beleumdet waren, liegt auf der Hand.

Mit der ständig ansteigenden Kriminalität und der damit wachsenden Zahl der Hinrichtungen und der Pflichten des Henkers sinkt sein Ruf immer mehr. In den Städten des Mittelalters wird er vielfach zur Schreckensfigur. Immer neue Verbote werden ihm auferlegt, wenn sich die Bürger wieder mal über ihn und seinesgleichen, die von Gerüchten und Aberglauben umweht sind, beklagt haben.

Er darf nicht auf die Jagd gehen, sein Vieh nicht auf den Gemeindeanger treiben; seinen Kindern ist nicht erlaubt, mit den anderen zu spielen; seiner Frau ist der Zutritt zu den öffentlichen Märkten verboten. Liegt sie in den Wehen, findet sich keine Hebamme bereit, ihr bei der Geburt zu helfen. Die Taufe seiner Kinder ist ihm versagt wie ein christliches Begräbnis auf dem Friedhof der Kirche.

Wie der Mann selbst, ist alles verfemt, was er berührt: Galgen, Folterinstrumente und sein Geld, falls er solches überhaupt besitzt. Muß der Galgen repariert werden, dann spricht der Stadtrat den Henker zwischenzeitlich vom Vorwurf der Unehrlichkeit frei und läßt die Handwerker im Rahmen eines großen Volksfestes, Wein und Speisen gratis, die Arbeit verrichten.

Der Galgen wiederum wird von großen Teilen der einfachen Bevölkerung abergläubisch verehrt. Die dem Holz zugeschriebenen magischen Kräfte und ganz besonders die ausgebleichten Knochen, die sich unter den Hochgerichten finden, gelten als Glücksbringer. Und man zahlt viel Geld, um in ihren Besitz zu kommen.

Vom Glauben an die Magie, die auch den Henker mit einer diffusen Aura umgab, zehrten die Menschen bis ins 19. Jahrhundert. Wie bereits im Fall Sanson beschrieben, waren Scharfrichter oft Apotheker und Heilpraktiker in einer Person. Und man suchte den Rat dieses Mannes als Heilkundiger, als Medizinmann und sogar als Arzt, der oft über die Anatomie besser Bescheid wußte als mancher Medicus. Die Menschen drängten sich zu heimlichen Begegnungen mit diesen Leuten, obwohl sie verfemt waren.

Ein gewisses Ansehen erlangten auch im ausgehenden Mittelalter in den größeren Städten vor allem jene Scharfrichter, die ihre Arbeit von Knechten und Gehilfen ausüben ließen. Selbst übernahmen sie nur die wichtigsten Aufgaben – so das Köpfen mit dem Schwert. Dieser heikle Vorgang wurde anfangs noch mit dem Beil vollzogen und verlangte äußerste Präzision.

Auch diese Hinrichtungsmethode beruft sich auf archaische Urformen, als Tiere und Menschen den Göttern geopfert wurden. Im Mittelalter und zu Beginn der Neuzeit bekam das Schwert dann jenen Symbolgehalt, der es den Königen so wertvoll machte, daß es ihnen bei Krönungen überreicht und bei Repräsentationen vorausgetragen wurde. Das Schwert der Gerechtigkeit – es wurde zusammen mit der Waage zum Symbol der Justiz.

Das »Richten mit blutiger Hand«, mit dem Beil und dem Schwert, betraf nur höhergestellte Personen, Männer von Adel, die Kapitalverbrechen begangen hatten. Bei den Germanen hatte eine solche Enthauptung großen Stellenwert. Krieger und Fürsten wurden durch das Beil gerichtet und somit den Göttern geopfert. Bei den Römern galt der Tod durch das Beil als ehrenvoll.

Die Hinrichtung mit Beil und Schwert – in Frankreich seit 1413 für Edle reserviert – galt als eine »ehrliche« Todesstrafe. Für Diebe und Betrüger, Mörder und Brandstifter war der Galgen da. Im späten Mittelalter brach man mit diesen Grundsätzen, und der Scharfrichter bediente sich nun öfter des scharf geschliffenen Schwertes. Die Enthauptung wurde ebenso Mode wie zuvor das Henken. So existierten bald überall feste Hinrichtungsplätze; hier zelebrierte man auf einem rechteckig gezimmerten Podium mit einem Kruzifix das Ritual der Enthauptung.

Wirkungsvoll inszenierte Schauspiele waren das, deren Held der Verurteilte war und sein böser Gegenspieler, oft in einen dunkelroten Mantel gehüllt und mit einer Maske vor den Augen, der Scharfrichter.

In englischen Kerkern werden Thomas Morus, die Königinnen Anna Boleyn und Katherine Howard, Graf Essex und Sir Walter Raleigh bei schummriger Fackelbeleuchtung geköpft.

Noble Opfer wie der Minister de Marigny und der Admiral Coligny zogen nicht nur die Massen an, sondern elektrisierten auch die weltliche und geistliche Obrigkeit. Jeder spielt seine Rolle bei diesen Veranstaltungen: mit Haltung und Anstand. So geben bei einem adligen Opfer 1613 in Palermo weißgewandete Büßermönche dem Verurteilten, dessen Kopf nach der Exekution von zwölf Fackeln beleuchtet zur Schau gestellt wird, das Geleit. Und als man 1642 in Lyon auf der Place des Terreaux zwei hochgestellte Herren köpft, »mußte man für einen Fensterplatz in den Häusern rings um den Platz bis zu einer Dublone zahlen« (Braudel).

In Paris richteten die Sansons nach alter Tradition öffentlich auf der Place de Grève mit dem Schwert; mit sicherer Hand und auf einem mit schwarzem Tuch verhängten Podest, mit Trommlern und Trompetern und viel Militär ringsum. Von einem Priester geleitet, fährt der Verurteilte vor, spricht kniend noch ein Gebet, wird von seinen Sünden freigesprochen und besteigt dann mit entblößtem Oberkörper und sauber rasiertem Nacken das Blutgerüst. Die Augen werden ihm mit einem Tuch verbunden, sein

Kopf auf einen Holzbock gedrückt. Und dann saust das Schwert hernieder...

Nicht immer eine leichte Aufgabe für die Scharfrichter, denn dieses zweischneidige, mit einer Blutrinne versehene Gerät, vielfach mit Blumenmustern, Rauten und lateinischen Sinnsprüchen (»Fiat justitia aut periat mundus«) verziert, muß perfekt geführt werden, um mit einem Streich so den Kopf vom Rumpf zu trennen, »daß zwischen Haupt und Leib mag passieren ein Wagenrad«. Selbst mit dem Beil gelang das nicht immer perfekt. »Um die Exekution in Einklang mit den Erfordernissen des Gesetzes zu vollstrecken, ist es notwendig, daß der Scharfrichter Geschick beweist und der Verurteilte keinen Widerstand leistet und die nötige Ruhe bewahrt. Sonst dürfte es niemals möglich sein, eine solche Hinrichtung mit dem Schwert ohne das Risiko gefährlicher Zwischenfälle durchzuführen.«

So Charles-Henri Sanson, der Henker von Paris, in knapper Amtssprache in einem Schreiben an den Pariser Justizminister, als sich die neue Enthauptungsmaschine, die Guillotine, in der ersten Entwicklungsphase befand und man noch überlegte, ob die traditionelle Hinrichtung mit dem Schwert auf Dauer nicht doch wirksamer sei. Sanson hatte Bedenken nach manchem Einsatz: »Nach jeder Exekution ist das Schwert unbrauchbar für eine weitere Hinrichtung. Es ist absolut notwendig, das schartig gewordene Schwert erneut zu schärfen und zu schleifen, wenn mehrere Personen hintereinander hinzurichten sind; daraus ergibt sich wiederum die Notwendigkeit, einen ausreichenden Vorrat an einsatzbereiten Schwertern bereitzuhalten... Auch muß darauf hingewiesen werden, daß Schwerter bei solchen Exekutionen schon zerbrochen sind...«

Es gab noch ein anderes Problem, über das Sanson in seinem Gutachten verständlicherweise kein Wort verlor: die eigene Unzulänglichkeit.

Wie oft war es schon geschehen, daß einem Scharfrichter das beidhändig zu führende Schwert aus der Bahn geraten war, den Schwung verloren, durch eine falsche Körperbewegung oder durch einen plötzlich auftretenden Windstoß mehr Schaden als nötig angerichtet hatte.

»Monsieur de Paris« hätte, was diesen Punkt betraf, einiges von seinen Ahnen und sich selbst preisgeben müssen. So hatte zum Beispiel Charles, der erste Sanson, sich bei der Enthauptung der Gattenmörderin Tiquet von dem hübschen Gesicht der Delinquentin verwirren lassen, und er ließ das Schwert zu schwach auf den schlanken Nacken prallen. Auch ein zweiter Schlag vollendete – unter dem Protest der Zuschauer – noch nicht die Aktion; ein dritter Schwerthieb brachte endlich das gewünschte Ergebnis.

Unter der unsicheren Hand des noch jungen Charles-Henri mußte der konspirative Edelmann Lally-Tollendal im Jahr 1766 böse leiden. Vom Vater Charles-Jean-Baptiste mit der Aufgabe des Enthauptens beauftragt, traf er mit dem ersten Schwerthieb nicht den Nacken, sondern spaltete dem Opfer das Kinn. »Der Rumpf wurde nach vorne geworfen, und drei, vier Schwertstreiche waren notwendig, bevor der Kopf vom Rumpf getrennt war.« (Dr. Louis) Eine in der Tat makabre Schlächterei, die der alte Sanson vollenden mußte, nachdem er dem Sohn das Schwert entrissen hatte.

In Deutschland waren Hinrichtungen mit dem Schwert bereits an der Tagesordnung. »Auch werden Personen weiblichen Geschlechts, ohne Rücksicht auf ihren Stand, der gleichen Methode unterworfen. Auf jeden Fall erreicht man eine vollkommene Exekution nur selten, obgleich man mancherorts die Vorsichtsmaßnahme ergreift, das Opfer auf einen Stuhl zu setzen.« (De Maistre)

Wie sich in der Praxis herausstellte, war auch dies eine fragwürdige Operation, bei der der Scharfrichterassistent den Kopf des Verurteilten an den Haaren senkrecht halten mußte, während sein Meister das Schwert von der Seite her durch die Luft sausen ließ. Daß der Helfer dabei selbst gelegentlich getroffen wurde, zumal, wenn der Meister einen Schoppen zuviel getrunken hatte, gehörte zu den Risiken dieser Berufsgattung. Die hochgelobten deutschen Scharfrichter waren vor solchen Schwächen nicht gefeit. So mußte einer von ihnen 1665 in Nürnberg einer zum Tode durch das Schwert verurteilten Frau nach »fünf gegebenen Streichen ... den Kopf auf dem Rabenstein liegend« (Keller) abschneiden. Um eine andere verurteilte Sünderin schlich »am Krippelstein Meister Valtin, der Henker ... herum wie eine Katze um den heißen Brei ... Dann zielte er, hieb zu und verfehlte den Hals und hauet ihr ein Stück so groß wie ein Taler vom Kopf weg und schlug sie vom Stuhl herunter. Da ist die Arme frischer aufgestanden, als sie sich niedergesetzt hat, und fing an zu bitten ... Hat aber nichts geholfen. Da wollt der Löw dem Meister Valtin das Schwert nehmen und damit zuhauen. Dies ließ aber der Meister nicht geschehen, sondern haut zu, ein wenig stärker, daß sie auf die Erde fiel. Da schneidet er ihr den Kopf liegend auf der Erde ab ... daß er bald wäre gesteinigt worden, wenn ihm die Stadtschützen nicht zu Hilfe gekommen.« (Keller)

Das Enthaupten, bei Mißlingen auch »Putzen« genannt, war problematisch. Und selbst bei Hoheiten gelang es nicht immer, wie der Fall Maria Stuart beweist. Als sie am 8. Februar 1587 im großen Festsaal von Schloß Fotheringhay vor etwa 300 geladenen Gästen vom Leben zum Tode befördert werden sollte, ging der erste Schwerthieb daneben. Er traf nur den Hinterkopf der Königin. Auch der zweite Hieb trennte nicht den Kopf vom Rumpf. Ein Armutszeugnis für den Henker, der erst, nachdem er einige Muskeln durchtrennt hatte, erfolgreich war.

Die Bräuche und Zuschauerreaktionen bei den öffentlichen Hinrichtungen nahmen oft kannibalische Züge an. So füllten die Scharfrichtergehilfen das aus den Körpern der Opfer rinnende Blut in Becher ab, tränkten auch Tücher damit und verkauften beides an Kranke als Heilmittel gegen Epilepsie und Aussatz; in bestimmten Stücken des Körpers sah man religiöse Reliquien. Oder die Zuschauer stürmten das Schafott und tauchten ihre Hände ins Blut der adligen Toten – so oft geschehen während der Guillotinierungen in der Französischen Revolution.

Im 19. Jahrhundert ersetzen neuentwickelte mechanische Geräte

das Schwert. Die Guillotine wird ein Prototyp sein, eine Vorgängerin des elektrischen Stuhls, der Gaskammer und der Gewehre der Erschießungskommandos. (In Nazideutschland allerdings werden Regimegegner von dem Scharfrichter Reichardt noch 1943 mit dem Beil enthauptet.) Andere Arten der Todesstrafe verschwinden völlig aus dem Arsenal der Rechtsprechung.
So das Rädern und Vierteilen. In ganz Europa wurden die Menschen im Mittelalter mit diesen Methoden gefoltert und hingerichtet. Auf unmenschlichste Art zertrümmerte man ihnen die Knochen. Das Rädern, basierend auf alten Kulten, deren göttliches Symbol die Sonne war, perfektionierte man zum Volksspektakel auf dem Galgenplatz.
»Die Henkersknechte werfen ihn bäuchlings auf den Boden, fesseln die ausgestreckten Arme und Beine an vier Pflöcke und schieben unter den Körper runde Hölzer. Der Henker ergreift das schwere Wagenrad, zerstößt damit von den Beinen aufwärts die Gelenke und das Rückgrat, sorgfältig darauf achtend, daß der Delinquent dabei nicht zu Tode komme. Der zerschmetterte Körper wird in die Speichen des Rades geflochten und auf einen Pfahl gesteckt.« (S)
Ein prominentes Opfer dieser Todesfolter war der Pferdehändler Hans Kohlhase, den Kleist in seiner Novelle »Michael Kohlhaas« als Muster für Zivilcourage porträtierte. Am 22. März 1540 wurde der aufrechte Mann nach einem Prozeß auf dem Strausberger Platz in Berlin von dem Scharfrichter Meister Hans, einem »ausbündigen Schwartzkünstler«, brutal hingerichtet.
Der zweite Sanson ersparte dem des Mordes angeklagten Comte de Horne solche Qualen, indem er ihn von einem zuverlässigen Gehilfen just in dem Augenblick erdrosseln ließ, als die Eisenbarre auf die Glieder schlug.
Unvorstellbar, daß Menschen diese Prozedur sogar überlebten. Manche fielen nach Tagen vom Rad, wurden von Medizinern ins Leben zurückgerufen und unter erneuten Qualen, ohne Betäubung, operiert.
Im Jahr 1721 räderte der dritte Sanson in Paris auf der Place de

Grève den berühmten Cartouche. Er war einer der vielen Verbrecher, die zur Zeit Ludwigs XV. die Straßen unsicher machten.
Louis-Dominique Cartouche alias Lamare, Petit Bourgignon, Jacques Maire der Limousiner, Jean-Pierre Balagny der Kapuziner, Pierre-François-Gruthus Duchatelet der Lothringer und Charles Blanchard oder Gaillard hatte Erzbischöfe und Kardinäle beraubt, Marquisen vergewaltigt und Edelleute lächerlich gemacht. Als das Idol der Diebe gerichtet wurde, war »tout Paris« auf den Beinen. Und Charles Sanson hatte mit seinen Leuten einen ganz großen Auftritt. Am 27. Oktober zu früher Stunde begann die Prozedur. Da wurden Cartouche auf dem Sankt-Andreas-Kreuz mit einer eisernen Barre die Knochen zerschmettert. Mildernde Umstände, das hieß, ihm zuvor das Leben zu nehmen (formuliert in einem geheimen »Retentum«-Artikel), waren vom Sekretär des Gerichts abgelehnt worden. So hielt der Verbrecher elf Schläge aus – und zählte sie auch noch mit lauter Stimme mit, bevor er in Ohnmacht fiel und nach zwanzig Minuten seinen Geist auf dem Rad aufgab.
Victor Hugo hat die letzten Stunden eines solchen Opfers und die Arbeit des Henkers in seinem Roman »Le dernier jour d'un condamné« beschrieben: Eindrücke, die er vielleicht nach einem Gespräch mit Henri-Clément Sanson gewonnen hat.
»Und dann kommt das furchtbare Signal; irgendein elender Gesandter des Gesetzes kommt an seine Tür, pocht und teilt ihm mit, daß man ihn braucht; er macht sich auf den Weg; er kommt zu einem öffentlichen Platz, den eine vor Erwartung zitternde Menge belagert. Man wirft ihm einen Gefangenen vor, einen Gotteslästerer oder einen Mann, der seinen Vater erschlagen hat; er ergreift ihn, stößt ihn zurecht, bindet ihn an ein liegendes Kreuz, und dann erhebt er den Arm; eine schreckliche Stille tritt ein, in der man nur das Geräusch der vom Rad zermalmten Knochen hört – und das gellende Schreien des Opfers. Er macht die Stricke los, stellt den Mann an das Rad; die zerschmetterten Knochen sind mit den Speichen verflochten; der Kopf hängt schlaff herab, das Haar ist wirr, und dem Mund, der wie das Loch eines Kamins

aussieht, entquellen nur blutige Wortfetzen, die um die Gnade des Todes flehen. Der Henker ist fertig, sein Herz schlägt, aber es schlägt vor Freude; er applaudiert sich selbst, und er versichert sich: niemand handhabt das Rad besser als ich. Er tritt herunter: er streckt seine blutbefleckten Hände aus, und aus der Ferne wirft ihm die Justiz ein paar Goldstücke hin... Er setzt sich an seinen Tisch und ißt; später geht er schlafen, und er schläft wirklich. Und am nächsten Tag, wenn er erwacht, denkt er an viele Dinge, nur nicht an das, was gestern geschah...«

Der barbarischen Roheit des Vierteilens fielen vor allem Verräter und Attentäter zum Opfer. Wie Robert-François Damiens, ein Mann »mit Adlernase, sehr tiefliegenden Augen und krausen Negerhaaren« (S). Er hatte 1756 ein Attentat auf Ludwig XV. versucht. In einem Musterprozeß wurde er zum Tode durch Vierteilung seines Körpers nach vorher durchzuführenden Folterungen verurteilt: Er sei am ganzen Körper mit glühenden Zangen zu reißen; anschließend seien geschmolzenes Blei, siedendes Öl und brennendes Pechharz, Wachs und geschmolzener Schwefel in seine Wunden zu gießen. Schließlich sollten vier Pferde den Körper des Malträtierten zerreißen; Glieder und Rumpf seien anschließend zu verbrennen und ihre Asche in alle vier Winde zu zerstreuen.

Und so geschah es am 28. März 1757 auf der Place de Grève. Charles-Jean-Baptiste Sansons 17jähriger Sohn Charles-Henri mußte den Vater, der krank im Bett lag, vertreten. Die Prozedur führte aus der Torturmeister des Parlaments und Interimsscharfrichter Nicolas-Gabriel Sanson, ein Bruder des Kranken. Nach ausführlichen Folterungen in der Torturkammer mit spanischen Stiefeln, in die über zwei Stunden acht Keile getrieben worden waren, die die Füße zertrümmert hatten, durfte das Opfer drei Stunden lang in einer Kapelle beten, bevor es, von einer Eskorte begleitet, zur Hinrichtungsstätte gefahren wurde.

Massen von Zuschauern haben sich auf der Place de Grève eingefunden, Tausende unter der Arkade Saint-Jean in der Rue de la Vannerie, an der Kreuzung Rue de l'Epice und Rue de Mouton,

Menschen an allen Ausgängen des Platzes. Und in den Fenstern der Häuser Comtes und Comtessen, Marquis und Marquisen, Ducs und Duchessen, die mit den Fächern spielen und die Parfümflakons bereithalten. Und Mätressen, die sich unverfroren über den Köpfen der Menge, auf den Balkons, von ihren Galanen befriedigen lassen – a tergo.

Und mitten auf dem Platz, in einem großen Geviert, warten sie – der Scharfrichter und seine Gehilfen mit den ordentlich auf schwarzem Samt ausgerichteten Zangen, mit dem Kohlebecken und dem Blei und dem Öl und dem Schwefel und den vier unruhig scharrenden Pferden.

Um fünf Uhr beginnt das Schauspiel. Dreimal müssen die Pferde anziehen. »Die Scharfrichter waren bestürzt; der Pfarrer von St. Paul, Monsieur Gueret, wurde ohnmächtig, der Gerichtsdiener verbarg sein Gesicht in seinem Gewand, und in der Volksmenge vernahm man ein dumpfes Murren, wie einen sich ankündigenden Sturm.« (S)

Dann schlägt ein Gehilfe auf Anraten des ebenfalls anwesenden Wundarztes mit der Axt die Glieder durch. Damiens soll auch zu diesem Zeitpunkt noch geatmet haben. Und als man die Reste des Mannes auf das Andreaskreuz gebunden habe, seien seine braunen Haare weiß gewesen.

Die Liste grausamer Folterungen und Hinrichtungen entsprach dem Wesen einer Epoche, in der Werte wie Gott und König, Recht und Unrecht absolut waren. Unglaubliche Strafen wurden verhängt. Wenige Jahrzehnte vor Ausbruch der Revolution schloß man in Frankreich immer noch Gesetzesbrecher zur Erzwingung von Geständnissen in eiserne Jungfrauen ein, hohle Figuren, die beim Schließen lange Stacheln in die Opfer preßten. »Jungfernkuß« wurde dieses Verfahren spöttisch genannt, und ebenso gefürchtet war seine Variante, der eiserne Bulle. In seinem Inneren drehte und röstete man das Opfer stundenlang über einem Feuer. Wieder andere zersägte man oder trieb ihnen Nägel in den Schädel.

Da ist die Rede vom Sieden und Ertränken, vom Einmauern und

Pfählen und Spießen. »Kaum ein Körperteil, das verschont geblieben wäre. Die Hände der Henker wühlten sich auf der Suche nach den schmerzhaftesten Stellen der menschlichen Körper bis in die Eingeweide der Opfer. Augen, Mund und Zunge, Ohren und Zähne, Beine, Arme, Hände und das Herz – nichts war vor ihnen sicher.« (S)

Das 18. Jahrhundert war nicht nur das Zeitalter von Reifrock und Menuett, Allongeperücke und prunkvollen Boullemöbeln. Barbarische Foltern waren an der Tagesordnung. Die spanischen Stiefel zur Zersplitterung der Schienbeine und Füße, die Zangen zum Ausreißen der Fingernägel, die Streckbank zum Ausrenken der Glieder – Seilzüge und Zangen, Darmleiern und Hodenquetscher, Tauchgestelle, Folterpflöcke und Bleipeitschen gehörten zum Inventar jeder noch so kleinen Folterkammer jedes noch so kleinen Ortes. Wahrhaft mittelalterliche Zustände, den Maßstäben und Anordnungen entsprechend, die vor Hunderten von Jahren die Könige und Fürsten aufgestellt hatten. Ein Ludwig der Sanftmütige, der den Liebhaber seiner Schwester blenden ließ. Oder ein weiser und gerechter Ludwig IX., der Ketzerinnen unbarmherzig die Zunge herausreißen ließ. Zu diesem Zwecke hatte er ein Rundeisen erfunden, das der Henker dem Opfer rotglühend auf die Lippen preßte und an den Zähnen verankerte, um dann mit einem Schnitt die Zunge abzutrennen. Die Sprache sollte es den Ketzern verschlagen... Dieben und Attentätern wurde die rechte Hand abgeschlagen.

Diese Strafen bestimmte noch Anfang des 19. Jahrhunderts der Code pénal in Frankreich in seinem Artikel vier, das Strafgesetz, das 1791 formuliert worden war. Erst 1832 wird der Paragraph gestrichen zugunsten der sofortigen Hinrichtung. Andere Unmenschlichkeiten und schwere Diffamierungen hielten sich bis ins 20. Jahrhundert. Bis in unsere Zeit wurden zu Zwangsarbeiten Verurteilten Zeichen auf die Schultern, die Stirn oder den Rücken gebrannt: CAL für Condamné aux galères (Galeerensträfling), V für Condamné pour vol (wegen Diebstahls verurteilt) und TV für Travaux forces (Zwangsarbeit).

Wie diese Brandzeichen legte der Code pénal auch Prügelstrafen fest. Sie wurden, wie übrigens in ganz Europa, am häufigsten ausgesprochen. Und ausgeführt mit Weidenruten und Lederriemen, in die Dornen oder Bleikugeln eingearbeitet waren, oder mit schweren Stöcken, die die Knochen zerbrachen. Eine universelle Strafe, die nicht nur Herumtreiber und Bettler, leichte Mädchen, diebische Kinder und Soldaten traf, sondern sogar hohe Herrschaften und Majestäten, wenn sie gesündigt hatten. So peitschte man Raymond VI., Graf von Toulouse, öffentlich vor der Kirche Saint-Gilles wegen Ketzerei aus. Von den Domherren der Kathedrale Notre-Dame mußte sich Ludwig VIII. züchtigen lassen, weil er nach Meinung der Kirchenherren einen vermessenen und ungerechtfertigen Anspruch auf die englische Krone erhoben hatte. Auch die Kardinäle Du Perron und d'Ossat mußten eine öffentliche Auspeitschung über sich ergehen lassen, weil sie als Beichtväter dem Papst, Clemens VIII., die Absolution wegen Ketzerei erteilt hatten. (Im Jahr 1848 wird diese Strafart aus dem Code pénal gestrichen und für menschenunwürdig erklärt.)
Noch einige Anmerkungen zu Strafen und Torturen, die auf das Konto der Kirche gehen. Ihre Vertreter setzten mit der Heiligen Inquisition einen traurigen Höhepunkt der Quälerei. Und das alles, um die Einheit des religiösen Weltbildes zu wahren. Nicht vergeben wurde, sondern gestraft, drastisch. Glaubensgegner sollten nicht nur zum Widerruf gezwungen, sondern auch der Hölle entrissen werden. Geschehen konnte das nur unter dramatischen Umständen, in Anwesenheit heiliger Väter und an einem geheiligten Ort, im kirchlichen Kerker, der Santa Casa.
Ins Leben gerufen wurde die Heilige Inquisition durch den Kampf der katholischen Kirche gegen die Häresie, »einer gefährlichen Demontage am Dogma« (Baier) und an der festgefügten Glaubensgemeinschaft mit dem Papst an ihrer Spitze. Ihn betrachteten Katharer und Waldenser mit ihrer strengen Hinwendung auf ein fernes Jenseits als eine zu irdische Einrichtung. Die Reaktion aus Rom kam prompt: »Inquirendi sunt!« – Sie sind zu verhören! Womit alle jene Christen, deren Heilsgewißheit keine

Hierarchie brauchte und die sich damit vor den Gerichten der Dominikaner und Franziskaner der Häresie schuldig machten, zur Umkehr gebracht und abgeurteilt werden sollten. Diese Orden besorgten die Reinigung; und wessen sie habhaft wurden, der überlebte solche Prozesse nicht...

»Zu Ehren Gottes« und zur Beweisführung hatte man für die Inquisitionsfolter drei Grade entwickelt. Nach der »gütigen Frage«, ob er gestehen wolle, leitete man die »territio verbalis« ein, die erste Stufe. Das Opfer wurde an den Händen gefesselt und an einem Flaschenzug zur Decke hochgezogen, um es dann bis knapp über den Boden abstürzen zu lassen. Als Folge wurden dabei meistens die Armgelenke ausgekugelt.

Dem folgte als zweite Stufe die »territio realis«: Daumenschrauben oder »spanische Hosenträger«, die den Gequälten die Brust zusammendrückten. Dazu die Wasserfolter. Den Kopf niedriger legend als die Füße, verstopfte man Mund und Nasenlöcher mit feinen Tüchern und beträufelte diese mit Wasser. Erstickungszustände waren die Folge. Eine Variation war das Strecken auf dem Folterbett.

Während der dritten Stufe schließlich, der Feuerfolter, rieb man unter anderem die Fußsohlen der Angeklagten mit Ölen oder Fetten ein und brachte sie in die Nähe von Flammen. Oder man trieb Schwefelhölzer unter ihre Fingernägel, setzte sie auf Stachelstühle oder flößte ihnen durch Trichter eine Heringstunke ein. Viele Menschen erlagen solchen Qualen durch Herzversagen. (Foltermethoden, die bekanntlich noch heute von den Schergen faschistischer Machthaber gegen Oppositionelle angewendet werden.) Natürlich wurden diese Quälereien von besonders trickreichen Inquisitoren variiert. Guillaume Arnaud, Bernard Gui und andere Großmeister der Inquisition waren, seit vom Papst 1252 Folterungen dieser Art erlaubt waren, unermüdlich tätig und ließen sich durch ein ausgeklügeltes Spitzelsystem ständig mit neuen Opfern versorgen.

Das Finale solcher Folterungen fand dann öffentlich als Autodafé statt, als Glaubensakt »zur höheren Ehre Gottes«.

Auf einem Platz, vor den Tribünen für die geistlichen und weltlichen Herren sowie einer Loge für den Großinquisitor, errichten die Henkersknechte oder Köhler einen Scheiterhaufen. Über allem wehen die Banner des jeweiligen Fürstentums oder Herrschers und die der Heiligen Inquisition. Die Verurteilten, barfuß und in einen Schandmantel gehüllt, werden nach einer Predigt mit Ketten an einen Pfahl auf dem Scheiterhaufen gefesselt. Dann lodern Flammen auf, der Geruch nach verbranntem Menschenfleisch zieht über die gaffende Menge, und wieder ist eine Seele gen Himmel gefahren.

Auch Massenverbrennungen sind nicht selten. 1022 wurden 13 Mönche und Geistliche in Orléans en bloc dem Feuer überantwortet. Wahrscheinlich der erste Fall einer Ketzerverbrennung im mittelalterlichen Abendland, dem jedoch weitere folgen werden. Überall brennen die Scheiterhaufen, vor allem im Süden Frankreichs und in Spanien, wo die Inquisition Judenchristen en masse vor die Gerichte bringt und aburteilt. Am 16. März 1244 besteigen 205 Katharer unterhalb der Pyrenäenburg Montségur einen 12 mal 24 Meter im Geviert großen Scheiterhaufen, um, beseelt von einer todüberwindenden Kraft, unter den Augen des Bischofs von Albi und des Seneschalls Hugues d'Arcis den Feuertod zu sterben. Und in Spanien hat der Großinquisitor Torquemada zwischen 1483 und 1498 etwa 10220 Menschen in die Flammen geschickt.

Opfer jenes Wahns, diejenigen auszurotten, die an den Lehren Roms Kritik übten oder die, von einer inneren Erleuchtung erhellt, einem anderen Weltbild als dem von der Kirche gepredigten nacheiferten, wurde 1415 auch der tschechische Reformator Hus. 1498 bestieg Savonarola in Florenz den Scheiterhaufen, und 1600 brachten die Inquisitoren in Rom Giordano Bruno zur Strecke.

1431 war in Rouen ein erdverbundenes Bauernmädchen aus Domrémy als Abtrünnige und Götzendienerin verbrannt worden, Jeanne d'Arc. Mit ihr rückt eine weitere Gruppe ins Blickfeld, die von der Kirche für das Chaos in der Welt verantwortlich gemacht wurde: die Hexen. Als Teufelswerkzeuge gegen Gott kämpfend, mit bösem Blick und Zauberkräften ausgestattet, als »Teufelshuren«, die auf Böcken und Besen reiten, sich fleischlich mit dem Teufel in Manns- und Weibsgestalt vereinen, die Tiere quälen, Kindsleichen ausgraben, mit schwarzem Kraut den Kühen die Milch verderben und Hostien an Kröten verfüttern – als solche Brut des Satans diffamiert, werden sie die Verachtung der Frau seitens der päpstlichen Inquisition über die Jahrhunderte hinweg nähren. Die Folge waren Erlasse, Verfolgungen, Prozesse, Hinrichtungen, die im 17. Jahrhundert ihren Höhepunkt erreichen. In Burgund und Béarn, im Languedoc und in den Ardennen, in der Champagne und der Guyenne sind es mehrere Tausende, die dem Hexenwahn zum Opfer fallen.

Papst Innozenz VIII. startete 1484 mit seiner Bulle »Summis desiderantes affectibus«, drei Monate nach seiner Wahl, offiziell die Jagd auf diese Frauen; drei Jahre später setzte der Hexenhammer »Malleus maleficarum« der Dominikaner Heinrich Institoris und Jacob Sprenger noch eins drauf. Akribisch wird in diesem Handbuch das unselige Treiben und Wirken der Hexen und Zauberweiber wie anverwandten Teufelsgezüchts definiert. »Weil sie (die Frauen) in allen Kräften der Seele wie des Leibes mangelhaft sind«, wurde der Denunziation Tor und Tür geöffnet. Mit ihren magischen Kräften, so führten die zwei Dominikaner aus, wirkten Hexen schädigend auf das Wohl ihrer Umwelt ein:

»Erstens, daß sie die Herzen der Menschen zu außergewöhnlicher Liebe etc. verändern; zweitens, daß sie die Zeugungskraft hemmen; drittens, die zu diesem Akt gehörigen Glieder entfernen; viertens, die Menschen durch Gaukelkunst in Tiergestalten verwandeln; fünftens, die Zeugungskraft seitens der weiblichen Wesen vernichten; sechstens, Frühgeburten bewirken; siebentens, die Kinder den Dämonen opfern; abgesehen von den vielen Schädigungen, die sie anderen Tieren und Feldfrüchten zufügen.«

Schaudervolle Argumente, die ihre Wirkung nicht verfehlen.
Ein Verfolgungswahn bricht aus, der bis ins 18. Jahrhundert hin-

ein Zigtausende Frauen das Leben kostet. Überall lodern die Hexenfeuer. In den schlimmsten Zeiten werden Frauen Foltermethoden unterworfen, die die der Inquisition noch an Grausamkeit übertreffen. Das Rad, der Kessel mit dem siedenden Öl, lebendig verbrennen, lebendig begraben, lebendig die Haut abziehen, mit wilden Pferden zerreißen – das waren noch die gewöhnlichen Mittel, deren sich die Scharfrichter und ihre Gehilfen im Dienste der Ankläger bedienten.

Schon wegen des erkrankten Viehs ihres Nachbarn konnte eine Frau als Hexe denunziert werden, einer »peinlichen Befragung« mit Körperrasur, dem Anlegen der Daumenschrauben, dem Strecken und dem Einspannen in die »spanischen Stiefel« unterzogen und letztlich öffentlich verbrannt werden.

Einige Zahlen aus Deutschland mögen hier für sich sprechen: 1590/91 wurden rund um Garmisch 49, 1589 in Schongau 63, von 1524 bis 1625 im Bistum Bamberg mehr als 300, zwischen 1625 und 1631 im Bistum Würzburg rund 900 Hexen, darunter auch Kinder, verbrannt.

Verantwortlich für die Exekutionen waren – unter Aufsicht des Klerus – weltliche Richter, ihre Exekutoren Scharfrichter samt Gehilfen. Sie rotteten aus, was von der Kirche als Aberglauben deklariert wurde und sich aus dem Ketzerbegriff als Hexerei herauskristallisieren ließ. Wo der Teufel als »Incubus«, als Geschlechtspartner der Frau, sein Unwesen trieb, dort war die Hexe dingfest zu machen – und so entstand ein Kreuzzug gegen die Frauen.

Zu den Opfern gehört auch die Augsburger Badertochter Agnes Bernauer. Mit Herzog Albrecht von Bayern über ihrem Stand verheiratet, kinderlos geblieben, wird sie als Hexe diffamiert und am 12. Oktober 1435 bei Straubing in der Donau ertränkt.

Wären alle jene Menschen statistisch erfaßt, die vom frühen Mittelalter bis zum Beginn der Neuzeit von ihresgleichen schuldig gesprochen und hingerichtet wurden, käme am Ende eine horrende Zahl heraus. Das zumindest lassen Aufstellungen vermuten, die heute in den Stadtarchiven einsehbar sind. In einer

Kleinstadt wie Ansbach zum Beispiel henkte und köpfte man in nur 28 Jahren, zwischen 1575 und 1603, 474 Menschen. In der Hafenstadt Hamburg wurden an einem Tag 280 Seeräuber öffentlich gehenkt. Ein Nürnberger Scharfrichter brachte es in 24 Jahren, von 1501 bis 1525, auf 1159 Vollstreckungen, während sein Kollege Peter Aichelin während des Bauernkriegs 1524/25 an einem Tag sogar 72 Menschen köpfte.

Einen anderen traurigen Rekord halten die Sansons in Paris, Vater Charles-Henri und Sohn Henri, die in viereinhalb Jahren 2918 Köpfe von der Guillotine abschlagen lassen werden.

IV

Die Sansons: Aus »unehrlichen Leuten« wurden anerkannte Citoyens. Als Henker von Paris erringen sie sogar Wohlstand

Die Sansons sind in Paris gut etabliert. In der Rue Saint-Jean bewohnen sie ihr geräumiges Haus. Charles-Henri kann mit seiner Frau Marie-Anne, geborene Jugier, das Leben eines angesehenen Bürgers führen. Das Familienleben vor der Revolution ist weitgehend unbeschwert; und freudvoll, wenn die Brüder des Hausherrn mal wieder in die Hauptstadt kommen und bei ihm Quartier beziehen.

Es gibt nur wenig zu tun für den Bourreau unter dem Ancien régime. Allerdings sind seine gelegentlichen Auftritte im Namen des königlichen Rechts spektakulär genug, um das Volk in Scharen auf die Place de Grève vor das »Hôtel de Ville« zu treiben. Wie beispielsweise zu den bereits geschilderten Exekutionen des Königsattentäters Damiens und des Straßenräubers Cartouche. Glimpflicher als diese kommt allerdings Jeanne de Saint-Remy-Valois davon, nachdem sie die »Halsbandaffäre« um Königin Marie Antoinette ins Rollen brachte. Die Gattin des Comte de la Motte wird öffentlich ausgepeitscht, um anschließend im Haltegriff fünf starker Männer auf beiden Schultern als Betrügerin gebrandmarkt zu werden. Ihr adliger Gemahl wird auf die Galeere geschickt, ein anderer Intrigant, Marc-Antoine Retaux de Vilette, für immer aus dem Königreich verbannt. Die gerissene Comtesse hält es im Gefängnis Salpêtrière nur sechs Monate aus; dann gelingt ihr die Flucht nach England, wo sie 1791 an einer Gallenentzündung stirbt.

Ein anderer Fall, der vor der Revolution für Aufsehen sorgt, ist der des Hufschmieds Maturin Louschart. Diesem würdevollen Mann, der auch für den Hof von Versailles arbeitet, wird der eigene Sohn Jean-Louis zum Verhängnis. Von vorrevolutionären Auswüchsen auf dem teuren Collège du Plessis inspiriert, reizt

Pilori aux Halles – Haus des Henkers von Paris mit Schandpfahl, anonym

Brief von Ch.-H. Sanson an Generalstaatsanwalt Roederer

dieser seinen alten Herrn so lange mit Diskussionen über Sinn und Unsinn der Monarchie, bis dem überzeugten Royalisten der Kragen platzt. Königstreu bis auf die Knochen, verlangt er von dem Sprößling, »dem Satan, seinem Gepränge und seinen Werken, den philosophischen Ansichten, den Grundsätzen der Freiheit und der staatlichen Gleichheit« (S) entweder abzuschwören oder das Elternhaus zu verlassen. Es kommt zum Bruch, der Junge geht. Zurück bleibt seine große Liebe, die Cousine Hélène Verdier, in der Obhut des Hufschmieds, der sich prompt in das junge Mädchen verliebt. Die Rache Jean-Louis' folgt auf dem Fuß: Während einer heftigen Auseinandersetzung erschlägt der Sohn den jähzornigen Vater, als der seine Heirat mit Hélène ankündigt.

Der Prozeß wird groß aufgezogen, ganz Paris nimmt Anteil. Wurde doch ein Angestellter des Hofes gemeuchelt. Und dementsprechend fällt das Urteil hart aus: Jean-Louis Louschart wird am 31. Juli 1788 dazu verurteilt, an Armen, Beinen, Schenkeln und Rückgrat auf dem Schafott lebend gerädert zu werden. Zu vollstrecken auf der Place St.-Louis, wo Meister Louschart seine Schmiede betrieben habe und das Verbrechen begangen worden sei.

Dorthin wird der junge Mann am 3. August, fünf Uhr in der Früh, von Charles-Henri Sanson und seinen Gehilfen transportiert. Henker und Opfer erwartet eine riesige Menschenmenge. Die reagiert unberechenbar. Statt die Prozedur mit Beifall zu begleiten, zerren aufgebrachte Zuschauer den Verurteilten vom Schafott und bringen ihn in Sicherheit, schlagen Rad und Zubehör kurz und klein und verbrennen die Reste. Sanson und seine Mannschaft können sich nur noch durch Flucht in Sicherheit bringen.

Für Henri-Clément ist dieser Vorfall prophetische Vorankündigung jener revolutionären Tage, in denen die Monarchie zu Grabe getragen wird. Gewiß kein freudiges Ereignis für die Sansons, die stets dem König ergeben waren. Und obwohl Charles-Henri sich den neuen politischen Tendenzen anschließt und auch die Umgestaltung und Neufassung der Gesetzgebung durch die Nationalversammlung befürwortet, wird er sein Leben lang Royalist bleiben und der Person des Königs nachtrauern. Für ihn war und bleibt das Maß aller Dinge die Majestät. Hatte die Monarchie ihm doch mit der Festanstellung seines Vorfahren Charles Sanson aus Longval nicht nur Wohlstand und Ansehen gesichert, sondern auch urkundlich die Zugehörigkeit zur römisch-katholischen Kirche bestätigt.

Was Sanson zum Zeitpunkt der Louschart-Panne noch nicht weiß: Er wird als Bourreau im Geschäft bleiben. Schon im Dezember 1789 sprechen die Abgeordneten der »Assemblée Constituante« »Monsieur de Paris« ihr Vertrauen aus und entscheiden vorurteilsfrei, daß der Scharfrichter wie jeder andere Bürger zu behandeln sei. Der Comte de Clermont-Tonnerre wird die Bürgerrechtsansprüche Sansons zur Diskussion stellen, übrigens gemeinsam mit denen der bis dahin unterprivilegierten Schauspieler. »Diese (die Bürgerrechtsansprüche, d. Verf.) sind unbestimmt, leichtsinnig und entbehren aller vernünftigen Gründe. Sie halten sich meistens nur an die Form, und man muß also die Form ändern, um ihre Folgen, ein verächtliches Vorurteil, zu beseitigen. Wenn nach militärischem Gebrauch jemand zum Tode oder irgendeiner anderen Strafe verurteilt worden ist, so wird es keinem Menschen einfallen, die das Urteil vollstreckende Hand für ehrlos zu halten. Alles, was das Gesetz befiehlt, ist gut. Das Gesetz befiehlt den Tod eines Verbrechers: der Henker hat diesem Gesetz zu gehorchen, und weiter tut er nichts. Es wäre unsinnig, wenn das Gesetz dem Mann sagen würde: Tue dies, und wenn du es tust, wirst du ehrlos sein.«

Nicht alle Abgeordneten unterstützen derartige Sympathiekundgebungen. Der Abgeordnete Maury besteht auf der traditionellen Behandlung des Henkers. »Das Gesetz befiehlt zwar die Hinrichtung, aber befiehlt es auch einem Mann, Henker zu sein? Das Vorurteil gegen diesen Stand beruht auf dem Ehrgefühl, welches in einer Monarchie geachtet werden muß.« (S)

Den Ausschlag gibt die Rede des damals noch unbekannten An-

walts Robespierre aus Arras: »Man wird nicht behaupten können, daß eine notwendige gesetzliche Handlung durch das Gesetz entehrt werden kann. Und wenn, dann muß man das Gesetz ändern, und der grundlose Vorwand wird verschwinden.«
So gesprochen am 23. Dezember 1789. Einen Tag später greift in seiner Zeitung »L'Ami du peuple« Marat noch einmal dieses Thema auf und leitartikelt ironisch:
»... können wir uns des Vergnügens nicht enthalten, unseren Lesern ein Meisterwerk in bezug auf Empfindung, Geschmack und Gelehrsamkeit vorzuführen: das Schriftstück des Monsieur Maton de la Varenne, welcher mit viel Wärme, Entschlossenheit und Erfolg gegen die Verleumder von Monsieur Sanson gesprochen hat. Das Vorurteil, welches die Scharfrichter für ehrlos erklärt, wird in dieser Denkschrift vollständig vernichtet, und die Nationalversammlung kann eben nur den in sie gestellten Forderungen entsprechen, denn es beruhen dieselben ja auf nicht zu leugnenden Rechten der Menschen, den Geboten der Vernunft und Religion.«
Und so wird es am 24. Dezember beschlossen: »Monsieur de Paris« und seine Zunftgenossen in der Provinz dürfen sich nach der neuen Ordnung nicht nur in ihrem Amt, sondern auch noch als ehrenwerte Mitglieder der neuen Gesellschaft bestätigt fühlen.
In seinem Amt als Bourreau hatte den ersten Sanson, Charles de Longval, anno 1688 bereits der »Sonnenkönig« bestätigt, als er dem im »Haus des Schandpfahls« heimisch gewordenen jungen Mann in einer Urkunde auch noch die entsprechende Belohnung zusicherte. Ein Pergament mit königlichem Siegel, das der berühmten Henkerssippe gleichzeitig Pflichten und Verantwortung aufbürdete.
»Louis, von Gottes Gnaden König von Frankreich und Navarra, entbietet allen, die dieses lesen, Seine Grüße! Auf Anordnung Unseres Parlamentsgerichts in Paris wird am 11. August dieses Jahres aus den nachfolgend ausgeführten Gründen befohlen, daß Charles Sanson genannt Longval allein das Amt des Vollstreckers der Hohen Gerichtsbarkeit in Unserer Stadt, dem Polizeibezirk

und der Vizegrafschaft Paris übernimmt, nachdem er Unser Patent für das besagte Amt erhalten hat; wobei kund und zu wissen getan wird, daß Wir in Hinsicht auf den guten Bericht über besagten Charles Sanson genannt Longval im Einklang mit besagter Order ihn zum Vollstrecker des Hochgerichts und hochnotpeinlicher Urteile in Stadt, Polizeibezirk und Vizegrafschaft Paris ernennen, welches Amt bis dato Nicolas Levasseur genannt La Rivière innehatte und ausgeübt hat, welcher Letzterer durch besagte Order des Parlamentsgerichts entlassen worden ist. Wir fügen unter dem Siegel Unserer Kanzlei hinzu, daß besagter Sanson in seinem Amt in Zukunft sich des Rechts erfreuen soll, seinen Anteil an Gütern, Gewinnen, Einkünften und Nebenverdiensten der Messen und Märkte von Stadt, Polizeibezirk und Vizegrafschaft Paris zu erheben, wie es wohl und rechtens die zum gleichen Amte Bestallten genießen – als da sind: das Recht des Betretens und Verweilens in den Markthallen, ihrer Nebengebäude und des dazugehörigen Grund und Bodens ohne jede Behinderung aus irgendwelchen Gründen, ferner das Recht, von jedem Händler, der Eier auf dem Rücken oder mit der Hand befördert, ein Ei zu nehmen, aus jeder Sattelladung zwei Eier, aus jeder Karrenladung ein Achtel, und für jeden Korb mit Äpfeln, Birnen, Trauben und anderen Produkten, die zu Lande oder zu Wasser kommen und einer Pferdelast entsprechen, einen Sou; für jedes beladene Pferd den gleichen Betrag und für jeden Karren zwei Sous; von allen, die zu Lande oder zu Wasser grüne Erbsen, Mispeln, Hanfsaat, Senfsaat, Hirse, Walnüsse, Haselnüsse, Kastanien bringen, einen Löffel voll, wie es stets rechtens war; von jedem Hausierer, der auf seinem Rücken oder mit der Hand Butter, Käse, Geflügel oder Süßwasserfisch bringt, sechs Derniers; für jedes Pferd einen Sou; für jede Wagenladung Bohnen zwei Sous; und für jeden Sack Erbsen oder grüne Bohnen einen Sou und für jeden Korb sechs Derniers; und für jede Kiste Orangen und Zitronen, die zu Lande oder zu Wasser von Händlern gebracht wurden, einen Sou; für jede Wagenladung Austern in der Schale einen Quarteron und für jede Bootsladung entsprechend; und von allen Besenhändlern einen Besen; von jedem Kohlenhändler einen Topf voll; von den bestallten Seilern einen Strick für Hinrichtungen; welche Rechte zu allen Zeiten in Unserer Stadt Paris und in anderen Teilen Unseres Königreichs zugebilligt worden sind und in deren Genuß besagter Sanson kommen soll wie auch in den Genuß seines Anteils an Zöllen der Nachtwächter, der Wachen, auf Brücken und Fähren sowie seines Anteils an Wein und anderen Getränken zu seinem eigenen Bedarf; wie ihm das Recht zugestanden wird, Waffen zu Angriff und Verteidigung zu tragen, und zwar ihm und seinen Gehilfen kraft seines Amtes.« (Lenotre)

Eine passable Honorierung in jenen Tagen, in denen die Mehrzahl der Menschen in Europa von der Hand in den Mund lebt. Von der Majestät in Frankreich bestallte Scharfrichter konnten sich schon früh – seit 1539 in Paris und seit 1649 in der Provinz – über ein sicheres Einkommen freuen, ein schwacher Trost für empfindliche Seelen wie die Sansons, die, wie gesagt, darunter leiden, im Grunde Parias der Gesellschaft zu sein.

Das Stigma kommt nicht von ungefähr. Immer wieder bestätigen Scharfrichter durch Gaunereien ihr Image, »unehrliche Leute« zu sein. Da greift ein Bourreau schon mal statt mit einer mit zwei Händen in den Erbsensack der Markthändler. Oder er läßt seinen Anteil sehr großzügig von den Gehilfen eintreiben, beutet die Dirnen in geradezu moderner Zuhältermanier aus (wenn auch sie ihm rechtmäßig zur Beaufsichtigung unterstehen), verhökert das Hab und Gut seiner Opfer und stellt seinen Arbeitgebern, den Kassierern der Städte und Vogteien, höhere Materialrechnungen aus, als erlaubt. So wie Meister Robert, der Scharfrichter des Herzogs von Orléans, der zugleich Regent von Frankreich war. Das Verhalten dieses »Angestellten« beantwortet der Kassierer der Vogtei mit folgendem Gerichtsbeschluß:

»An alle, die es betrifft.

Henry-Gabriel Curault, Schildträger, Lehnsherr von Malmuffe, Berater des Königs und Seiner durchlauchtigsten Hoheit des Herzogs von Orléans, Generalleutnant, Untersuchungskommissar der Vogtei und des Regierungssitzes Orléans. Seid gegrüßt.

... Informanten haben von Unregelmäßigkeiten des Scharfrichters in der Wahrnehmung seiner Rechte, festgelegt durch die Provisionsregelung vom 29. November 1684, berichtet. Sei es, daß er ihm sein zugebilligtes Recht durch ein anderes ersetzte, sei es, indem er Ansprüche auf alle Waren der Händler erhob, die in die Stadt kommen: Tatsache ist, so sagt der erste Artikel, daß die Stadt Orléans dem besagten Scharfrichter besagtes Marktrecht (droit havé) nur auf Nahrungsmittel gibt, die von draußen auf die Märkte dortselbst hingetragen werden. Und das an den Tagen Mittwoch und Sonntag allein. Oder an Tagen, die jenen folgen, an denen ein Fest auf den Mittwoch oder Sonntag fällt. Daß derselbe Scharfrichter, unter dem Vorwand einer vollstreckten oder zu vollstreckenden Exekution, oder einer Exekution gegen mehrere Angeklagte, und zwar am selben Tag, vorgreift auf den Einzug seiner Rechte oder dies auf verschiedene Tage verlagert, an denen die Exekutionen stattfinden, ist rechtswidrig und steht im Widerspruch zu Unserer Regelung im Artikel fünf, die da lautet: Nur am Samstag, der einer Exekution folgt, darf er seine Rechte doppelt wahrnehmen, statt zwei vier Silberlinge. Und anstelle von fünf wird er sechs erheben ...
Deshalb, durch Beschluß vom 30. April 1763, entscheidet das Gericht, daß das Gesetz von 1684 ausgeführt werden soll gemäß Form und Inhalt, ohne daß sich der Scharfrichter erlauben darf, sich andere oder größere Rechte herauszunehmen, als die dort aufgeführt sind. Dieser Beschluß, der die einstweilige Durchführung der Regel festlegt, besteht bereits lange Zeit. Der Scharfrichter hat sich und seine Amtsführung zu beschränken. Aber herzlos unter dem Vorwand der Einziehung und diversen anderen Vorgängen hat er den Blick dafür verloren, was ihm zusteht. In seinem Verhalten erkennt man nichts mehr von rechtmäßiger Autorität. Die Unabhängigkeit, die er noch ausgeweitet hat, kündet von einem gefaßten Plan, der sich keiner Regelung mehr unterwirft. Aber es ist ihm nicht erlaubt, sich so auszubreiten. Nun ... hat er sich mehr zu unterwerfen als zuvor. Für ihn selbst wäre es gefährlich, zu diesen Vorwürfen zu schweigen.

Als Schlußfolgerung ersucht der Sachverwalter des Königs anzuordnen, daß Unser Beschluß vom Monat November 1684 in Form und Inhalt weiterhin durchgeführt wird. Wir verbieten dem Scharfrichter, andere und größere Rechte wahrzunehmen als jene, die im Artikel eins festgelegt sind.«

Ein Amtsbrief aus dem Jahr 1763. Die Scharfrichter jener Zeit bekommen ähnliche Urkunden oft zugestellt. Das »droit havé«, auch »havage« genannt, wird von ihnen häufig nach Lust und Laune ausgelegt. Weiße Schafe unter den vielen schwarzen sind die Sansons. Sie müssen beim Abkassieren ihrer Pfründe auf den Pariser Märkten nicht zu unlauteren Mitteln greifen, um gut über die Runden zu kommen.

Schon der erste Sanson kann von den ihm zugestandenen Marktrechten gut leben. Die Quarterons, Sous und Livres summieren sich für ihn auf einem Großmarkt wie dem Pariser zu beträchtlichen Summen.

16 000 Livres pro Jahr sind es, die Charles-Jean-Baptiste und Charles-Henri in der vorrevolutionären Zeit kassieren. Plus 2000 Livres Aufwandsentschädigung, die ihnen von der »Stadt, dem Polizeibezirk und der Vizegrafschaft Paris« für Unterhalt und Reparaturen des Schafotts, der Schandpfähle und der Folterinstrumente bewilligt worden sind.

Für Exekutionen außerhalb der Stadtgrenzen stehen den Sansons Anfang des 18. Jahrhunderts zusätzliche Gelder aus der Schatulle des Königs zur Verfügung. Ab 1727 kommt das Amt »Domaine et Bois« für Sonderausgaben auf, die von den Scharfrichtern gewissenhaft nach festen Preisen in Rechnung gestellt werden. So wurden veranschlagt:

Gerätschaften für die Folterfrage inklusive gelber Wachsfackeln	20 Livres
zwei Anklageschilder	6 Livres
ein rotes Hemd	4 Livres
ein abgeschlagener Kopf	100 Livres
eine schartig gewordene Schwertklinge	24 Livres
Verbrennen einer Person	50 Livres

Rädern einer Person	50 Livres
Hängen einer Person	25 Livres
(beim Reißen des Seils für ein neues	6 Livres)
Begraben einer Leiche nach der Exekution	30 Livres

Besser als die Sansons werden nur einige wenige Provinzhenker für Gastspiele außerhalb ihres Wohn- und Wirkungsbereiches bezahlt. So konnte der in Brest ansässige Maurice Le Glaouër für das Aufstellen des Schafotts 30, die Benutzung eines Messers vier, das Abhacken einer Hand 21 und pro Kopf 75 Livres verlangen. Was Wunder, daß der Mann rasch die Summe für ein eigenes Häuschen im idyllischen Quimper zusammenhatte, wo er seinen Lebensabend verbrachte.

Auch Charles Sanson de Longvals Vorgänger in Paris – die Meister Capeluche, Pierre du Pré, Jean Rozeau und Jean Guillaume – waren gut über die Runden gekommen. Selbst Meister Felurant, der bei jeder Hinrichtung in Ohnmacht fiel und damit dem Lynchen durch die aufgebrachte Zuschauermenge oft näher war als sein Opfer dem Tod.

Sie alle arbeiteten natürlich auch nicht als Solisten. Gehilfen mußten für jede Prozedur angemietet werden, ebenso wie ein Torturmeister für die peinlichen Befragungen und ein Zimmermann. Eine Mannschaft, die ihren Preis hat. Am besten schnitt der Zimmermann ab, wie ein Blick in den Etat des Kassierers Mategnon der »Domaine et Bois« 1784 beweist. Obwohl kaum beschäftigt unter dem sparsamen Ludwig XVI., werden ihm damals 41,20 Livres ausbezahlt. Für einen Nebenjob nicht wenig. 1777 wird dann das »droit havé« für die Scharfrichter erheblich eingeschränkt; die Revolutionäre schließlich schaffen es als Überbleibsel der verhaßten Monarchie ganz ab. Ein bitterer Schlag für die Exekutoren, vor allem in den kleinen Provinzstädten, die sich nun mit Honoraren von Fall zu Fall begnügen müssen. Die fallen nicht eben üppig aus. Das Recht, eine Kneipe mit Glücksspiel zu eröffnen und anfallende Pferdekadaver zu verwerten, ist da auch nur ein geringer Trost.

Die Einschränkung des Marktrechts hatte die Sansons kaum betroffen. Ihnen wurden auch in der vorrevolutionären Zeit immer kleine Aufmerksamkeiten zugesteckt. So sandten beispielsweise die Mönche von Saint-Martin monatlich fünf Brote und fünf Flaschen an »Monsieur de Paris«, weil er auf sein jährliches Recht an ihrem Getreide verzichtete. Aus selbem Grund zeigten sich auch die Glaubensbrüder von Saint-Geneviève mit fünf Silberlingen erkenntlich. Und das Kloster Saint-Germain-des-Prés schließlich schickte jährlich einen nahrhaften Schweinskopf per Boten, weil ein Sanson den Prozessionen der frommen Brüder vorausschritt.

Das finanzielle Einkommen der Familie leidet auch während der Revolution keine wesentliche Einbuße. »Unsere Vermögensverhältnisse waren gut«, bekennt der Memoirenschreiber Henri-Clément und bezeichnet die vom Vater und Großvater mit Eifer betriebene Produktion von Salben, Tinkturen und heilenden Tees als hinreichendes Zubrot. Verglichen damit ist der amtliche Lohn des Henkers für ihn nie mehr »als eine Lockspeise unseres beklagenswerten Amtes... ein Blutpreis für den unauslöschlichen Schandfleck« gewesen.

Trotz dieser regelmäßig einkommenden Gelder aus ihrem Heilpraktikergewerbe solidarisierten sich die Sansons immer mit ihren Berufskollegen. Auch als die Guillotine schon in Betrieb genommen ist. Vielleicht nur der Form wegen, denn die Sympathie der Revolutionsbehörden hatte sich Sanson längst gesichert, nachdem Robespierre ihn in der Nationalversamlung raffiniertkalkuliert verteidigt hatte. So geschah es wahrscheinlich unter dem Druck der Verwandtschaft aus der Provinz, daß »Monsieur de Paris« folgenden Beschwerdebrief, schon eher eine Mahnung, an den Generalstaatsanwalt Roederer sandte:

»Monsieur,
es ist hochachtungsvoll, daß ich die Ehre habe, Ihnen die Lage zu schildern, in der ich mich befinde. Sie ist so, daß ich dringend bitte, Monsieur, ihr einen Augenblick Aufmerksamkeit zu geben.

Die Art der Hinrichtung, die heute geübt wird, verdreifacht leicht die Kosten der früheren Ausgaben. Andererseits Verteuerung aller lebensnotwendigen Dinge.

Der Dienst und die Zahl der Polizeigerichte zwingen mich, eine Anzahl Personen zu haben, die imstande sind, die Befehle zu erfüllen, die ich erhalte. Da ich persönlich nicht überall sein kann. Ich brauche sichere Leute. Denn das Publikum will noch mehr Anstand. Ich bin es, der das bezahlt.

Um für diese Arbeit die richtigen Leute zu haben, wollen sie den doppelten Lohn der vorigen Jahre. Und dann haben sie mir letzten Samstag mitgeteilt, wenn ich sie nicht um mindestens ein Viertel aufbessere, könnten sie diesen Dienst nicht mehr machen. Die gegenwärtigen Umstände haben mich gezwungen zu versprechen.

Die Abschaffung der Vorurteile schien mir Erleichterung verschafft zu haben hinsichtlich der Schwierigkeit, Personen zu finden; im Gegenteil, ich habe gemerkt, daß sie nur dazu gedient hat, alle aus der Klasse verschwinden zu lassen, von der ich welche haben konnte, dadurch, weil sie so leicht bei Privatleuten dienen und irgendeiner beliebigen anderen Stellung folgen oder sich verschaffen können.

Um sich Leute zu besorgen, muß man sie fesseln durch den Köder des Gewinns.

Ich habe alle Tage vierzehn Personen zu ernähren, von denen acht in Lohn sind, drei Pferde, drei Kutscher, die Nebenausgaben...

Eine ungeheure Miete wegen des Berufs...

Es sind nötig Ausgaben für die Hinrichtung, meist täglich, andere Familienlasten wie Eltern oder alte kranke Dienstboten, die ihr Leben diesem Dienst geopfert haben, welche Rechte haben an der Menschlichkeit.

Meine gegenwärtige Bitte ist, Monsieur, daß es schon acht Monate her ist, daß ich der Gerichtskasse Abrechnungen über Ausgaben und Kosten gegeben habe, die mir zu allen Zeiten bezahlt worden sind nach dem Tarif, den ich davon geliefert habe, ich kann nicht dazu kommen, dieses Geld zu kassieren; ich habe mich aber sehr genau an den Preis des Tarifs gehalten; ich habe sogar selber Nachlaß gegeben auf verschiedene Artikel.

Ich habe die Ehre gehabt, Monsieur, Ihnen darüber ein Gesuch einzureichen am 11. letzten Juni, ohne Antwort zu bekommen. Mein beschränktes Vermögen, wage ich sogar zu sagen, erlaubt mir folglich nicht mehr, Vorschüsse zu machen, und weiß nicht mehr, von welcher Seite ich sie mir verschaffen soll. Und kann mich nicht mehr an Personen wenden, denen ich schulde, und kann ihnen nicht zurückgeben, wenn ich nicht bezahlt werde.

Ich habe nur noch Zuflucht zu Ihnen, Monsieur, um die Zahlung, die mir geschuldet wird, befehlen zu lassen, ohne welches nachher die Opfer, die ich gemacht habe, um bis heute den Dienst meines Amtes genau auszuüben, den Umsturz meiner ganzen Existenz verursachen werden und einen unvermeidlichen Ruin, indem sie mich zwingen, meinen Posten und meine Familie aufzugeben – nach 42 Jahren eines solchen Dienstes.

Da meine Lage dringend ist, bitte ich, Monsieur, sich informieren lassen zu wollen von jemand Vertrauenswürdigem über die Wahrheit von dem, was ich die Ehre habe, Ihnen zu unterbreiten.

Ich bin mit der größten Hochachtung, Monsieur,
Ihr sehr ergebener und gehorsamer Diener
Sanson
Vollstrecker der Strafurteile zu Paris«
(Lettre de l'exécuteur Sanson à Roederer, in: Revue Rétrospective, Band II, Paris 1835)

Natürlich verschlingt der Haushalt Sansons eine hübsche Stange Geld. 600 Livres zahlt das Familienoberhaupt jedem seiner Brüder, weil die ihm bei den zahlreich anstehenden Exekutionen nicht nur zur Hand gehen, sondern auch den Papierkrieg mit Ämtern und Behörden erledigen. 1200 Livres kostet pro Jahr das Hauspersonal von drei Personen. 300 Livres gehen für die drei genannten Kutscher aus der Kasse, wenn sie die Guillotine und ihre Opfer transportieren. Außerdem stehen der greisen Mutter, der bemerkenswerten Madeleine Tronson, gemäß den Gesetzen des alten Regimes 1200 Livres jährliche Rente zu. Ein Existenzminimum von 30 000 Livres für einen Haushalt dieser Größenordnung und eine Sparsumme fürs Alter waren da wohl nicht zu niedrig angesetzt.

Aber wie gesagt: Oben zitierter Brief muß vor allem als Solidaritätserklärung für die arme Verwandtschaft verstanden werden. Immerhin: Nach acht Monaten, am 13. Juni 1793, wird »Monsieur de Paris« vorerst eine jährliche Beihilfe von 10 000 Livres zugesichert. Und auch die Scharfrichter in der Provinz werden bedacht. In Städten mit einer Einwohnerzahl bis zu 300 000 werden 6000, bis zu 100 000 Einwohnern 4000 und bis zu 50 000 Einwohnern 2400 Livres gezahlt.

Die zwei letztgenannten Beträge sind mager. Die Henker leben mehr schlecht als recht. So werden nach der Revolution viele ihren Dienst an den Nagel hängen, zumal ihr Einkommen weiterhin reduziert wird. Selbst Henri-Clément muß eine Kürzung seiner Einkünfte akzeptieren. 2000 Franc werden ihm noch kurz vor der Entlassung vom Gehalt gestrichen. Was bleibt, ist ein Minimum – nicht genug zum Leben und zum Sterben.

Das sah auch die Regierung von 1870 ein, als sie das Jahresgehalt des Bourreau mit 2000 Franc wieder auf insgesamt 6000 Franc anhob. Aber da gab es schon keine Sansons mehr. Am 1. Januar 1871 werden alle Hauptscharfrichter und ihre Gehilfen, die im kontinentalen Hoheitsgebiet Frankreichs tätig sind, aus dem Dienst entlassen. Und verlieren einen Monat später ihre Bezüge. (Ihre Pflichten nimmt nun ein einziger staatlicher Scharfrichter wahr. Davon später.)

Betroffen sind 160 Henker in den verschiedensten Departements. Ganze Dynastien einer Zunft, aus der es jahrhundertelang kein Entrinnen gab, sind auf einmal arbeitslos. Victor Hugo hat in seinem bereits zitierten Roman »Le dernier jour d'un condamné« die Seelenqualen eines entlassenen Henkers und seine Visionen sehr eindrucksvoll beschrieben:

»Der Unglückliche verbarg sich, er kauerte unter seiner Guillo-

tine, und er wirkte im Licht der Julisonne wie ein Nachtvogel, der dem Tageslicht preisgegeben ist... Aber dann wuchs ganz allmählich mit dem Schatten seine Zuversicht. Er hatte am Parlament gelauscht, doch sein Name war nicht mehr gefallen. Die wichtigen Worte, die ihn so alarmiert hatten, waren verstummt... Niemand dachte mehr an ihn, den Mann, der die Köpfe abhackt. Als er das erkennt, wird er ruhiger; er wagt sich mit dem Kopf aus seinem Versteck und schaut umher; er tritt einen Schritt vor, dann einen zweiten – wie die Maus in der Fabel La Fontaines; und dann verläßt er das Blutgerüst ganz; er springt auf das Schafott, legt hier Hand an, repariert dort etwas, poliert es, liebkost es, prüft den Mechanismus, putzt es noch blanker, schmiert das Gerät, das nach langer Pause nicht mehr so recht funktioniert; plötzlich wirbelt er herum, packt aufs Geratewohl einen der armen Schelme, der schon geglaubt hat, dem Tod entronnen zu sein, zieht ihn hinauf, reißt ihm das Hemd vom Leib, fesselt ihn, wirft ihn nieder...«
Der klassische Fall: ein Bourreau, den die Vergangenheit nicht mehr losläßt...
Werfen wir noch einen Blick in die Zeit nach der Revolution, in das 19. und 20. Jahrhundert. Seit 1871 ist im Land also nur noch ein staatlicher Scharfrichter tätig. Sein Name: Louis Deibler. Ihm fiel diese Berufung mehr durch Zufall als durch Können zu, indem er vom simplen Gehilfen seines Vaters in Rennes zum alleinigen Scharfrichter eines ganzen Landes aufstieg.
Die Deiblers gehörten nie zu jenen traditionsbelasteten Familien, die, wie die Sansons, die Jouënnes, die Desmorets, über die Jahrhunderte tätig waren. Der erste Bourreau namens Deibler hatte 1815 den Rhein Richtung Provence überschritten, vielleicht als Okkupationssoldat. Im Land des Lavendels eröffnete er eine kleine Weinhandlung. Dieser Joseph-Anton (er nannte sich später Antoine) war 1789 in Bayern geboren; sein Vater Fidelis war ein schlichter Bauer gewesen, der den Sohn oft ins Nürnberger Schreckensmuseum geführt haben soll, um ihm dort die Folterinstrumente aus alten Zeiten zu zeigen, Geräte, die Joseph-An-

tons Großvater noch gut zu handhaben wußte, denn er wird in den Stadtdokumenten von Biberach als Scharfrichter genannt.

Auch andere Deiblers geistern in dieser Eigenschaft durch manch altdeutsche Urkunde. Joseph-Anton hatte also nicht von ungefähr eine starke Beziehung zu diesem Beruf.

Als der Weinhandel an der Rhone nicht mehr so recht floriert, bewirbt er sich als Gehilfe beim Scharfrichter von Dijon, Louis-Antoine-Stanislas Desmoret. Dieser Könner seines Handwerks erfüllt seine Aufgabe als Lehrherr offensichtlich so gut, daß Joseph-Anton dreißig Jahre lang bei ihm bleibt. Seine Treue und Anhänglichkeit zeigen sich darin, daß er seinem Sohn den Namen des Meisters gibt: Louis-Antoine-Stanislas. 1853 emigrieren die Deiblers für kurze Zeit nach Algier. Dort findet der junge Louis in Scharfrichter Antoine-Joseph Rasseneux nicht nur seinen Meister, sondern auch den Schwiegervater. Er heiratet des Henkers Tochter Zoé-Victorine, ein Sohn wird geboren, und der Dynastie Deibler ist der Fortbestand gesichert. Mit Joseph-Anton Deibler kehrt die junge Familie zurück nach Frankreich und läßt sich in Rennes nieder.

Aber der Alte, der sich eigentlich zur Ruhe setzen wollte, bleibt seiner Umwelt vorerst als Henker erhalten. Zum »Monsieur de Rennes« ernannt, stellt er seinen Sohn Louis als Gehilfen ein. Den Regeln der Tradition entsprechend, wird dieser, als sich der Vater endlich aus dem Gewerbe zurückzieht, dessen Nachfolger.

1870 wird Louis Assistent beim neuen »Monsieur de Paris«, Roch, und übernimmt nach dessen Tod die Chefposition. Zum Henker von ganz Frankreich ist es dann nur noch ein kleiner Schritt: Deibler wird gewählt, »obwohl er keineswegs den Eindruck eines Mannes macht, der Köpfe abhackt. Wenn er gezwungen gewesen wäre, wie in den Tagen der alten Monarchie, das Beil oder das Schwert zu schwingen, hätte er versagt. Er trat plump auf und hinkte.« (Hamon)

Welch ein Unterschied zu den stattlichen Persönlichkeiten der Sansons, die ihr Amt auch technisch meist perfekt ausgeübt hatten. Deibler kann sich mit diesen Großmeistern nicht vergleichen. Zu weich und zu unsicher, verwandelte er »nationale Exekutionen« oft in unästhetische Schlächtereien; bleich, nervös, erregt und flattrig, braucht er quälend lange Minuten, um sein Opfer unter dem Fallbeil in die richtige Lage zu bringen. Bei den Sansons dauerte das nur Sekunden ... dann war der Kopf gefallen.

Trotz eklatanter Mängel war Louis Deibler »gut im Geschäft«. Unter anderem köpfte er die Anarchisten Ravachol, Vaillant und Henry sowie Caserio, den Mörder des Präsidenten Carnot. Mit dem Alter wird er immer allergischer gegen Blut; und als er bei einer Enthauptung in Nancy vom Lebenssaft des Opfers bespritzt wird, erleidet er einen Schock. Ein Jahr später bricht er bei einem ähnlichen Vorfall bewußtlos zusammen. Deibler ist seelisch am Ende. Nach mehr als tausend Hinrichtungen geht er in Pension und überläßt seinem Sohn Anatol das Amt.

Der ist von Beginn an ein resoluter Bourreau, trennt sauber und ohne viel Federlesens die Köpfe von den Körpern und erhält stets eine gute Presse. Elegant und geschickt tritt er sogar als Botschafter seines Landes mit der Guillotine in Belgien auf, um dort 1918 einen Soldaten hinzurichten, der ein Dienstmädchen gemordet hat. Symbolträchtig ist sein Empfang: In der Nacht seiner Ankunft in Adinquerque bombardieren die Deutschen den Ort und bieten dem Gast aus Paris eine feurige Begrüßung.

Privat hat Anatol Deibler wenig Glück: Sein einziger Sohn Roger-Isidore stirbt jung. Der Vater sucht Vergessen in seinen Hobbys. Leidenschaftlich gern fährt er auf dem Velo durch Auteuil oder spielt Billard im »Café de Marseille«. Wie der vieler geachteter und anständiger Bürger steht auch Deiblers Name im Telefonbuch. Sein Ende kommt überraschend: In einer Metrostation erliegt er einer Herzattacke.

Etwa 340 Zeitgenossen hat dieser letzte Deibler hingerichtet. Dank französischer Richter, die Ende des 19. Jahrhunderts immer weniger Menschen zum Tode verurteilen, hält sich die Zahl in Grenzen. Häufig wird die Abschaffung dieser Strafe diskutiert, aber erst 1981 durchgesetzt.

V

Historische Impressionen I: Frankreichs Bruch mit dem Ancien régime und Aufbruch in die Neuzeit. Ein Revolutionsspektakel mit erstklassiger Besetzung

Frankreich zu Beginn des Jahres 1789.
Ein Königreich, in dem es nicht zum besten steht. Ludwig XVI. regiert als Alleinherrscher »von Gottes Gnaden«. Sein Vorgänger und Großvater, Nachfolger des »Sonnenkönigs«, war mit der Einsicht, »schlecht regiert zu haben«, 1774 gestorben.
Dem Nachfolger gelingt es nicht besser. Aus den roten Zahlen kann auch er den hochverschuldeten Staat nicht bringen. Millionen sind im Krieg gegen die Engländer verbraucht worden. Und für das Leben am Hof, für das Erbe der Väter, die Mätressenwirtschaft. Das Defizit übertrifft die schlimmsten Erwartungen. Fünf Milliarden Livres betreffen die Verpflichtungen, ganz zu schweigen von den jährlich auflaufenden Zinsen. Es ist offenbar: Ludwig XVI. ist ein miserabler Verwalter des Königreichs.
Längst ist das Vertrauen des Volkes zur herrschenden Klasse dahin. Die wiederum hat den Glauben an sich selbst verloren. Die Aristokratie hat sich bereits aufgegeben, als der harte Winter 1788/89 über das Land hereinbricht und jenen Volksaufstand nach sich zieht, der im Sommer darauf mit Blut und Tränen eine neue Epoche einläuten wird: die große Revolution.
Das Volk, die Bauern auf dem Land und die Unterschicht in den Städten, 25 Millionen Franzosen, trug hart an den Steuern, welche die »Dicken und Reichen« (Soubol) – Kirche, Adel und König – kassierten. Für ein Leben in Glanz und Gloria, das ihnen nach dem 14. Juli nicht mehr möglich sein wird.
Den Haß auf diese Privilegierten hatten Intellektuelle schon Jahrzehnte vor der Erstürmung der Bastille geschürt.
Einer von ihnen war Charles de Secondat, Baron de la Brède et de Montesquieu, der bereits 1721 in seinen »Lettres persanes« Kirche und Adel attackierte. Er hatte das Klosterwesen angegriffen,

Verschwendung und Steuermisere wie auch Korruption und das hanebüchene Selbstbewußtsein der Majestät samt ihrem Anspruch »L'état c'est moi!« (Der Staat bin ich!) an den Pranger gestellt. Kurz: Er hatte das gesamte absolutistische Regime überaus kritisch durchleuchtet. Montesquieus philosophische Lehre vom Mißbrauch der Gewalten sollte letztlich mithelfen, das selbstherrliche Koordinatensystem monarchistischer Macht zu zerstören.

Ein anderer Denker und Schreiber, Voltaire (gest. 1778), polemisierte ebenfalls lange vor dem Volksaufstand in seinen Schriften gegen staatliche und kirchliche Autoritäten und propagierte den Kollektivwillen. Der Begriff »Volkssouveränität« ging ihm schon früh und leicht von den Lippen, spukte auch schon durch andere aufgeklärte Gehirne des Ancien régime. So qualifizierte Jean-Jacques Rousseau 1761 in der »Nouvelle Héloïse« hellseherisch und mit fanatischem Eifer das Christentum ab, indem er den sympathischen Atheisten M. de Wolmar zum Träger seiner Gedanken machte: Dieser stempelt politische Häresie zum Kapitalverbrechen und fordert Gehorsam dem Staat, nicht aber dem Herrscher gegenüber.

Wenig später, als Gefangener in der Bastille, schreibt der Marquis de Sade: »Die Gottesidee ist das einzige Anrecht, das ich den Menschen nicht verzeihen kann.«

Denis Diderot, Mitte des 18. Jahrhunderts Begründer der enzyklopädischen Literatur, vermutet in der Volksseele ohnehin mehr Tugenden und Menschlichkeit als beim Adel. Und der Abbé Morelly erbringt in seinem »Code de la nature« 1775 den Nachweis, daß Privateigentum die Quelle allen Streits und Unglücks ist. Grund und Boden sollen allen gehören.

Einem Anwalt der Armen, Robespierre, ist dies aus der Seele gesprochen. 1793 wird er, inzwischen ein prominenter Revolutionär, Gütergleichheit fordern, »die weit weniger für das Leben des einzelnen notwendig ist als für das Heil der Allgemeinheit«.

Der Schriftsteller Nicolas Chamfort (gest. 1794) hatte inzwischen sein Programm proklamiert: »Krieg den Palästen, Friede den Hütten!« Gekoppelt mit der Erkenntnis: »Ich betrachte den König von Frankreich nur als den König von ungefähr 100 000 Menschen, unter die er den Schweiß, das Blut und die Haut von über 24 Millionen anderer Menschen aufteilt!«

Ein deutlicher Aufruf zum Aufruhr, denn »ein König«, so Mirabeau später, »der nicht mehr ist als der erste Beamte, der Kopf, nicht der Herrscher des Volkes, der für bestimmte Arbeiten angestellt wurde«, muß »abgesetzt werden können, wenn er sie nicht leistet«.

Radikales Fazit des Historikers Grégoire in seiner »Histoire des Girondins«: »Könige sind im Moralempfinden das, was Monster in der physikalischen Rangordnung sind.«

Die Ideologen der Aufklärung witterten also schon früh Tendenzen der Egalisierung und sahen die Nation als gemeinschaftsfestigende Kraft; ihr antichristlicher Humanismus entwarf die Zukunft prophetisch als Weltlichkeit oder sozialistischen Staat. Hier liegen die Wurzeln des Aufruhrs. König, Adel und Kirche mußten in der zweiten Hälfte des 18. Jahrhunderts zwangsläufig Probleme mit dem dritten Stand, dem Kleinbürgertum in der Stadt und den Bauern auf dem Land, bekommen.

Selbst oberflächliche Schöngeister sahen Wolken am Horizont aufziehen. Hart am Wind segelte mit seiner Komödie »Ein toller Tag oder Figaros Hochzeit« Pierre Augustin Caron Beaumarchais. Als sein zunächst verbotenes Werk 1784 in der Comédie Française zur Uraufführung kommt und über hundertmal gespielt wird, ist die Revolution längst auf dem Marsch. »Ein toller Tag« löst bei Ludwig XVI. Empörung aus. »Er gebraucht zu viele italienische Metaphern«, schimpft er über den Autor des dreisten Werks und läßt einige unbedeutende Änderungen anbringen. Die Attacken auf den Adel und die Majestät entgehen ihm und dem vornehmen Publikum jedoch, das hingerissen den despektierlichen Bosheiten zujubelt, die Beaumarchais dem Dienstpersonal des Stücks in den Mund legt. Das »ius primae noctis« der aristokratischen Herren gegenüber ihren weiblichen Angestellten wurde noch nie so lächerlich gemacht. »Monsieur le comte,

qu'avez-vous fait pour être tant de bien? Vous vous êtes donné la peine de naître, et rien de plus.« (»Herr Graf, was haben Sie nur getan, um so viel besser zu sein? Sie haben sich die Mühe gemacht, geboren zu werden, und nicht mehr.«)
In Paris, dieser großen grauen Stadt mit ihren rund 600 000 Einwohnern, also lachen die Herrschaften ob solcher Bonmots, obwohl ihr Ansehen wie die Autorität der Krone längst auf tönernen Füßen stehen. Unentschlossen und hilflos agieren der König und sein Ministerrat. In den Augen des Volkes eine mäßige, überflüssige und höchst verdienstlose Kumpanei, der jahrhundertelang in den Schoß fiel, wofür andere schuften mußten.
Die politische Welt hat sich gewandelt. Aus Amerika weht ein neuer Wind herüber in die Alte Welt. Eine Revolution der Kolonialisten jenseits des Atlantiks hat Erfolg gehabt. In Virginia, von Auswanderern aus Europa besiedelt und mit Plantagen überzogen, haben 13 Ostküstenstaaten beschlossen, die Vormundschaft des englischen Mutterlandes abzuschütteln, das ihnen die Errichtung eigener Industrien verbieten und den Export von Rohstoffen nach England verordnen wollte.
Nach der Weigerung der Kolonialisten war Englands Einsicht – nur ein Teezoll sollte noch erhoben werden – zu spät gekommen: 1773 wurde in Boston die Ladung eines Teeschiffs ins Meer geschüttet, und ein Jahr später beschlossen in Philadelphia Abgeordnete den Abbruch der Handelsbeziehungen mit England. Es kam zum Krieg. Französische Offiziere wie La Fayette, La Motte-Picquet und Suffren halfen mit Soldaten und Geld aus. Das floß in Frankreich immer reichlich, wenn es gegen den Erzfeind ging.
1776 verabschiedeten Amerikas neue Gesetzgeber eine Unabhängigkeitserklärung mit der folgenschweren Präambel, daß alle Menschen frei und gleich geboren seien.
Diese Botschaft brachte Benjamin Franklin, der Erfinder des Blitzableiters und einer der Unterzeichner der neuen Menschenrechte, als Diplomat nach Frankreich – ein absonderlich sympathischer Biedermann voll heiterer Weisheit und Gewitztheit in

der Rolle des Republikaners. Überall in Paris war sein Porträt im Handel, es wurde an allen Straßenecken verkauft. Und auch der seit 1785 an der Seine als Gesandter tätige Thomas Jefferson, der Vater der Unabhängigkeitserklärung, galt auf einmal als ein Apostel der Freiheit, die dem vom Staatsbankrott gebeutelten französischen Volk und seinen Vordenkern ungemein gefiel.

Die Versorgungskrise des Winters 1788/89 bringt das Faß zum Überlaufen. Die Bauern, zwar im Besitz eines Drittels des Landes, aber auch von den Steuern nach äußerem Wohlstand veranlagt und mit den größten Abgaben belegt, können nicht wie erwartet liefern. Obstbäume erfrieren ihnen zu Tausenden, ein Hagelsturm zerstört zwischen Champagne und Normandie fruchtbares Getreideland. Millionen stehen vor dem Ende ihrer Reserven. Die Versorgungskrise ist eminent.

Hinzu kommt die Depression, unter der Manufakturbetriebe im Norden und Süden leiden. Die Folge: Arbeitslosigkeit. 80 000 davon betroffene Menschen wandern nach Paris ab, 25 000 nach Lyon, 46 000 nach Amiens und tragen Unruhe und Unzufriedenheit in die Städte. Viele von ihnen werden kriminell, schließen sich marodierenden Banden an, ziehen durchs Land, lösen anarchische Tumulte aus. »La grande peur« beunruhigt selbst abgebrühte Städter. Aus Furcht vor räuberischen Überfällen decken sie sich mit Waffen ein.

Die unausbleibliche Verteuerung der Produkte trifft das einfache Volk in den Städten besonders hart. Der Preis des Getreides und damit des Brotes ist für diese Leute immer lebenswichtig gewesen. In diesem Winter 1788/89 steigt er für die vielen Arbeitslosen in unerschwingliche Höhen. Brot wird zum Hauptpunkt sozialer Forderungen. Zehn Pfund benötigte eine vierköpfige Familie in jenen Zeiten täglich. Und das ist nicht das feine Baguette, das ißt der Adel. Für die Armen gibt es nur schwere dunkle Laibe, die aus allen Arten von oft schalem Mehl gebacken werden. Dazu Gemüsesuppen und Grützen aus Mais, Weizen und Buchweizen. Fette und sogar Salz sind ein großer Luxus.

Die ersten Nachrichten von den Hungerunruhen lassen die Majestäten am Hof von Versailles kalt. »Wenn es den armen Leuten an Brot fehlt, warum essen sie dann nicht Kuchen?« kommentiert Marie Antoinette schnippisch die Situation.

Die bedrohlich-radikale Antwort des späteren Sansculotten-Predigers Jacques Roux, vor dem 14. Juli als Abbé an der Pfarrei Saint-Nicolas-des-Champs tätig, hätte sie nachdenklich machen müssen: »Die Freiheit ist nur ein leerer Schall, wenn eine Klasse der Menschheit die andere ungestraft aushungern kann.«

So war es ja wohl auch. Während der Adel weiterhin auf Steuerabgaben der Ärmsten der Armen pocht, bereichert sich die Bourgeoisie in diesen schlechten Zeiten durch die ständigen Verteuerungen. Das Brot wird so zum Maßstab aller Dinge. »Unser bestes Gut ist das Brot«, wird später der Journalist Jacques-René Hébert seiner Leitfigur, dem »Père Duchesne«, in der gleichnamigen Volkszeitung in den Mund legen.

Im März 1789 häufen sich bei den Behörden die Forderungen der Bevölkerung nach einer Festsetzung der von Spekulanten immer wieder höhergeschraubten Brotpreise. In Marseille, Gap und Aix, in Lille und Valenciennes kommt es zu bewaffneten Aufständen, vor den Bäckerläden der Hauptstadt entstehen Tumulte.

Der Hunger als ausschlaggebender Faktor für die Revolution? Die Revolution eine Tollheit der Hungernden? Sicherlich bringt eine Krise die andere zur Sprache, werden gesellschaftliche Mißstände freigelegt. Sie radikal auszugleichen und allen ihr täglich Brot zu geben, das wird später einem Robespierre gelingen. »Bei ihm«, so der Tischler Richer aus der Pariser Section République, »floß das Blut in Strömen, aber wir hatten Brot. Heute (im Mai 1794, d. Verf.), wo kein Blut fließt, haben wir kein Brot mehr, also sollte doch wieder Blut fließen, damit wir zu Brot kommen...« (Soubol) Einfache Logik des kleinen Mannes. Alle auf gleiche Rationen zu setzen war eine klare Lösung, ganz im Sinne von Leuten dieses Schlages und ein Gebot der Stunde.

Die schlechte Ernte und der unerwartet kalte Winter sowie die daraus resultierende Inflation führen am 5. Mai 1789 zur Einberufung der Generalstände. Klerus, Adel und Vertreter des dritten

Standes, die 96 Prozent der Nation repräsentieren, wollen gemeinsam mit dem König die Finanzkrise lösen. Aber die angestrebte Einheit zerbricht; die Vertreter des Volkes verschwören sich zur Nationalversammlung und entmündigen ihren bis dahin absoluten Herrscher Ludwig XVI.
Die politische Idee (»Ballhausschwur« am 20. Juni 1789) wird vor allem von Juristen, Journalisten und einigen wenigen Aristokraten getragen. Von ihnen unabhängig schreitet in Paris das Volk zur Tat und bestimmt den Gang der Ereignisse nach eigenen Vorstellungen. Noch ist das Bürgertum mit von der Partie, als dort am 14. Juli mit rabiater Gewalt das dreißig Meter hohe Bollwerk royalistischer Gewalt, die Bastille, gestürmt, ihr Kommandant de Launay und sechs seiner Soldaten getötet und später auch noch der Bürgermeister der Stadt, Flesselles, und der Intendant der Finanzen, Foullon, ermordet werden. Von Ideologen wie Camille Desmoulins angefeuert, verwandelt sich manch braver und lange Zeit so duldsamer Proletarier in eine blutrünstige Kanaille: »Die Aristokraten an die Laternen!«
Es ist diese Volkshefe, die in den ersten Tagen des Aufruhrs Gesetze erläßt, Recht spricht und alle Funktionen einer Exekutive ausüben wird. Fast immer mit Gewalt. Zur Bastille-Erstürmung wurden nicht nur 320 000 Gewehre aus dem Invalidendom verteilt, auch die Arsenale in der Esplanade des Invalides, im Jardin du Luxembourg, auf den Champs-Elysées und in der Rue Notre-Dame-des-Champs sind gestürmt und geleert worden. »Es gibt«, so der Kommandant der Section Indivisibilité, »keine Behörde mehr, das Volk ist im Aufstand, es braucht keine Weisungen mehr, das Volk allein befiehlt.« (Soubol)
Die Fäden im Hintergrund ziehen anfangs noch die Vertreter der kapitalistischen Bourgeoisie, die immer der größere Feind der Aristokraten gewesen waren. Sie sitzen in den Ausschüssen, lassen die Massen wie Marionetten agieren, bestimmen die Generallinie. Aber dann erringt der Straßenpöbel entscheidende Siege und schreibt der Revolution das Motto auf die Fahne: Freiheit! Gleichheit! Brüderlichkeit!

Es ist eine Revolution in drei Akten, ein wirkungsvoll ausgestattetes Schauspiel nach dem Motto: »Tout est optique!« (Mercier)

Hauptperson des ersten Bildes ist jener Ludwig XVI., der so gerne vom Volk geliebt werden wollte und letztlich für diese Sehnsucht seinen Kopf hinhalten muß.

Das zweite Bild wird, nachdem Frankreich in einen Krieg gegen ganz Europa involviert wurde, mit dem Tod der königstreuen Girondisten am 31. Oktober 1793 enden.

Das dritte Bild schließlich, der grausigste Akt, wird Robespierre und seine politischen Gesinnungsgenossen am 28. Juli 1794 auf dem Schafott zeigen.

»Ein phantastisches Figurinentheater, das wie die Vorgänge in einer Zauberlaterne gewirkt hat« (Friedell), eine Aufführung mit pathetischen Worten und effektvollen Szenen, mit großen Gefühlen und einer Besetzung, die vom Helden bis zum Bösewicht, vom Liebhaber bis zur Salondame jedes Rollenfach aufbietet, ein Ensemble, das mit Grand-Guignol-Effekten ebenso munter agiert wie mit dem Gegröle des Volkes und dem Idealismus begeisterter Revolutionäre; mit Leidenschaft und Gesten, aus denen die Protagonisten ihr Kostüm schneidern; mit Eigenschaften und Gesten, die in ihrer grenzenlosen Übertreibung Liebe und Haß im Übermaß produzieren.

»Nimmt einer ein Gefühlchen, eine Sentenz, einen Begriff, und zieht ihm Rock und Hosen an, macht ihm Hände und Füße... und läßt das Ding sich drei Akte hindurch herumquälen, bis es sich zuletzt verheiratet oder sich totschießt – ein Ideal!« wird der deutsche Dichter Büchner später nicht ohne Ironie Camille Desmoulins in seinem »Danton« sagen lassen.

Das Monstrum Revolution tritt in den verschiedensten Verkleidungen auf, in Typisierungen und Mutationen, die faszinieren. Fanatiker sind sie allesamt, die Revolutionäre.

Da ist Honoré Gabriel Riqueti, Graf von Mirabeau – ein Mann der ersten Stunde. Lasterhafter Sohn eines provenzalischen Adligen, Spieler, Frauenheld, Pornoschriftsteller, wird er doch zum respektablen Staatsmann und Redner. Dem dritten Stand will er eine neue Zukunft erobern und spricht ihm regel- und schrankenlose Gewalten zu.

Unter seiner Wortführung beginnen die Mitglieder der Nationalversammlung die Wurzeln des Ancien régime auszureißen: Die alte Ordnung wird gestürzt, die Entchristlichung kommt in Schwung. Die Vertreter der Kirche finden sich auf einer schwarzen Liste wieder: »Il faut décatholiser la France!« Der jährliche Zehnt, den die Bauern an die Geistlichkeit zu zahlen hatten, wird gestrichen; ein »Staatsgesetz über die Geistlichkeit« regelt die Stellung der Priester als bezahlte Staatsbeamte und verlangt ihnen einen Eid auf die Verfassung ab.

Von 134 Bischöfen lehnen 130 diese Maßnahme ab, von 70 000 Priestern weigern sich 46 000. Sie emigrieren, oder sie werden zum Tode verurteilt. Das Gebet zu Gott ersetzen große Feste zu Ehren eines Höchsten Wesens der Vernunft oder des Römers Brutus, der von den Revolutionären idealisiert und zum tugendhaften Vorbild geprägt wird.

Mirabeau und seine Mitkämpfer machen den Bürger zum Citoyen, führen das Dezimalsystem ein und proklamieren einen neuen Kalender. Man beginnt mit dem Jahr eins, Anno Christi oder Anno Domini wird gestrichen. Auf Vorschlag des Dichters Fabre d'Eglantine wählt man poetisch-rustikale Bezeichnungen für die zwölf gleich langen Monate zu je drei Dekaden von zehn Tagen. Am Jahresende darf das Volk feiern: Fünf oder sechs »Sansculotten«-Tage sind Wein, Weib und Gesang gewidmet.

Die Höhepunkte der Revolution wird Mirabeau jedoch nicht erleben. Von übersteigerten Leidenschaften und einem körperlich wie geistig exzessiv ausgelebten Dasein erschöpft, stirbt er an einer heftigen Kolik am 2. April 1791. Er ist einer der wenigen Revolutionäre, denen es erspart bleibt, den Kopf unter das Fallbeil zu legen.

Eine andere Figur dieser Anfangstage entlarvt sich als Held im Zwiespalt. Marie Joseph Gilbert Motier Marquis de La Fayette trägt die Idee von der amerikanischen Unabhängigkeit wie eine

Fackel nach Paris hinein und sorgt als Führer der Nationalgarde dafür, daß sie nicht verlöscht. Demokrat aus Prinzip, war er immer ein kritischer Beobachter des höfischen Lebens. Die Existenz der Majestät stellt er nun in Frage. Ein Mann des Volkes wird er deshalb nie werden. Läßt er 1789 auf dem Marsch der Frauen von Paris nach Versailles und zurück mit dem König in der Kutsche seinen Schimmel noch stolz Paradeschritte tänzeln, so setzt er sich später zu den Preußen ab, um die Monarchie zu retten. Ein Held mit ach, zwei Seelen in der Brust...

Wetterwendisch und gerissen, ein Wolf im Schafspelz, ist Charles Maurice de Talleyrand-Périgord. Seine Rolle in diesem Revolutionstheater ist die des Menschenverächters in der Robe des Bischofs von Autun. Am 14. Juli 1790 nimmt er 50 000 Soldaten auf dem Marsfeld den Schwur auf die neue Verfassung ab, 300 000 Pariser erheben auf seinen Wink ebenfalls die Hand vor dem dort errichteten Altar des Vaterlandes. Später wird der Bischof aus der Rolle fallen, wird exkommuniziert werden... und trotzdem die Revolution überleben, um dann listig wie eh und je in napoleonischen Diensten dem neuen Frankreich als Diplomat zu dienen.

Die Rolle des Bonvivants ist in diesem Stück mehrfach und ausgesprochen glänzend besetzt. Mit Louis Philippe Joseph Herzog von Orléans zum Beispiel. Der gibt sogar seinen adligen Namen auf und nennt sich nur noch Philippe-Egalité. Kein großes Opfer für den Bruder Ludwigs XIV., wie sich herausstellt. Weder königlicher Rang noch revolutionäre Ehren liegen ihm am Herzen. In seinem Palais-Royal, das er in Palais-Egalité umtauft, feiert er, bereits Mitglied des dritten Standes in der Nationalversammlung und im Konvent, die Feste, wie sie fallen. Spieler, Dirnen und Glücksritter fühlen sich, wie bereits geschildert, in diesem Sündenbabel heimisch. Und die Hoheit, meist in einen grünen Frack, Piquéweste und gelbe Hirschlederhosen gekleidet, spielt den Gastgeber mit Passion. Sein Leben wird er königlich beenden, mit Austern und einer Flasche Bordeaux, die er sich vor der Hinrichtung in seiner Zelle in der Conciergerie servieren läßt.

Keine Mühe macht in diesem Revolutionstheater die Besetzung der Intrigantenrollen. Ein gewisser Maximilian Marie Isidore de Robespierre aus Arras wird sich in diesem Charakterfach schnell in die erste Reihe spielen. Mit schriller Stimme und immer ein wenig affektiert gekleidet, spickt er seine Reden in der Nationalversammlung mit Rousseaus Lehren. »Politique d'abord« will er machen. Und als er das endlich kann, verbreitet er Angst und Schrecken. Das Jahr 1793 wird, durch seine eiskalte Ideologie und Brutalität geprägt, zum furchtbarsten der Revolution.
In seinem Wüten unterstützt ihn ein in Schwarz gekleideter blondhaariger Androgyn. Saint-Just vertritt die Ideen und Pläne seines Idols vor den Ausschüssen, sorgt für ihre Durchführung. Zur Beschlagnahme der Säuglinge, um sie nach spartanischem Vorbild der Obhut des Staates zu übergeben, kommt es gottlob nicht mehr. Die Exekutionslisten mit den Namen Hunderter von Mitbürgern, die der Todesengel Saint-Just stets mit sich herumträgt, werden jedoch gründlich und in Robespierres Sinn abgehakt.
Antoine-Quentin Fouquier-Tinville ist eine andere Horrorfigur aus dem Revolutionskabinett. Er gibt den Anstoß für das Morden in diesem Drama. Einmal in Fahrt gekommen, fällt er durchschnittlich sieben Todesurteile täglich. Oft sind es mehr. Dreißig, vierzig oder gar fünfzig. »Die Revolution ist wie ein Saturn, sie verschlingt ihre eigenen Kinder«, klagt der schwermütige Pierre-Victurien Vergniaud, bevor er mit zwanzig Freunden, Girondisten, selbst den Kopf unter das Fallbeil legen muß.
Auch Fouquier-Tinville entgeht diesem Schicksal nicht. 17 Monate darf er, ein fürsorglicher Vater von vier Kindern, der Motor der Justizmaschinerie sein und den Terror durch seine Urteile sanktionieren. Dann wird er zum Angeklagten. 41 Tage verteidigt er sich wie ein Löwe, schreit, protestiert, droht. Und verliert letztlich wie die anderen seinen Kopf.
Selbst große Helden werden letztlich geopfert. Georges Jacques Danton. Ein Mann, von Wein und Essen und den Frauen so berauscht wie von der Revolution. Der Anwalt aus Arcis-sur-Aube

läßt den Volksaufstand garen und popularisiert das Nationalgefühl. Retter des Vaterlandes! Das ist dieser bullige Wortführer, der so gern manipuliert und sich auch, gegen bare Münze, manipulieren läßt. Fürs Volk, versteht sich.

Als das Volk am 10. August 1792 die Tuilerien stürmt und im Anschluß daran 1000 Gardisten und 400 Demonstranten tötet und Anfang September rund 6000 in den Pariser Gefängnissen inhaftierte Verdächtige hinschlachtet, will Danton zwar nicht der Initiator gewesen sein, kann aber seine Befriedigung nicht verbergen. Robespierre und Saint-Just bringen ihn und seine Freunde, unter ihnen der melancholische Schwärmer Camille Desmoulins, aufs Schafott. Dieser ist nicht der einzige Poet, der sein Leben unter dem Fallbeil beendet: Auch Frankreichs »Hölderlin« André Chénier und der Komödienschreiber Fabre d'Eglantine gehören dazu.

Eine andere Hauptrolle spielt der ständig unter Fieber und Ausschlag sich windende Jean-Paul Marat. Der promovierte Arzt, ein Lungen- und Augenspezialist, erleidet den wohl bühnenwirksamsten Tod der Revolution. Aus dem normannischen Caen wird die Provinzschönheit Charlotte Corday in einer Kutsche nach Paris aufbrechen, um den radikalen Herausgeber der Zeitung »L'Ami du peuple« zu ermorden, als er gerade wieder einmal in der Wanne die brennende Haut kühlt. Marat, größenwahnsinniger Terrorist und wahrhaftigster Republikaner zugleich, muß noch als Leiche dem Revolutionsmaler David Modell liegen. Und es entsteht ein Bild, das als Symbol für eine ganze Epoche gilt.

Die Ermordung des Marat 1793 ist der Beginn grausamer Monate. Denn die Hinrichtung der schönen Attentäterin Corday als »Judith der Revolution« löst eine Welle von Frauenmorden aus. Auf dem rotgestrichenen Holzpodest, umjohlt meistens von den Marktweibern und nur selten bewundert, werden sie dutzendweise geköpft. Welche Persönlichkeiten waren unter diesen Opfern!

Imponierend, diese »leading ladies«. Allen voran Königin Marie Antoinette, »der einzige Mann bei Hofe« (Mirabeau). Ihren dikken Mann Ludwig konnte sie mit österreichischem Charme jahrelang becircen, das Revolutionstribunal bleibt unbeeindruckt. Diese nach strengster Bestrafung gierenden Eiferer wollen und können nicht vergessen, daß die Angeklagte 1784 eine Staatskrise ausgelöst hatte, als sie, in die »Halsbandaffäre« verwickelt, durch die Gaunertricks einer Dirne und eines liebesgeilen Kardinals das Königreich um eineinhalb Millionen Livres prellte. Hinzu kommt der Vorwurf der Sittenlosigkeit. Und der des Vaterlandsverrats. Zuviel, um ihre Haut zu retten. Marie Antoinette wird am 16. Oktober 1793, neun Monate nach ihrem königlichen Gemahl, wie er auf der Place de la Révolution geköpft.

Ihr folgen Geschlechtsgenossinnen, die mehr Bewunderung in ihrer letzten Stunde als sie, die Majestät, auslösen werden. »Eine heroische Generation« von Opfern, Frauen, die »sich unter diesen mächtigen Bewegungen verinnerlichten«, die »über dem Heil der Zukunft brüteten; Vaterland und Freiheit, das Glück der Menschheit ergriffen die Herzen der Frauen... sie blicken sich um und suchen nach den Helden Plutarchs, auf diese richtet sich ihr Wille, diese wollen sie hervorbringen.« (Michelet)

Heldinnen und Salondamen. Wie Jeanne-Manon Roland, in deren Haus in der Rue Guénégaud, nahe der Pont-Neuf, die Girondisten Pläne schmieden und hingebungsvoll den Ratschlägen ihrer Muse lauschen.

Sie stammt aus »einer jener Zwischenklassen, in der die kaum durch eigene Arbeit emanzipierten Familien gleichsam amphibisch zwischen Proletariat und Bürgertum leben und in ihren Sitten noch die Tugenden und die Schlichtheit des Volkes beibehalten, obwohl sie schon an der aufgeklärten Bildung der Gesellschaft teilhaben. Von dort her regenerieren sich die Nationen, wenn die Aristokratien zerbrechen.« (Lamartine)

Auch die Roland muß ihren Kopf unter das Fallbeil legen. So wie Lucile Desmoulins, die ihrem Mann Camille folgt, und die kleine Cécile Renault, die an der neuen Freiheit verzweifelt, mit »den nüchternen Theorien Robespierres« hadert und sich »vom zerlumpten Gewand Marats« (Lamartine) beleidigt fühlt. Aber beider Tod ist milder als der der Prinzessin von Lamballe, die während der Septembermassaker 1792 von einer aufgebrachten Menschenmenge aus dem Gefängnis La Petite Force in der Rue du Roi-de-Sicile vor ein Standgericht geschleppt, im Schnellverfahren als erste Hofdame und Intimfreundin der Königin verurteilt und auf dem Weg in die Conciergerie bestialisch getötet wird. Ihren Kopf, »dessen Angesicht der Tod und die Rührung der Zuschauer veredelten« (Historischer Brief über die Neuesten Begebenheiten Frankreichs, Journal Minerva, 1792), schwenkte man auf einer Pike vor den Fenstern des Temple (dem ehemaligen Ordenshaus der Tempelherren), wo man die königliche Familie, die drei Jahre im Tuilerienschloß zubringen durfte, am 10. August desselben Jahres einquartiert hatte.

Initiatorinnen dieser Morde sind ebenfalls Frauen, die so oft idealisierten »Filles du district«: Marktfrauen und Landstreicherinnen, Conciergen, Dirnen und Fischweiber in Männerkleidung, mit der Kokarde am Revers, die Opfer orgiastisch umtobend.

Sie sind von der ersten Stunde an dabei, helfen, die turmbewehrte Bastille zu schleifen, und assistieren beim Mord an dem Kommandanten. Sie marschieren am 5. und 6. Oktober 1789 nach Versailles, töten die Garden und zwingen den König, mit seiner Familie im Tuilerienschloß Wohnung zu beziehen. »Die Schweineherde wird in den Stall zurückgebracht!« rufen sie, als sie mit »dem Bäcker, der Bäckerin und dem Bäckerjungen«, angeführt von der schönen Lütticherin Théroigne de Méricourt, die Majestäten in die Stadt zurückeskortieren.

Diese Théroigne de Méricourt, eine andere herausragende Frauengestalt jener Tage, macht oft von sich reden. Sie initiiert den Sturz des Standbilds Ludwigs XIV. auf der Place Vendé, ergreift in der Nationalversammlung das Wort, befehligt das Dritte Korps der Bürgerarmee aus den Vorstädten und hält Reden im radikalen Cordeliersclub. »Sie konnte nur noch im Fieber des öffentlichen Aufruhrs leben.« (Lamartine)

Letztlich bringen ihr jene Geister, die sie selbst rief, den Unter-

gang: Die Furien der Guillotine bestrafen sie für ihre Liebe zu einem Girondisten, reißen ihr in der Öffentlichkeit die Kleider vom Leib, peitschen sie. Die schöne Lütticherin verliert den Verstand und vegetiert zwanzig Jahre bis zu ihrem Tod in einem Irrenhaus. »Schamlos und blutrünstig waren ihre Träume, und in der Erinnerung an die Schmach, die sie erlitten hatte, weigerte sie sich beständig, Kleider anzuziehen. Nackt, mit strähnigem weißem Haar, kroch sie über die Steinplatten ihrer Zelle.« (Lamartine)
Diese und ähnliche Schicksale nimmt man gerne wahr, wenn sie sich heroisieren lassen. Wie ergreifend, daß Frauen den Ton angeben...
»... bald les Filles du district, bald les Dames des halles, die Trödelweiber, bald andere Damen, weißgekleidet, mit Blumen geschmückt, mit Fahnen versehen und begleitet... von einer Bedeckung der Soldaten des Vaterlandes und bewaffneter Bürger, in deren Flintenläufen Blumensträuße stecken...« (Wieland)
Es finden sich jenseits der französischen Grenzen viele Bewunderer des revolutionären Schauspiels und einer Besetzung, die sich so mühelos idealisieren läßt. Da bejubelt der deutsche Verleger Joachim Heinrich Campe »die Leichenfeier des französischen Despotismus«; da begeistert sich der oben zitierte Christoph Martin Wieland an dem »altrömischen Mut und Stolz... der allen Feinden Trotz bietet«. Und der schwäbische Dichter Schubart übt sogar harsche Selbstkritik, wenn er angesichts der Revolution notiert: »Was für eine armselige Figur machen krumme und geduckte Deutsche... jetzt gegen die Franzosen.«
Augenzeugen sind selten. Und wenn aus der Hauptstadt berichtet wird, dann geschieht es ebenfalls mit idealisierendem Überdruck. »Paris übertrifft alle Erwartungen an Ganzheit der Gesinnung, an Größe der Bilder, an Festigkeit des Ausdrucks, an Durst nach Wahrheit, Tugend und Menschengefühl«, schreibt der deutsche Jakobiner Merck am 23. Januar 1791 dem Geheimen Staatsrat Schleiermacher in Darmstadt. Und er fährt fort im Schwärmen: »Was soll ich Ihnen von all dem, was mich jetzt um-

gibt, sagen? Alles, was wir von Anfang an der Dinge wünschten, ist wahr – und das andere alles erlogen und mit den Farben gemalt, die man bestellt hat. Ich habe die Einnahme der Bastille, ein völlig Shakespearisches Drama, gesehen, das Goethe nicht besser hätte kalkulieren können. Ich bin in Tränen geschwommen, nicht sowohl wegen Vorstellung der Dinge, sondern wegen der Teilnahme des Publikums.«

Auch Klopstock fällt ein in den Chor der Festredner, rühmt die gallische Explosion als »neue, selbst nicht geträumte Sonne. Frankreich schuf sich frei!«

Hölderlin gerät in Pathos nach Robespierres Hinrichtung: »Laß erst die beiden Engel, die Menschlichkeit und den Frieden, kommen, was die Sache der Menschheit ist, gedeihet dann gewiß, Amen!«

Von Blut und Tränen ist in der Schar der Bewunderer keine Rede; ihre Elogen sind Hymnen an die Freude. Eine Prinzessin Lamballe findet darin keine Erwähnung. Die Menschlichkeit der Menschheit gegenüber – sie ist ein schöner Traum.

In Paris weiß man solche Lobeshymnen zu schätzen. Klopstock, Pestalozzi, Schiller und Humboldt werden zu Staatsbürgern honoris causa ernannt.

Das große Fest – es wird vor Ort von der rasenden Masse täglich in eine böse Schauertragödie verwandelt. Das Volk: »eine Persönlichkeit mit hundert Köpfen und tausend Armen, die Paris heißt... in die Mitte des Terrors gestellt«.

Von diesem Volk werden über 3000 Gefängnisinsassen in wenigen Tagen hingemeuchelt, weil die Kommune die Sturmglocken läutet und zur Hinrichtung schlechter Bürger aufruft. Dieses Volk schlachtet Nationalgardisten wie Vieh und schändet Kirchen. Und eines Tages wird dieses Volk auch wieder zur Vernunft kommen und sich abwenden vom Terror, wird schweigend und von Selbstvorwürfen gequält den Leiterwagen und den zum Tode Verurteilten nachblicken.

Aber Anfang der neunziger Jahre jubelt der gewalttätige Pöbel noch. Die rote Zipfelmütze der Galeerensträflinge trägt jeder

brave Sansculotte wie ein brennendes Fanal auf dem Kopf. Dazu einen Säbel und ein Messer im Gürtel, um die Ohren aller Schurken abzuschneiden. Und auch die Pike hat er immer bei sich.
Wir sind bei der Statisterie des Revolutionsdramas, jener pausenlos entfesselten Menge, die pures Entsetzen verbreitet; die sich vor den Gefängnissen sammelt, um die Inhaftierten zu töten; die zu den Plätzen strömt, auf denen die Guillotine ihre Arbeit verrichtet. Kurz: die das Geschehen bestimmt.
Garantiert die Revolution diesem Volk wirklich das Paradies auf Erden? – Kaum zu glauben, solange die Revolution wie ein Hexensabbat durch die Straßen und über die Plätze tobt. Angeführt von den Drahtziehern, die im Namen des Volkes morden, in der Hauptstadt wie in der Provinz.
In Cambrai tötet der Beauftragte des Wohlfahrtsausschusses, Le Bon, wie im Fieber; in Nantes treibt Jean Baptiste Carrier Hunderte von Verhafteten – Priester, Frauen und Kinder – auf Kähne und versenkt sie, aufrecht stehend und zu Paaren gefesselt, in der Loire. »Republikanische Hochzeit« nennt der Mann die Bestrafung und verbringt die Abende danach mit Frauen und seinen gewöhnlichen Roués in bacchantischen Orgien.
Auch Joseph Fouché, ein Mann mit spitzer Nase, stechendem Blick und schmalen Lippen, übt Faustrecht im Namen des Volkes. Im Departement Loire beraubt er Kirchen ihrer Altarbilder und Monstranzen und läßt unentwegt morden. Gleiches tut in Lyon der Expriester Marie-Joseph Callier, den später Vertreter der aufgebrachten Bourgeoisie mit 200 seiner Anhänger exekutieren.
Diesen Mord wiederum werden Collot und Fouché rächen, indem sie ebenso viele Bürger von der Guillotine und den Soldaten töten lassen.
Das Volk ist es, das dieses Morden lange toleriert, das die Hände in das Blut der Opfer taucht. Es macht den Terror erfolgreich, dem in ganz Frankreich insgesamt 40 000 Menschen zum Opfer fallen. Das Volk akzeptiert. Mehr noch: »Einer war so eifersüchtig wie der andere darauf bedacht, täglich Leute einzukerkern.«

(Bericht des Bürgers L. in: L'Histoire de la Révolution de la France de 1789 par Deux Amis de la Liberté)
Möglich ist dies durch ein ausgeklügeltes Spitzelsystem einer überall tätigen Gesinnungspolizei. Das Spionieren wird gefördert von jenen Ausschüssen und Parteien, die im Dienst der Ideologen bestimmen, was unmoralisch und damit auch unpolitisch, somit verderbt, also konterrevolutonär, ist. Die Jakobiner und Saint-Just setzen die Regeln fest. Und ihre Verwaltungspolizei hütet die revolutionäre Idee wie eine heilige Flamme in allen Ausschüssen und Sektionen.
21 000 Überwachungsausschüsse bespitzeln in den Tagen des großen Terrors ganz Frankreich. Für Hausbesitzer und Conciergen, Gastwirte und Hoteliers ist das Überwachen mit der Lust an ihrer eigenen Macht als freiwillige Büttel der Revolutionsregierung verbunden. Sie vergiften so das öffentliche Leben.
Höchste Instanz der neuen Republik ist der Wohlfahrtsausschuß (Comité du salut public). Er bestimmt die auswärtige Politik, erklärt Kriege und regelt das wirtschaftliche Leben. Täglich tagt dieses Machtinstrument im Eckpavillon der Tuilerien und ermächtigt das Revolutionstribunal, gnadenlos und unbarmherzig im Dienst der neuen Gleichheit tätig zu sein.
Für die Angeklagten sind entlastende Zeugen nicht notwendig. Es wird nur eine Strafe verhängt: die des Todes. Das Tribunal will vernichten. Um zehn Uhr morgens verurteilt, finden sich die Konterrevolutionäre und Republikfeinde spätestens 24 Stunden danach unter der Guillotine wieder.
Betroffen sein kann jeder: die Mitglieder der Gesetzgebenden Versammlung (Assemblée législative) – 755 Volksvertreter, davon 264 konservative Feuillants, 136 radikale Montagnards, Jakobiner und Cordeliers und 355 Liberale – ebenso wie die zwölf Vertreter des Wohlfahrtsausschusses, Minister und Drahtzieher des Terrors.
Betroffen ist aber auch das Volk. Heute noch giftende Einpeitscher unter der Guillotine, müssen Citoyen und Cityoenne vielleicht morgen schon ihren Kopf lassen. Dirnen sind das und

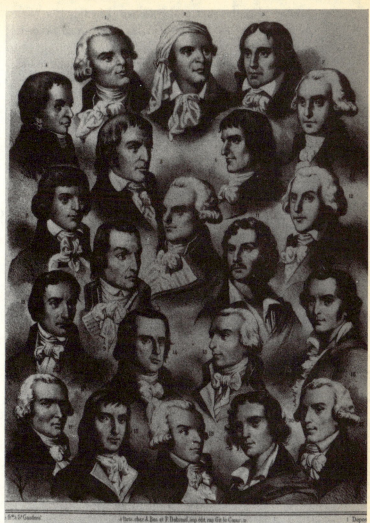

Führende republikanische Köpfe von 1793

Wäscherinnen, Handwerker und Soldaten. Ein falsches Wort, und schon geschieht es. Dabei wollen sie alle nur in Freiheit, Gleichheit, Brüderlichkeit leben.

Eine grandiose Besetzung, die sich da zusammengefunden hat, um ganz Europa das Schicksal einer Revolution vorzuspielen, die die alte Zeit aus den Angeln heben und eine goldene Zukunft proklamieren will. Die Stadt Paris ist die Kulisse.

Und die Drecksarbeit dort hat einer für alle zu leisten. Der Henker, der Scharfrichter, der Bourreau – »Monsieur de Paris«. Mit einem Instrument, das als Guillotine traurige Berühmtheit erlangen wird.

DIE GUILLOTINE

La véritable guillotine ordinaire, anonym

VI

Zwei Ärzte wollen nur Gutes tun: frühe Vorläufer der Guillotine. Ein Straßenräuber als Versuchskaninchen

Zurück ins Jahr 1789. Zu den Sansons und ihrem Familienoberhaupt Charles-Henri. Und zu seinem künftigen Arbeitsgerät, der Guillotine, die es jetzt noch nicht gibt, die aber bereits in den Köpfen mancher Revolutionsideologen spukt. Schließlich ist allen Feinden des neuen Staatsgebildes, Royalisten und Vertretern des Klerus, kurz: allen Konterrevolutionären, der Garaus zu machen. Mit einem Instrument, das zum Symbol eines neuen Geistes werden soll. Ein Altar, wie jene, auf denen in den heidnisch-archaischen Tempeln den Göttern Blutopfer gebracht wurden.

Die Guillotine! Sie wird in den kommenden Jahren viele Namen bekommen. »Rächer des Volkes« wird man sie nennen und »Patriotischer Verkürzer«; auch simpel Hackmesser, Volksbeil und »Sense der Gleichheit«. Man wird sie als »Sainte Guillotine« heiligsprechen, als »la Veuve« (die Witwe) verehren oder ironisch »l'Abbaye-de-Mont-à-Regret« (Abtei zum Berg der Reue) taufen. Oder auch einfach »la bascule« – die Schaukel.

Man wird sie bejubeln und umtanzen, wird auf ihrem Schafott lachen und weinen und von ihm herab mit großem Pathos letzte Worte in die Menge brüllen. Man wird sie zeichnen oder auf großformatigen Tableaus für die Nachwelt verewigen.

Die Kinder der Bourgeoisie werden auf nachgebildeten Miniaturmodellen Puppen mit den Zügen des Königs und Robespierres köpfen; die Kinder des Pöbels werden gefangene Mäuse und Vögel unter ihr Beil legen. Man wird über sie in den Clubs und Salons und im Nationalkonvent diskutieren, noch bevor sie existiert. Und später einmal, wenn die Großen der Revolution unter ihrem Beil das Leben gelassen haben, wird der letzte Sanson, der leichtlebige Henri-Clément, sie in seinem kleinen Privatmuseum gegen Eintrittsgeld zur Schau stellen. Er wird seine Besucher

zum Probeliegen unter der Schneide animieren, wird diese sogar herabsausen und erst von einem Strohballen in letzter Sekunde bremsen lassen und sich dann diebisch über die entsetzten Gesichter amüsieren.
Es werden sich Rätsel um dieses Hauptrequisit der Revolution ranken. Ist jene Guillotine, mit der Ludwig XVI. und Marie Antoinette, Danton, Saint-Just und Robespierre hingerichtet wurden, wirklich und wahrhaftig von Henri-Clément an Madame Tussauds Wachsfigurenkabinett verhökert worden? Oder verschwand sie, von Andenkenjägern und Antiquitätenhändlern zerlegt, in privaten Sammlungen? (Jedenfalls tauchen auf Auktionen, zuletzt 1987 in Paris bei Drouot in der Avenue Montaigne, immer wieder Teile auf.)
Tatsache ist: Der Verbleib der Originalguillotine ist ungewiß. Spuren hinterließ sie in Fülle. Vor allem in der Literatur. In den Memoiren Casanovas, bei Dumas, Balzac und Zola. Für Ambrose Bierce war sie »ein Gerät, welches einen Franzosen aus gutem Grund die Achseln zucken läßt«, wobei es »sich einfach um einen Überrest der Gewohnheit (handle), den Kopf unter den Hornpanzer zurückzuziehen«; für Charles Dickens war die Guillotine »ein häßliches, ungestrichenes, rohes, verrückt anmutendes Etwas«, das ein »widerliches, schmutziges, schlampiges, ekelerregendes Schauspiel bietet«; Lord Byron schließlich genoß durch die »machine à décoler« eine »Zeremonie... entschieden eindrucksvoller als die vulgäre... Methode des Hängens, bei der... zum Tode Verurteilte wie ein Hund totgequält« wurden.
Viel Feind', aber auch viel Ehr' für das Blutgerüst, dessen Väter nicht die waren, die sie nun in ihren Details auf modern trimmen und neu konstruieren werden, nicht die Doktoren Guillotin und Louis, nicht der deutsche Klavierbauer Tobias Schmidt und schon gar nicht »Monsieur de Paris«, Charles-Henri Sanson. Denn die Guillotine, sie existierte bereits, wie zu lesen sein wird. Und bei ihrer Wiedergeburt hatten indirekt die aufgeklärten Geister des 18. Jahrhunderts Pate gestanden, als sie lange vor dem Stichtag 14. Juli 1789 den Untergang des Königtums voraussagten.

Voltaire und Rousseau, Diderot und Chamfort ahnten es früh: Ludwigs Kopf wird rollen. Das Ancien régime war am Ende. König und Volk haben die Mauer zwischen sich so erhöht, daß ein Miteinander nicht mehr möglich ist. Der Machtwille des Herrschers stößt auf den Unabhängigkeitsdrang seiner Untertanen. Und diese sehen nur Gewalt als Ausweg, als die Krise ihren Höhepunkt erreicht. Die Guillotine, gefertigt aus kompaktem Eichenholz, sorgt bald dafür, daß das Volk zu seinem Recht kommt.

Dem Arzt und Politiker Joseph Ignace Guillotin spukt ein solches Gerät schon am 9. Oktober 1789 im Kopf herum, als er in der Nationalversammlung während einer Debatte über das Strafgesetzbuch sechs Artikel zu diesem Thema präsentiert:

»1. Vergehen der gleichen Art werden durch die gleiche Strafe geahndet, welchem Rang und Stand die Schuldigen auch immer angehören mögen.
2. In allen Fällen, in denen das Gesetz die Todesstrafe für eine angeklagte Person vorsieht, soll die Strafart die gleiche sein, welcher Art Verbrechen sie sich auch immer schuldig gemacht hat; der Verbrecher soll enthauptet werden; das wird aussschließlich vermittels einer einfachen mechanischen Vorrichtung durchgeführt.
3. Im Hinblick auf den individuellen Charakter eines Verbrechens soll die Bestrafung des Schuldigen jeden möglichen Nachteil für seine Familie ausschließen. Die Ehre seiner Sippe soll in keiner Weise befleckt werden, und jeder Angehörige des Verbrechers darf unbeschränkt jeden Beruf, jede Beschäftigung und jedes öffentliche Amt ausüben.
4. Niemand darf einem Bürger gegenüber abfällige Äußerungen tun, weil einer aus seiner Sippe bestraft worden ist. Wer es trotzdem unternimmt, der soll vor Gericht öffentlich verwarnt werden. Diese Verwarnung ist an der Haustür des Schuldigen anzuschlagen. Weiterhin ist die Verwarnung am Pranger auszuhängen, wo sie drei Monate lang zu verbleiben hat.

5. Das Vermögen eines Verurteilten ist in keinem Fall einzuziehen.
 6. Die Leiche eines Hingerichteten ist seiner Familie auf deren Verlangen zu übergeben. In jedem Fall ist dem Toten ein normales Begräbnis gestattet, und im Register ist kein Vermerk über die Art seines Todes zu machen.«

Besonders Punkt zwei macht Eindruck. Die mechanische Vorrichtung bringt die Radikaleren unter den Abgeordneten zum Grübeln. Aber noch sind sie zu der Zeit in der Minderheit. Von der Mehrzahl werden die Vorschläge Guillotins nach einer mitreißenden Rede, in der »Galgen, Rad, Blutgerüst, Marterpfahl und Scheiterhaufen« als »barbarische Folterungen, von einem barbarischen Feudalsystem ausgeklügelt«, abqualifiziert werden, begeistert aufgenommen und auch von der Presse gepriesen als »großartige Prinzipien kriminologischer Rechtsgelehrsamkeit« (Gazette de Paris, 1789), in denen »menschliche Gefühle ... atmeten« (Journal de Paris, 1789).

Der Arzt als Menschenfreund, der die Leiden des Todeskampfes auf ein Minimum verkürzen und den Menschen ein Strafsystem verordnen will, in dem qualvolle Torturen und ausgetüftelte Hinrichtungen verboten sein sollen: Welch unerwartete Sterbehilfe für jene, die es eigentlich gar nicht verdienen! Sehr verdienstvoll!

Doch zur Legalisierung der sechs von Guillotin formulierten Paragraphen kann sich die Versammlung nicht entschließen. So vertagt man die Entscheidung, nachdem Punkt eins akzeptiert worden ist, um am 21. Januar 1790 dann drei weitere Artikel zu verabschieden. Zur von Guillotin vorgeschlagenen Enthauptungsmaschine jedoch kann man sich nach wie vor nicht entschließen. Die Verhängung der Todesstrafe löst Widerspruch aus. So fragt Robespierre am 30. Mai 1791 noch seine Kollegen:

»Hat die Gesellschaft das Recht, die Todesstrafe zu verhängen? Die Frage ist mit einem Wort gelöst: Die Gesellschaft kann kein anderes Recht haben als eines, das jeder Mensch ursprünglich

besaß, nämlich die Wiedergutmachung persönlich zugefügten Unrechts anzustreben ... Bestraft die Gesellschaft einen Schuldigen, so ist er außerstande, ihr zu schaden; sie hält ihn in Ketten; sie richtet ihn ungehindert; sie kann ihn züchtigen, kann ihn unschädlich machen, mit allen Mitteln ... ein Sieger, der seine Gefangenen erwürgt, wird als Barbar bezeichnet ... Meine wenigen Worte sind ein hinreichender Beweis dafür, daß die Todesstrafe grundsätzlich ungerecht ist ... Hütet Euch, Wirksamkeit der Strafe und Übermaß an Strenge durcheinanderzubringen; das eine steht konträr zum anderen. Gerechte und maßvolle Gesetze werden von jedermann gutgeheißen; alles aber verschwört sich gegen grausame Gesetze ...«
Dieser Rede soll Guillotin in düsterem Schweigen zugehört haben. Drei Tage später kann er aufatmen: Sein Vorschlag, jedem Todeskandidaten den Kopf abzutrennen, wird am 3. Juni 1791 gebilligt. Am 25. September ist der Paragraph dann als Gesetz in den Code pénal integriert. Und auch der »machine à décoler« stimmt am 20. März 1792 die Mehrheit der Abgeordneten zu. Womit allerdings für ihren Verfechter, den Mediziner Guillotin, das Thema ad acta gelegt ist; ihn löst ein Kollege bei der Entwicklung des Instruments ab.
Wer war dieser Guillotin, der in den Annalen der Revolution letztlich nur wegen der Guillotine als historische Figur verzeichnet ist? – Geboren wurde der scheue Gelehrte als Sohn eines Anwalts am 28. Mai 1738 im Provinzstädtchen Saintes in Aquitanien. Hier wuchs er gut behütet heran. Nur einmal soll ihm Schreckliches widerfahren sein: Auf einem Spaziergang mit der Mutter Agathe Cathérine hörte er aus einem Gefängniskeller die Schreie eines gefolterten Menschen. Sie prägen seine Zukunft und werden ihn ein Leben lang verfolgen. Guillotins späterer Einsatz für eine rasche, mechanische Hinrichtung hat hier ihren Ursprung.
Der Vater besorgt seinem Sohn im knapp hundert Kilometer entfernten Bordeaux einen Jesuiten als Erzieher. Dort empfängt Guillotin aus der Hand des Erzbischofs die vier niederen Weihen.

Zum Priester fühlt er sich aber nicht berufen. Geprägt von Montesquieu und Rousseau, wendet sich der junge Mann der Medizin zu, bringt es sogar zu beträchtlichen Ehren, indem er mit vierzig Jahren an der Medizinischen Fakultät in Paris Professor für Anatomie, Physiologie und Pathologie wird. Im Auftrag der Königlichen Kommission darf er die Lehren eines gewissen Franz Anton Mesmer kritisch durchleuchten, der, ein Absolvent der Wiener

Porträt J. I. Guillotin, Stich von B. L. Prevost

Schule, mit seinem »animalischen Magnetismus« durch die Pariser High-Society geistert und dem Sektierertum jener vorrevolutionären Tage viel Aufschwung verschafft.

Aber bevor Guillotin über diesen »Guru« schlüssige Ergebnisse vorlegt, kommt es zum politischen Umsturz. Wie manche Kollegen setzt sich auch der um das Wohl der Menschheit so besorgte Arzt in die Politik ab. Mit einer Petition macht er sich für den dritten Stand stark. Ihn wünscht er sich als ebenbürtige Kraft in einer neuen Nationalversammlung und als starkes Pendant zu Adel und Klerus. Guillotins Lohn: Der Ballhausschwur am 20. Juni 1789 bestätigt ihn als Mann der ersten Stunde.

Der Maler David hat diesen historischen Augenblick in einem kolossalen Wandgemälde festgehalten. Darauf ist Dr. Guillotin zu sehen, als siebenter von links, neben dem Wissenschaftler Jean-Sylvain Bailly (mit erhobener Schwurhand auf dem Tisch stehend) und umgeben von den Abgeordnetenkollegen Bouché, Bianzat und Mounier – eine Gruppe, die gleichsam das Gegengewicht zu Robespierre auf der rechten Bildseite bildet, der, beide Hände an die Brust gedrückt, verzückt die Eidesformel spricht.

Guillotin – ein Primus inter pares? Sicherlich nicht. Seine Einsätze im Parlament fallen selten auf und kaum aus dem Rahmen. Gewiß, seine Unterschrift steht unter vielen Gesetzesentwürfen neben den Signaturen höchster Prominenz wie der des Baron de Margueritte und des Comte de Castellane. Und gelegentlich reüssiert er auch mit Vorschlägen, die die öffentliche Gesundheit und Hygiene betreffen. So, wenn er sich am 14. Juni 1789 über die »drückende und verpestete Luft« im Versammlungssaal der Generalstände beklagt und seine Kollegen vom dritten Stand nach deren Ausschluß aus dieser Versammlung zum Umzug in die benachbarte Reithalle veranlaßt.

Aber Profil als Politiker gewinnt Guillotin nicht, sein Name als Abgeordneter hat wenig Glanz. Der dann auch noch trübe wird, als das Volk die neue Tötungsmaschine nach dem Arzt benennt und in einem Gassenhauer spöttisch besingt:

»Guillotin,
Arzt sehr streng
Und politisch,
Denkt vom Henken ohne List,
Daß es unmenschlich ist
Und wenig patriotisch.
Und sofort
Sucht er dort
Eine Strafe,
Die den Galgen und den Strick,
Das Henkeramt mit Glück
Abschaffe.

Ganz vergeblich man verbreitet,
Daß die Eifersucht verleitet
Einen Sproß
Aus dem Troß
Hippokrates',
Der sich schmeichelt, sogar keß,
Straflos zu töten, des
Primates.

Römer streng,
Guillotin,
Er macht weiter,
Fragt die Leute vom Metier,
Barnave und Chapelier,
Sogar den Halsabschneider.
Seine Hand,
Rasch erfand,
Die Maschine,
Die ganz leicht töten kann
Und die man nennt sodann
Guillotine.«

Dann wird der »médecin politique« auch noch mit einer Madame Samson in einem Salon beim Tanz gesehen, einem Menuett, dem Robespierre mit aristokratischem Lächeln zugeschaut habe. So ironisieren Pariser Zeitungen wie das »Journal général de la Cour et de la Ville« den kleinen Arzt in Karikaturen und Witzen.

Kein Zweifel: Guillotin fühlt sich betroffen. Nicht eine politische oder medizinische Großtat wird sich in Zukunft mit seinem Namen verbinden, sondern ein Mordinstrument.

Es ist nicht von der Hand zu weisen: Der Mediziner aus Saintes hat die mechanische Tötungsmaschine erst zur Diskussion gestellt, nachdem er sich intensiv informiert hatte. In den Sanson-Memoiren werden die Inspirationsquellen benannt: Kupferstiche von Pencz, Aldegrever und Lucas Cranach. Sie überlieferten der Nachwelt Impressionen von Hinrichtungsmechanismen, die, der Guillotine ähnlich, zum Tode Verurteilte um den Kopf brachten.

Charles-Henri Sanson selbst habe, so der Enkel, dem Arzt bei den Recherchen geholfen. Beim Betrachten alter Folianten seien sie zusammen auf einen Stich von Achille Bocchi aus dem Jahre 1555 gestoßen, der Guillotins Phantasie entscheidend beflügelt habe.

Zu sehen war dort »eine Hinrichtungsmaschine namens Mannaia, deren man sich oft in Italien, vor allem in Genua, so bei der Hinrichtung des berüchtigten Verschwörers Giustiniani, bedient hat. Das Bild zeigt ein Gerät auf einem Schafott. Dieses Gerät bestand aus zwei Seitenwänden, in deren Mitte hoch oben das tödliche Beil schwebt. Der Verurteilte liegt auf den Knien, den Kopf auf dem Block, und der Henker steht an einem der Pfeiler bereit, den Strick zu lösen, der das hochgezogene Seil auf den Hals des Verurteilten niederfallen lassen soll...« (S)

Diese Gebrauchsanweisung ist für Guillotin verwendbar, zumal die »Mannaia« nicht nur existiert, sondern auch funktioniert hatte. So berichtete Jean-Baptiste Labat in seiner Reisebeschreibung »Voyage d'Espagne et d'Italie« von ihr als einem Instrument, »dessen Pfosten Gleitschienen aufweisen. Der obere Teil des beweglichen Querholzes trägt ein 60 bis 80 Pfund schweres Gewicht. Wenn der Führer der Wache dem Henker ein Zeichen gibt, durchschneidet der einfach die Schnur, und das Beil stürzt direkt auf den Nacken des Opfers nieder, den es sauber durchtrennt.«

Einen ähnlichen Mechanismus hat auch Doktor Guillotin den Abgeordneten beschrieben: »Der Mechanismus wirkt wie ein Blitz, der Kopf rollt, das Blut sprudelt, der Mensch ist nicht mehr.« (Journal des Etats généraux, 1791) Diese Schilderung des Menschenfreundes soll in der Nationalversammlung tobendes Gelächter ausgelöst haben.

Wenden wir uns wieder der »Mannaia« in Italien und ihren prominentesten Opfern, den Cencis, zu. Des Mordes an dem grausamen Familienoberhaupt Francesco angeklagt und überführt, wurden die schöne 16jährige Beatrice, ihr Bruder Giacomo und beider Stiefmutter am 11. September 1599 öffentlich durch dieses Gerät in Rom enthauptet. Von Beatrice heißt es: »Im Augenblick der Hinrichtung ließ sie ihre weißen, mit Bändern und Spitzen verzierten Pantoffeln am Fuße der Treppe (des Schafotts, d. Verf.) stehen und bot rasch ihren Nacken der Klinge und rückte sich dabei selbst zurecht, damit der Scharfrichter sie nicht berühre.« (Ambrosini)

Mochte Guillotin diesen, später von Stendhal beschriebenen, Vorgang auch nicht kennen, so war er bestimmt über den Tod des Marschalls de Montmorency informiert, der 1632 in Toulouse durch eine ähnliche Maschine hingerichtet wurde. Ein Beil »zwischen zwei Holzstücken«, von einem Strick gehalten, trennte ihm den Kopf vom Rumpf. Ein Embryo der Guillotine. Voilà! Das Prinzip war einfach und wurde deshalb oft angewandt. So hatte man 1268 in Neapel Konrad von Schwaben auf diese Art mit der sogenannten »welschen Falle« geköpft. Belegt ist dieses Verfahren auch in Raphael Holinsheds »Chronicles of England, Scotlande and Irelande«, 1577, wo ein Fall vom 1. April 1307 in Wort und Bild dokumentiert wird. Ein Holzschnitt zeigt eine Guillotine auf einem hölzernen Podest, unter deren Schneide ein Verurteilter just sein Haupt legt. Betreut wird er von Mönchen und Landsknechten.

Dieses Gerät war das berühmte »Halifax Gibbet«, dessen sich bereits Eduard III. zur Beseitigung unliebsamer Zeitgenossen bedient haben soll. Den Normannen sagt man seinen Import auf die Britischen Inseln nach. Eine vage Vermutung, die nicht beweisbar ist. Der Beschreibung Holinsheds nach fügt sich auch dieses Mordinstrument prächtig in die Reihe jener Modelle ein, nach deren Muster die französische Guillotine entworfen wurde. »Die Maschine ist ein viereckiger Holzblock, der viereinhalb Fuß lang ist und der in einem Schlitz, zwischen zwei aufrechten Rahmenhölzern von fünf Yards Höhe, auf und ab rutscht. An der Unterseite des gleitenden Blocks befindet sich ein Beil, das mit Eisen in das Holz eingelassen ist und das an der Spitze des Rahmens mit einem hölzernen Block befestigt ist.« Die Handhabung war nur eine kleine Pflichtübung für den Henker: Ein Seil wird gelöst, das Beil saust herab, »daß der Nacken des Missetäters, und sei er so stark wie der eines Bullen, auf einen Hieb durchtrennt wird...« (Holinshed).

Bei den Schotten war ein solches Gerät als »Maiden« ebenfalls in Betrieb. Ihm fiel 1581 der Regent Morton zum Opfer. Sir Walter Scott hat in seiner »History of Scotland« diesen Vorgang beschrieben und den königlichen Übeltäter als Mann charakterisiert, der »den Tod mit dem gleichen entschlossenen Mut erlitt, den er oft genug in der Schlacht zur Schau getragen hatte; und das gemeine Volk stellte mit Genugtuung fest, daß er mit derselben rohen Guillotine gerichtet wurde, die er selbst während seiner Herrschaft von Halifax nach Schottland eingeführt hatte; man nannte sie Maiden«.

Diese »Maiden« ist im National Museum of Antiquities in Edinburgh heute immer noch ein vielbewundertes Schaustück und Symbol für gründliche Handwerksarbeit ihrer Konstrukteure. Gefertigt aus Eiche, ist ihre Seele das Beil: eine Eisenplatte mit Stahlschneide, 13 Zoll lang und 10,5 Zoll breit. Ein 75 Pfund schweres Bleistück an ihrem oberen Rand sorgt für die entspre-

chende Geschwindigkeit und kräftigen Druck beim Aufprall auf den Hals des Opfers. Bemerkenswert auch der mit Scharnieren versehene Halbmond aus Eisen, die »lunette«, die zuvor den Nacken des Opfers umklammert.
Auch in Deutschland waren, wie bereits beschrieben, solche und ähnliche Geräte schon Jahrhunderte vor der Französischen Revolution in Betrieb. Im Volksmund »Diele«, »Hobel« oder »Dolabra« genannt, verfügten sie alle, will man mittelalterlicher Darstellung auf Holzschnitten und Altarbildern glauben, über ein Gerüst und eine durch Stricke oder Ketten auszulösende Schneide. Damit wurden in Zittau anno 1300 fünf Männer, Räuber und Verbrecher, geköpft. Auf einer seiner Fresken hat Albrecht Dürer ein solches Instrument der Nachwelt erhalten, als er das Martyrium des heiligen Matthias in den »Martern der Apostel« um 1512 nachgestaltete. Auch Lucas van Leyden war neben den schon genannten Pencz und Aldegrever ein Experte in Sachen Todes- und Folterinstrumente.
Um der Wahrheit also die Ehre zu geben: Erfunden hat Dr. Guillotin die Guillotine nicht. Vorgeschlagen hat er sie, ins Gespräch gebracht, zur Diskussion gestellt – als anachronistischen Schock. Und gewiß hat er neue Konstruktionszeichnungen vorgelegt, inspiriert von jenen künstlerischen Vorlagen, die er gekannt haben wird. Daß das Blutgerüst letztlich seinen Namen bekommt, darf man als Ironie jenes Schicksals bezeichnen, das die Weltgeschichte schon oft mit belächelnswerten Irrtümern beliefert hat.
Zweieinhalb Jahre kommt die Revolution ohne Guillotine aus. Dann gibt die Nationalversammlung zu der Enthauptungsmaschine ein klares Ja-Votum ab. Der Doktor selbst hat die Wartepause zu manchem Gespräch mit Charles-Henri Sanson genutzt. Und der hat schließlich, so mutmaßt der Enkel, nach dem Studium alter Stiche und der Lektüre historischer Schriften die Ideallösung gefunden. Ausgehend von der Hinrichtung des Marschalls von Montmorency, der in kniender Stellung vom Beil getroffen wurde, will Sanson seinem Opfer die Qual ersparen, »das

Gewicht des Körpers zu tragen, wenn sich Niedergeschlagenheit, in welche er bei Annäherung des Todes verfiele, seiner bemächtige«. Deshalb sei »ein Mittel zu finden, das die Verurteilten unbeweglich macht, und so jede Ungewißheit bei der Exekution ausschaltet« (S). Sein Vorschlag: Das Opfer muß in waagerechter Haltung hingerichtet werden.

Ausgetüftelt hatte der Bourreau diese Idee mit dem deutschen Klavierbauer Tobias Schmidt, mit dem er, welch idyllisches Bild, manchen Abend musizierend verbrachte. Bei diesen Hauskonzerten glänzte »Monsieur de Paris« auf der Violine oder dem Cello, der »unentbehrliche Gast und Hausfreund« Schmidt saß, versteht sich, am Klavier. Und eines Abends, justament nach einer Arie aus »Orpheus« und vor einem Duett (!) aus »Iphigenie in Aulis«, hätten sich die zwei, ganz inspirativ, wieder einmal über die Enthauptungsmaschine unterhalten, an deren Form Charles-Henri immer noch herumgebosselt habe. »»Hören Sie, ich glaube, daß ich eine Maschine nach Ihrem Wunsch erfinden könnte«« (S), habe Schmidt gesagt, einen Bleistift ergriffen und mit schnellen Strichen eine Zeichnung entworfen.

Es war die Guillotine!

»Die Guillotine mit ihrer breiten, scharf schneidenden Stahlklinge, welche da gelassen zwischen zwei Balken hing, mit einem einfachen Seil leicht zu bedienen. Da habe auch der Delinquent in seiner ganzen Leibeslänge, gebunden, auf dem Schaukelbrett gelegen, dergestalt, daß beim Verstellen des Bretts in die Waagerechte der Hals gerade dort zu liegen kam, wo ihn das Messer beim Aufprall treffen mußte.«

Fazit für das musizierende Duo: »Die Schwierigkeit war besiegt, das Problem gelöst!« – Kein Wort von Doktor Guillotin. »Und Klavier und Cello klangen so harmonisch zusammen wie nie zuvor. So wurde die Guillotine inmitten eines Konzerts erfunden.« (S)

Es war einmal... Aber gewiß nicht so, wie von Henri-Clément Sanson erzählt. Dokumente in den Pariser Stadtarchiven und Historiker stellen die Entwicklung der Guillotine in einem ganz anderen Licht dar. Nirgendwo ist da die Rede von einer Begegnung zwischen dem Musikantenduo Sanson und Schmidt, auch nicht von einem Rendezvous Sansons mit Seiner Majestät in Versailles. Stattgefunden, so der Sanson-Enkel, habe letzteres am 2. März 1792, als man Dr. Louis, dem Leibarzt Seiner Majestät, die Entwürfe für das Instrument gezeigt und sich Ludwig XVI. dazugesellt habe. Nach einem kurzen Blick auf die Zeichnungen habe er empfohlen, »die halbförmige Gestalt des Halbmessers durch eine schräg zulaufende Schneide« (S) zu ersetzen.

Pikant die Anmerkung in den Memoiren, daß bereits in dieser Stunde Charles-Henris Blick auf dem Hals der Hoheit geruht habe. Einem »... muskulösen Hals, dessen Umfang den durch den Bleistift Schmidts bezeichneten Halbkreis um vieles übertraf« (S). Nach dieser Wahrnehmung habe »Monsieur de Paris« ein »ungewolltes Zittern« überfallen. Hatte der Scharfrichter etwa auch noch das zweite Gesicht?

Bleiben wir beim Thema: Ludwig XVI. wird unter der Guillotine enden; Dr. Joseph Ignace Guillotin dagegen verstirbt 1814 76jährig an einer Embolie in der Schulter in seiner Pariser Wohnung. Im Bett. Begraben wird er auf dem Père-Lachaise, ehrenvoll und unter großer Anteilnahme der Ärzteschaft. Einer von ihnen, der Kollege Bouvin, bedauert in der Leichenrede den tragischen Ruf des Dahingeschiedenen: »Unglücklicherweise ist die Menschenfreundlichkeit unseres Bruders mit einem Instrument verknüpft, dem das Volk *seinen* Namen gegeben hat... und (das) ihm Feinde machte. Aber gut zu den Menschen sein bedeutet letztlich, auch Unannehmlichkeiten zu ertragen... über den Tod hinaus...« (Chereau)

Nun zu dem Mann, der für die Entwicklung des revolutionären Mordinstruments das meiste getan hat, zu jener schon erwähnten Medizinerkapazität Dr. Antoine Louis, des Königs Leibarzt und Sekretär der »Académie Chirurgicale«, »ein edler, alter Mann, erfüllt vom Enthusiasmus für seine Kunst« (Chereau). Ihn beauftragt die Nationalversammlung, ein fachliches Gutachten über das Gerät auszuarbeiten und letztlich auch jene von seiner

Effektivität zu überzeugen, die – wie der »Procureur général syndic« (Generalstaatsanwalt) Roederer und der Justizminister Duport-Dutertre sowie einige Richter und Kommissare – immer noch zweifeln. Die Zeit drängt doch sehr. Der 1791 wegen eines bewaffneten Raubmordes zum Tode verurteilte Nicolas Jacques Pelletier soll endlich hingerichtet werden. Und zwar nach den Prinzipien des neuen Strafgesetzes, das »zweckmäßig, für alle gleich und, soweit möglich, human sein sollte«.

Allein, die Hinrichtungsmaschine ist noch nicht konstruiert. Und Politiker und Ärzte streiten nach wie vor über die bestmögliche Anwendbarkeit des Geräts.

Am 17. März 1792 liegt Dr. Louis' Gutachten vor. Sein Titel: »Begründete Stellungnahme zur Methode der Enthauptung«. Ein lesenswertes Dokument in der Tat, höchst gelahrt und überaus umfassend in der Darstellung:

»Der Gesetzausschuß hat mir die Ehre erwiesen, mich über zwei an die Nationalversammlung gerichtete Schreiben zu befragen, die sich mit der Auslegung des Artikels 3 Absatz 1 des Code pénal befassen, der vorsieht, daß jedem zum Tode Verurteilten der Kopf abzutrennen sei. In diesem Schreiben weisen der Justizminister und das Direktorium des Departements Paris, durch entsprechende Eingaben veranlaßt, auf die dringende Notwendigkeit hin, die Methode der Vollstreckung präzise zu definieren; sie befürchten, daß eine fehlerhafte Methode, mangelnde Erfahrung oder Ungeschicklichkeit die Exekution für das Opfer und die Zuschauer zu einem entsetzlichen Erlebnis machen könnten; die Zuschauer könnten aus Menschlichkeit eine ungerechte und grausame Haltung dem Scharfrichter gegenüber einnehmen, eine Möglichkeit, deren Ausschaltung wichtig ist.

Meines Erachtens sind die Einwände sachlich, und die Befürchtungen erscheinen durchaus begründet. Erfahrung und Vernunft zeigen uns, daß die bisher übliche Methode, den Kopf abzutrennen, eine scheußlichere Strafe für den Verbrecher darstellt als der Verlust des Lebens an sich, der ja die ausdrückliche Absicht des Gesetzgebers ist. Um dieser Absicht zu entsprechen, ist es notwendig, die Hinrichtung schnell und mit einem Streich zu vollziehen. Nur zu viele Beispiele beweisen, wie schwierig das zu erreichen ist.

In diesem Zusammenhang sollte man sich an die bei der Enthauptung des Monsieur de Lally gemachten Beobachtungen erinnern. M. de Lally kniete mit verbundenen Augen nieder; der Henker führte einen Streich auf den Nacken; aber dieser Streich reichte nicht aus, den Kopf vom Rumpf zu trennen, er konnte es auch nicht. Der Rumpf, dessen Fall nichts verhinderte, wurde vorwärts geworfen, und drei oder vier Schwertstreiche waren notwendig, bevor der Kopf vom Rumpf getrennt war; diese Schlächterei, wenn der Ausdruck gestattet ist, konnte nur Entsetzen hervorrufen ...

In Deutschland sind die Scharfrichter erfahrener, weil hier diese Art der Hinrichtung häufiger vollzogen wird; auch werden hier Personen weiblichen Geschlechts, ohne Rücksicht auf ihren Stand, der gleichen Methode der Exekution unterworfen. Auf jeden Fall erreicht man eine vollkommene Exekution nur selten, obgleich man mancherorts die Vorsichtsmaßnahme ergreift, das Opfer in einen Stuhl zu setzen.

In Dänemark kennt man zwei Stellungen wie auch zwei Instrumente bei der Hinrichtung. Die Exekution, für die man nur den Ausdruck schauderhaft gebrauchen kann, wird mit einem Säbel durchgeführt; der Verbrecher kniet nieder, seine Augen werden verbunden, seine Hände sind frei. Wenn die Strafe abschreckend wirken soll, wird das gefesselte Opfer mit dem Gesicht nach unten gelegt und der Kopf mit einem Beil abgetrennt.

Jedermann weiß, daß Schneideinstrumente wenig oder gar keine Wirkung haben, wenn der Streich lotrecht erfolgt; wenn man den Vorgang unter dem Mikroskop untersucht, sieht man, daß diese Instrumente einer mehr oder weniger feinen Säge ähneln, daß also eine sägende Bewegung ausgeführt wird. Man kann keine Enthauptung auf einen Streich mit einem Beil ausführen, dessen Schneide gerade ist; ist die Schneide konvex, wie etwa bei den alten Streitäxten, so wirkt der Streich nur in der Mitte des Werkzeugs als glatter Schnitt, während die Wirkung beiderseits der Mitte eine sägeartige ist und so ihren Zweck erfüllt.

Wenn wir die Struktur des Nackens studieren, dessen Zentrum die Wirbelsäule ist, die aus einer Reihe von Knochen besteht, deren verbindende Gelenke nicht ohne weiteres zu erkennen sind, wird uns klar, daß eine schnelle und volkommene Abtrennung nicht möglich ist, wenn man mit dieser Aufgabe Menschen betraut, die aus moralischen und physischen Gründen unterschiedlich handeln. Für eine vollkommene Prozedur ist es ... notwendig, sich eines unveränderlich mechanischen Werkzeugs zu bedienen, dessen Kraft und Wirkung sich genau bestimmen lassen. Das hat man in England erkannt. Der Körper des Verbrechers wird mit dem Gesicht nach unten zwischen zwei Pfosten gelegt, die oben durch einen Querbalken verbunden sind, von dem ein konvexes Beil vermittels einer Auslösungsvorrichtung auf den Nacken ... niederstürzt. Der obere Teil des Instruments soll stark und schwer genug sein, so daß er wie das Gerät wirkt, das zum Einrammen von Pfählen verwandt wird. Es ist bekannt, daß die Wucht mit der Fallgeschwindigkeit zunimmt.

Die Konstruktion einer solchen Maschine ist sehr einfach, ihre Wirkung ist einwandfrei; die Enthauptung wird auf der Stelle vollzogen, was im Einklang mit Geist und Absicht des neuen Gesetzes steht; man kann die Wirkung leicht an Leichen oder vielleicht an einem lebenden Schaf ausprobieren. Man wird dann feststellen, ob es zweckmäßig ist, den Kopf des Opfers durch einen halbförmigen Riegel zu halten, der den Nacken kurz unterhalb des Schädelansatzes einfaßt, wobei dieser Riegel durch ein Scharnier mit dem unteren Block verbunden ist. Diese Apparatur würde, wenn man sie für zweckmäßig erachtet, keine Sensation bedeuten und kaum zur Kenntnis genommen werden.«

Ein überzeugendes Schriftstück von Louis. Die Guillotine, nach diesen Angaben gebaut, wird zur Sensation.

Aber soweit ist es noch nicht. Vorerst wird dem Arzt hohes Lob gezollt, beweist er doch mit seinen Argumenten »Menschlichkeit und tiefes anatomisches Wissen ...«.

»... das Verdienst, zum Wohle der Menschheit gewirkt zu haben, wenn das Haupt eines Schuldigen unter dem Schwert fällt«, ist ihm gewiß.

So behält der hoch Gelobte die Entwicklung der Hinrichtungsmaschine, auf Weisung Roederers, weiter im Auge, entwickelt, nach endlosen Diskussionen in seinem vielbesuchten Salon mit herausragenden Politikern sowie Ärztekollegen, auch noch eine Bauanleitung des Geräts für den von ihm favorisierten Handwerker Guidon. In fünf Punkten, akkurat und vorzüglich geeignet für Bastelfreunde, empfiehlt er dort zum Bau dieser Maschine:

»1. Zwei parallele, zehn Fuß hohe Eichenpfosten, die oben durch einen Querbalken verbunden und unten auf einem soliden Balken aufmontiert sind, der seitlich und nach hinten durch Streben abgestützt ist.

Die beiden Pfosten haben einen Abstand von einem Fuß und sind sechs Zoll stark; an den Innenseiten der Pfosten laufen quadratische, einen Zoll tiefe Rillen von oben nach unten, in denen der Block mit dem Beil gleitet. Oben an jedem Pfosten, und zwar unterhalb des Querbalkens, sind Messingrollen eingelassen.

2. Die gut getemperte Schneide, von der Qualität bester Hackmesser und von einem befähigten Messerschmied hergestellt, ist konvex. Die Schneide ist acht Zoll breit und sechs Zoll hoch. Oben weist das Blatt die Stärke eines Beils auf. Unter dem oberen Rand bohrt der Mechaniker Öffnungen, so daß das 30 oder mehr Pfund schwere Gewicht mit Hilfe von Eibenbändern befestigt werden kann; sollte es sich während der Testversuche als wünschenswert erweisen, die Schwere dieser ›Ramme‹ zu vergrößern, wird in deren Mitte ein eiserner Ring angebracht.

Der Querbalken mit dem Beil gleitet in den Nuten der beiden vertikalen Pfosten; er ist einen Fuß breit und weist an jeder Seite einen vierkantigen Zapfen auf; der in die Nute paßt.

3. Ein ausreichend starkes und langes Seil, das durch den Ring geführt wird, hält den Block mit dem Beil am oberen Quer-

balken fest; dieses Seil läuft über die Messingrollen und ist unten an den Außenseiten der vertikalen Posten befestigt.
4. Der Holzblock, auf den der Hals des Opfers gelegt wird, ist acht Zoll hoch und vier Zoll stark. Seine untere Länge beträgt einen Fuß, was dem Abstand der beiden Seitenpfosten entspricht; der Block wird durch Bolzen mit den Seitenpfosten verbunden. Oben ist der Block nur acht Zoll breit. Er weist an der Oberseite einen Einschnitt auf, der den Zweck hat, die Schneide des konvexen Beilblatts aufzunehmen. Entsprechend verlaufen die beiden Nuten an den Innenseiten der Vertikalpfosten nicht tiefer als dieser Einschnitt, um zu vermeiden, daß die Schneide den Block beschädigt. Der Block weist oben eine Einbuchtung auf, die eine bequeme Lagerung des Halses des Opfers möglich macht.
5. Um den Kopf jedoch in seiner festen Position zu halten und jede Bewegung im Augenblick der Hinrichtung zu verhindern, sollte der Nacken des Opfers am Schädelansatz durch einen hufeisenförmigen eisernen Bügel umfaßt werden. Die beiden Enden dieses Bügels sollten Löcher aufweisen, damit man ihn mit Bolzen am Block befestigen kann.
Das Opfer hat das Gesicht zur Erde gewandt; seine Ellenbogen stützen die Brust, und sein Hals schmiegt sich ohne Schwierigkeit in den Einschnitt des Blocks. Wenn alles ordnungsgemäß vorbereitet ist, läßt der an der Maschine stehende Scharfrichter die beiden Seilenden gleichzeitig aus der Hand, der Querbalken mit dem Beil stürzt nieder und trennt mit Blitzesschnelle durch sein Eigengewicht und die Fallgeschwindigkeit den Kopf vom Rumpf.«

Meister Guidon geht sofort an die Arbeit und erstellt einen Kostenvoranschlag, der nach Dr. Louis' Meinung jedoch den Etat der Revolutionsregierung über Gebühr strapaziert. 5660 Livres soll ein Exemplar kosten, ein geradezu unverschämter Preis, der den Arzt zur sofortigen Intervention bei Roederer bewegt. Der will 83 Stück, eines für jedes französische Departement, gebaut haben. In dem Fall kann man Mengenrabatt erwarten. Roederer sieht das ein und bittet den Finanzminister Clavière, von anderen Handwerkern Preise einzuholen.

In dieser Situation betritt der Klavierbauer Tobias Schmidt wieder die Szene. In der Geschichte der Guillotine eine schwach gezeichnete Figur, über die privat wenig bekannt ist. Man weiß, er gibt den Töchtern Roederers Klavierunterricht, musiziert mit Sanson, verliebt sich später in eine Tänzerin und verfällt, von ihr abgewiesen, dem Alkohol, um im Delirium tremens zu sterben.

Für den Guillotinenbau qualifiziert ist Schmidt durch sein Basteltalent. So hat er in seiner Werkstatt im Cour du Commerce-Saint-André Nummer 19 eine hydraulische Maschine erfunden, »mit der man sich in die Tiefe des Wassers begeben kann«. Auch ein Spezialkamin geht auf sein Konto. Und natürlich ein besonderes Piano, das die Effekte von Bratsche, Cello und Geige miteinander vereint.

Roederer mag von diesen Spielereien beeindruckt gewesen sein, und so schlägt er nach der Ablehnung Guidons den Klavierlehrer seiner Töchter als Konstrukteur der Guillotine vor. Und siehe da: Schmidts Stückpreis von 960 Livres liegt deutlich unter der Guidonschen Kalkulation und entspricht den Vorstellungen der auf Sparsamkeit bedachten Revolutionsregierung. Um Guidon nicht ganz zu verprellen, darf er Schmidt immerhin zur Guillotine das entsprechende Holzgerüst, das Schafott, liefern.

Roederer selbst ist, während Schmidt den ersten Prototyp baut, nicht untätig. Voller Erwartung ersucht er den Chef des Gefängniskrankenhauses Bicêtre, Dr. Cuillerier, um Versuchskaninchen. Leichen sollen es sein, die »in einem isoliert liegenden Hof« vor einem handverlesenen Publikum die Wirksamkeit der Guillotine, die eigentlich »Louisette« heißen müßte, unter Beweis stellen sollen. Geschehen soll das an einem Apriltag; und anschließend, nach gelungener Generalprobe, soll ein festlicher Imbiß gereicht werden, um der Demonstration einen würdigen Rahmen zu verleihen.

So geschieht es denn auch. Vor einem vierzigköpfigen Publikum, bestehend unter anderem aus den medizinischen Kapazitäten

Louis, Cuillerier, Cabanis und Pinel, aus den Exekutoren Sanson Vater und Sohn sowie zwei Brüdern von Charles-Henri, aus Roederer und anderen Vertretern der Regierung und einigen Journalisten, geht das Experiment über die Bühne, das bald eine blutige Hinrichtungsserie nach sich ziehen wird. Die zur Verfügung gestellten Leichen, drei gutgebaute Mannsbilder von herkulischen Dimensionen – ein Selbstmörder, ein notorischer Trinker und ein im Duell getöteter Musketier –, werden so sauber von der »allmächtigen Schneide« enthauptet, daß die Zuschauer von der Gewalt und Schnelligkeit des Mordinstruments restlos überzeugt sind. Charles-Henri Sanson soll beeindruckt gesagt haben: »Eine schöne Maschine, solange ihre Möglichkeiten nicht mißbraucht werden!« Ein prophetischer Ausspruch!

Vorausgegangen sind dieser Generalprobe Experimente im Hinterhof des Mechanikers Guidon. Statt Leichen wurden lebende Schafe unter das Fallbeil gezerrt. Für den pingeligen Dr. Louis jedoch kein Beweis, daß menschliche Köpfe ebenso rasch und sauber wie die der Tiere vom Rumpf zu trennen sind. So wurde eine zweite Probe notwendig mit den herangekarrten Leichen von Kindern und Frauen. Und wieder gab es Probleme. Ein Nacken widerstand der Schneide, ein anderer Hals blieb an den Sehnen hängen. Die Konstrukteure fanden die Lösung: Das Beil wurde einfach höher gehängt und die konvexe Schneide abgeschrägt.

Dank dieser Änderungen klappte also die Generalprobe ausgezeichnet, und die Anwesenden feierten anschließend bei kaltem Kapaun und einem edlen Tropfen das Ereignis. Die Guillotine kann in Aktion treten.

Nicolas Jacques Pelletier ist der erste Mensch, der für Recht und Ordnung einer neuen Gesellschaft seinen Kopf hinhalten muß.

In ein rotes Hemd gekleidet, wird er am 25. April 1792 um 15.30 Uhr auf der Place de Grève geköpft. Das Gericht hatte ihn für schuldig befunden, am 14. Oktober 1791 gegen Mitternacht in der Rue Bourbon-Villeneuve einer Privatperson zuerst mehrere Schläge mit einer Keule versetzt und ihr eine Geldbörse mit 800 Livres gestohlen zu haben.

Gemäß Artikel drei des Code pénal ist jeder zum Tode verurteilten Person der Kopf abzutrennen. Dies geschieht mit Pelletier auf dem Holzgerüst, auf dem Charles-Henri Sanson und seine Gehilfen zuvor die Guillotine aufgebaut haben.
Das neue Hinrichtungsgerät funktioniert reibungslos und den Erwartungen seiner Konstrukteure entsprechend. Zum erstenmal rollt für die Exekutoren eine Handlung ab, die sich von nun an noch oft wiederholen wird, mit den gleichen Gesten. Ein Ritual des Schreckens. Von nun an werden jedem Todeskandidaten die Haare im Nacken abgeschnitten, werden ihm die Hände auf den Rücken geknotet, wird er auf einem Karren zum Richtplatz gefahren und mit dem Gesicht nach unten auf ein Brett geschnallt. Und ein Gehilfe wird die abgeschlagenen Köpfe den Zuschauern zeigen. Eine Demonstration der Brutalität, die beim Publikum nicht immer Beifall auslösen wird.
Aber bei der Premiere wird geklatscht. Dann verläuft sich das Volk rasch, denn es ist kalt an diesem Apriltag in Paris.
Eines ist allen Augenzeugen und Beteiligten nach dieser Hinrichtung klar: Die blutigen Spektakel, in denen »Monsieur de Paris« mit seiner Mannschaft Verbrecher und Mörder, Ketzer und Königsattentäter sowie anderes Gesindel kunstfertig vom Leben zum Tod beförderte, gehören der Vergangenheit an. Die neue Zeit will ihre Feinde rasch und radikal beseitigen. Durch eine Hinrichtungsmethode, die, kaum angewendet, schon vorbei ist. Und die es dem Henker erspart, sich mit dem Blut der Opfer zu besudeln.
So beurteilt auch die Presse die Guillotine-Premiere und begrüßt das hoch in den Himmel aufragende Gerät mit wohlwollender Kritik: »Die neue Erfindung befleckt keines Menschen Hand mit der Ermordung eines Mitmenschen, und die Geschwindigkeit, mit der das Beil zuschlug, steht mehr im Einklang mit dem Geist des Gesetzes, das oft hart sein mag, das jedoch niemals grausam sein sollte.« (Journal de Paris, 27. 1. 1792)
Schöne Worte, die von der Realität bald eingeholt werden, wenn die Neurose des Wahnsinns zu wüten beginnt und Frankreich

moralisch verwildert. Die Guillotine wird den Ton angeben in diesen Zeiten. Sie wird ein ganzes Volk in eine blutige Begeisterung hineintreiben, deren radikale Auswirkungen ein neues Bild von Europa und – kaum zu glauben – von der Freiheit des Individuums prägen.
Nur sollte das neue Mordinstrument, so befinden einige Weltverbesserer, noch furchterregender und drohender in die neue Zeit hineinragen. So muß Guidon des Schafott zu einer gut einsehbaren »Spielfläche« vergrößern – und noch dazu rot anstreichen.
Auf Vorschlag des Architekten Giraud nimmt man weitere Veränderungen vor, um die Guillotine stabiler zu machen:
1. Statt aus Holz werden Nuten, Zungen und Bolzen aus Messing beziehungsweise Eisen gefertigt. Auch für die Fixierung der das Seil haltenden Haken und Stricke werden starke Bolzen verwendet.
2. Statt das Opfer knien und seinen Kopf in den Einschnitt des Blocks legen zu lassen, schnallt man es nun auf ein senkrecht stehendes Brett, die »bascule«, auch Schaukel genannt, die dann gekippt den Kopf automatisch zwischen die zwei Pfeiler bringt.
3. Zur Reserve muß der Scharfrichter immer zwei Ersatzrammblöcke für unvorhergesehene Zwischenfälle mit sich führen.
Charles-Henri Sanson bringt seinerseits Verbesserungen an. Er verbindet das Beil durch Bolzen mit dem Rammblock und läßt die Opfer statt nur eine gleich zehn Stufen hinauf aufs Podest steigen. Einer seiner späteren Nachfolger, Heindreicht, wird als Menschenfreund par excellence nicht nur die Stufen, sondern gleich das ganze Podest als Entgleisung empfinden und abschaffen. Womit die Hinrichtungen so viel an Anziehungskraft verlieren, daß sie, den Augen der Öffentlichkeit entzogen, nur noch in den Höfen der Gefängnisse ein Schattendasein führen werden. Aber die Zukunft ist fern. Die große Reinigung hat noch nicht begonnen, die Tage der »grande terreur« sind nicht einmal in Ansätzen erkennbar.
Dafür kommt ein letztesmal der Klavierlehrer und -stimmer To-

bias Schmidt ins Bild. Er will nun, nach der Premiere des Prototyps, »absahnen«, will die Serienproduktion für alle Departements an sich reißen. Ein selbstloser Republikaner hat davon Wind bekommen. Sein Angebot: pro Gerät nur 500 Livres. Fazit: Zwischen dem Deutschen und den Behörden entbrennt ein Papierkrieg. Schmidt wird Roederer lästig, nervt, auch wenn er unter großem Gezeter seinen Stückpreis von 960 auf 824 Livres herunterschraubt. Immer noch zuviel, meinen die Interessenten, die das Gerät auf höchstens 300 Livres veranschlagen. Immerhin: Schmidt darf einige Exemplare, auf Widerruf, bauen.
Letztlich versagt er kläglich. Aus der Provinz, wo die Gefängnisse ebenfalls überfüllt sind, kommen Beschwerdebriefe, daß die versprochenen Guillotinen nicht pünktlich eintreffen. Und wenn eine ankommt, gibt's Pannen. So wie im Departement Côte-d'Or. Von dort erreicht Roederer die Klage, daß die zugesandte Guillotine »nicht schlechter hätte ausgeführt werden können. Man hätte die Maschine hier am Ort bauen können, und zwar viel besser.« Und natürlich billiger. Kurzum: Der Klavierlehrer ist ein miserabler Guillotinenbauer. Und als schließlich der Giraud-Freund Clairin einen äußerst knapp bemessenen Kostenvoranschlag einreicht und sich auch noch bereit erklärt, das Gerät gratis rot anzupinseln, werden Schmidt Lizenz und Auftrag für die weitere Produktion entzogen.
Aus seiner Werkstatt in der Nähe des Théâtre Français beliefert Clairin nun die Provinz. Und bringt, trotz des Dumpingpreises von 300 Livres, ein erkleckliches Vermögen zusammen. Der frustrierte Schmidt verschwindet aus den Schlagzeilen der Revolution, flüchtet sich in die bereits erwähnte Liebesaffäre, gibt sich dem Suff hin und beklagt sich zeitlebens als Opfer einer Verschwörung, die ihm einfach mißgönnte, ein wohlhabender Mann zu werden. Ob er jemals wieder mit »Monsieur de Paris« musizierte, ist nicht zu ermitteln. Roederer jedenfalls ließ seine Töchter von einem anderen Klavierlehrer unterrichten.

VII

Abgeschlagene Köpfe: Ich denke, aber ich bin nicht mehr. Die Diskussion der Ärzte

Noch bevor die Guillotine in Serie zu arbeiten beginnt, haben sich schon Ärzte über ihre Wirkung die Köpfe zerbrochen. 1776 stellt Doktor Pierre Gautier in einem wissenschaftlichen Traktat die Frage: »Behält ein Kopf nach der Enthauptung die Fähigkeit, zu fühlen und seine Umwelt zu registrieren?« Ein gewisser Doktor Jean-Paul Marat theoretisiert in seiner Londoner Praxis, daß der Sitz der Seele die Hirnhaut ist. »Es ist besser zu gestehen, daß man ihre Wohnung noch nicht gesehen hat, als zu versichern, daß sie unter dieser Tapete haust«, fährt ihm am 5. Mai 1777 Voltaire im »Journal Politique et Littérature« ironisch in die Parade. Zitate, die sich in der medizinischen Fachliteratur des Ancien régime häufig zu diesem Thema finden.

Die Guillotine in Aktion belebt derlei Diskussionen aufs neue und heftig. Ärzte werden in den ersten Zuschauerreihen vor dem Schafott stehen, wenn »Monsieur de Paris« und seine Gehilfen tätig sind. Es wird ihnen sogar zugestanden werden, die abgeschlagenen Köpfe ebenso wie die Körper der Opfer noch unter dem Podest zu untersuchen.

Die Revolutionäre wissen, was sie den Medizinern schuldig sind. Haben sich doch schließlich zwei Herren aus dieser Zunft, Dr. Guillotin und Dr. Louis, um diese humane Hinrichtungsmethode sehr verdient gemacht.

Jetzt taucht eine neue Frage auf. Nämlich die nach der Sensibilität und Wahrnehmungsfähigkeit eines vom Körper getrennten Kopfes und nach seiner Empfindungsfähigkeit. Sie wird generell von den Ärzten mit einem klaren Ja beantwortet. Ihren Höhepunkt erreicht diese Diskussion zwischen Ärzten und Revolutionären nach der Enthauptung der Charlotte Corday am 17. Juli 1793. Nach der Exekution der jungen Frau ergreift ein Gehilfe Sansons ihren Kopf und zeigt ihm nicht nur »einen Vogel«, son-

dern ohrfeigte ihn auch noch zu allem Überfluß. »Es schien mir, als richteten sich ihre halbgeöffneten Augen auf mich ... andere versicherten mir, ihr Antlitz sei bei dieser Gelegenheit errötet ...« (S)
Andere Augenzeugen nehmen ähnliches wahr. »Lange, nachdem Charlotte Cordays Kopf vom Rumpf getrennt worden war, verriet der den Ausdruck unmißverständlicher Entrüstung ... Beide Wangen waren wahrnehmbar gerötet ... Man kann nicht argumentieren, daß der Schlag dieses Erröten verursacht, denn man kann die Wangen von Toten schlagen, ohne diese Wirkung zu erzielen. Überdies hatte der Schlag nur eine Wange getroffen, trotzdem verfärbte sich auch die andere ...« (Sue)
Ein exemplarischer Fall, der der Theorie der Mediziner von der Empfindungsfähigkeit eines körperlosen Kopfes Nahrung gibt. Unter den Befürwortern dieser Theorie befindet sich auch Camille Desmoulins. Ob er die Veränderung am geschlagenen Haupt der Charlotte Corday wahrnahm, wissen wir nicht. Die Diskussion bereichert er einige Monate später jedenfalls mit einem hellseherischen Brief. Kurz vor der eigenen Enthauptung schreibt er seiner Frau Lucile aus der Zelle der Conciergerie: »Ich sehe das Ufer des Lebens vor mir fliehen. Ich sehe noch Lucile! Ich sehe sie, meine Vielgeliebte! Meine Lucile! Meine gebundenen Hände umarmen Dich, und mein Kopf läßt, wenn er vom Rumpf getrennt ist, seine sterbenden Augen auf Dir ruhen.« (Landauer)
Wenige Wochen später meldet sich in der Tageszeitung »Le Moniteur« ein deutscher Arzt und Naturforscher, der Anatom Samuel Thomas Sömmerring, zum Thema und wirft die Frage auf: Tritt der Tod unmittelbar nach der Enthauptung ein? Verliert das Gehirn unmittelbar danach sein Bewußtsein?
Die Antwort liefert er gleich mit: »Es ist leicht, jedermann, der den Bau und die vitalen Kräfte des menschlichen Körpers auch nur etwas kennt, zu demonstrieren, daß das Gefühl bei der Vollstreckung dieser Art von Todesstrafe nicht vollständig zerstört wird. Jene, die überzeugt sind, daß 1. der Sitz des Gefühls und

sein Empfindungsvermögen im Hirn liegen, 2. die bewußte Tätigkeit des Fühlens weitergehen kann, ob nun die Blutzirkulation unterbrochen oder schwach oder partiell ist – brauchen nur diese Tatsachen, um die Schlußfolgerung zu ziehen, daß die Hinrichtung mit der Guillotine eine schreckliche Todesart sein muß. Das Gefühl, die Persönlichkeit, das Ego leben noch einige Zeit im Kopf weiter, der vom Rumpf des Opfers abgetrennt worden ist, und es bleibt der postoperative Schmerz, an dem der Nacken leidet...«

Sömmerring, der in Göttingen zum Doktor der Anatomie und Medizin promovierte, als Professor am Hof des Landgrafen Friedrich II. von Kassel mit dessen Erlaubnis in einem »anatomischen Theater«, einem Seziersaal, einen Elefanten in seine Einzelteile zerlegte, nennt für seine Beweisführung namhafte Zeugen. So den »berühmten deutschen Arzt Weikard«, der an einem abgeschlagenen Menschenkopf die Lippen sich bewegen sah. Ein anderer Kollege wiederum habe an einem ebensolchen Objekt das Rückenmark gereizt und eine »schreckliche konvulsivische Bewegung« wahrgenommen. Und letztlich sei er, Sömmerring, überzeugt, daß solche Köpfe sprechen würden, wenn noch »gehörig Luft« in den Sprechorganen vorhanden sei. Seine diesbezüglichen Versuche konnte der Anatom jedoch selbst nur an Tieren vornehmen, bei denen er »nach Verlauf mehrerer Minuten noch Lebenskraft in den Muskeln des Kopfes« beobachtet haben will. Fazit: Wenn das Hirn im abgetrennten Kopf eines Menschen eine Zeitlang in so hohem Grade arbeitet, daß es sogar die Gesichtsmuskeln in Bewegung zu setzen vermag, so läßt sich nicht daran zweifeln, daß es dann ebenfalls Empfindung und Bewußtsein behält; »wie lange dieses anhält, ist noch nicht entschieden«. Logischerweise seien, so Sömmerring, die Schmerzen im Augenblick des Köpfens für die Opfer geradezu unerträglich. Denn der Hals ist »diejenige Stelle unseres Körpers, die unter allen übrigen wegen der meisten an ihm liegenden Nerven gerade die bei weitem allerempfindlichste ist. Am Hals nämlich liegen die Stränge aller Nerven der oberen Gliedmaßen, der Stämme aller Eingeweide, Nerven der Brust und des Unterleibes (der sympathische Nerv, der Vagus, der Phrenicus), und das Rückenmark als Urquell selbst derjenigen Nerven, die den unteren Gliedmaßen gehören; folglich ist auch der Schmerz bei Zertrennung, oder nachdem wie ich die Guillotine wirken sah, möchte ich lieber sagen, bei Zermalmung oder Zerquetschung (denn an eine Abschneidung läßt sich schon bloß wegen der knöchernen Wirbelsäule gar nicht denken), der allerheftigste, allergrößte, der sich nur denken läßt. Und währte dieser schreckliche Schmerz ... nur wenige Sekunden lang, so bleibt immer noch die Frage: Kann die kurze Dauer die horrende Intensität des Schmerzes aufwiegen? Wozu also diese entsetzlichen Qualen, die man dem Unglücklichen gleichsam noch nach dem Tode zufügt?«

Qualen, die Danton in einen Zustand brüderlicher Glückseligkeit umkehrt, wenn er auf dem Schafott die Abschiedsumarmung des mitverurteilten Hérault de Séchelles mit großer Geste zum Weidenkorb hin pathetisch abweist: »Dort, mein Freund, werden sich unsere Häupter küssen!«

Für Sömmerring gibt es nur eine Todesart, die empfehlenswert ist: das Hängen – »die sanfteste und in jeder Hinsicht vernünftigste. Dort reduziert sich die Schmerzensgrenze zwischen scheinbarem und realem, zwischen unvollendetem und absolutem Tod.«

Sömmerrings Ausführungen bleiben nicht unwidersprochen. Seine häufig geäußerten Anklagen gegen »diesen entsetzlichen Apparat, die schrecklichen Zuckungen guillotinierter Personen, (ihren) häßlichen Haarschnitt, die unsittliche Nacktheit, das Blut, das den verstümmelten Körper und den fluchwürdigen Henker besudelt ... alle barbarischen Schrecken dieser Metzelei, die Infamie, die die Menschen entehrt und die diese grausame und schmerzliche Art der Hinrichtung begleitet«, provozieren vor allem die Mediziner zu Stellungnahmen. Dr. Jean Sédillot erteilt dem sich in nationale Dinge einmischenden Kollegen aus Deutschland in seinen »Historisch-physiologischen Betrachtungen über den Gebrauch der Guillotine« eine geharnischte Abfuhr, indem er die Wechselwirkung zwischen Gefühl und Nervenzucken »als Sensation, die die Seele betrifft« beurteilt und rigoros belehrt: »Wenn das bewußte Fühlen schon beim normalen Schlaf aufhört, wie kann es jemand geben, der sich ein bewußtes Fühlen im Tod vorstellen kann, nachdem die Todesstrafe alle wichtigen Funktionen auf einen Streich abgeschnitten hat – wie kann sich jemand vorstellen, daß es in einem vom Rumpf getrennten Kopf noch ein Schmerzgefühl geben kann, das notwendigerweise das Produkt der kombinierten Tätigkeit vitaler Funktionen in ihrem vollkommensten und zusammengefaßten Zustand ist?«

In der zweiten Hälfte des 19. Jahrhunderts, im Jahr 1879, wird dieses Thema immer noch medizinischen Staub aufwirbeln, als unter der Aufsicht dreier Ärzte der Mörder Prunier hingerichtet und direkt vor Ort untersucht wird. Das Protokoll des Trios benennt eine Reihe von Reizungen: Nicht nur schrien sie dem Kopf seinen Namen ins Ohr, sondern führten ihm auch noch eine in Ammoniak getunkte Bürste unter die Nase, kniffen ihm in die Wangen und hielten eine brennende Kerze vor seine Lippen. Eine Aktion à la Frankenstein. Allerdings ohne Erfolg.

Den wird ein Jahr später, am 7. September 1880, Dr. de Liguières verbuchen, als er den hingerichteten Mörder Menesclou ähnlich respektlos behandelt. Drei Stunden nach der Enthauptung pumpt er dem Schädel Blut eines lebenden Hundes in die Adern. Und siehe da: Die Wangen röten und das Gesicht strafft sich. Noch besser: Zwei Sekunden lang öffnen sich die Lippen, zucken die Augenlider. Sömmerring scheint rehabilitiert, denn auch de Liguières verurteilt die Enthauptung durch die Guillotine als gefühllos und inhuman: »Wenn der Kopf in das Sägemehl gerollt ist ... dann hört der vom Rumpf getrennte Schädel die Stimmen der Menge. Das enthauptete Opfer fühlt, wie es im Kopf stirbt. Es sieht die Guillotine und das Tageslicht.« Der Kopf weiß also: Ich denke, aber ich bin nicht mehr.

Und noch ein ärztliches Zeugnis, diesmal aus dem Jahr 1905. Über die Untersuchung eines abgeschlagenen Kopfes, den des

Verbrechers Languille, berichtet akribisch Dr. Beaurieux. Ort der Untersuchung war am 28. Juni um 5.30 Uhr ein Gefängnishof, in dem die Guillotine ihr Werk tat. Unmittelbar nach der Enthauptung geschah folgendes:
»Augenlider und Lippen des Mannes bewegten sich in unregelmäßigen, rhythmischen Zuckungen fünf oder sechs Sekunden lang. Dieses Phänomen ist von all jenen beobachtet worden, die unter den gleichen Bedingungen wie ich verfolgten, was nach der Durchtrennung des Halses geschah...
Ich wartete einige Sekunden. Die krankhaften Zuckungen hörten auf. Das Gesicht entspannte sich, die Lider schlossen sich halb über den Augäpfeln, so daß nur das Weiße der Netzhaut sichtbar blieb, gerade so, wie wir es jeden Tag in der Ausübung unseres Berufes bei Sterbenden oder gerade Verschiedenen beobachten. Da rief ich mit lauter und scharfer Stimme: ›Languille!‹ Ich sah, wie sich die Augenlider langsam hoben, ohne jede krampfhafte Kontraktion – ich betone diese Tatsache absichtlich! –, sondern mit einer ruhigen, ganz deutlichen und normalen Bewegung, wie man es täglich erlebt, wenn Leute aus dem Schlaf oder ihren Gedanken gerissen werden. Anschließend fixierten Languilles Augen sehr bestimmt die meinen, und die Pupillen verengten sich. Ich hatte es mit keinem vagen, ausdruckslosen Blick zu tun, wie man ihn von Sterbenden kennt, mit denen man spricht – mich blickten unzweifelhaft Augen an, die lebten.
Nach einigen Sekunden schlossen sich die Lider wieder, langsam und gleichmäßig, und das Gesicht nahm den gleichen Ausdruck wie vor dem Anruf an.
Da rief ich ihn noch einmal an, und wieder öffneten sich die Lider langsam und ohne Zuckung, und zwei Augen, die zweifellos lebten, blickten mich fest an, und zwar noch durchdringender als beim erstenmal. Und wieder schlossen sie sich, diesmal jedoch nicht so vollständig. Ich machte einen dritten Versuch, es ereignete sich keine Reaktion; die Augen hatten den glasigen Ausdruck, den man bei Toten kennt.
Der ganze Vorgang dauerte 25 bis 30 Sekunden. Dr. Pettigaud,

der bei der Hinrichtung eines Annamiten (Vietnamese, d. Verf.) zugegen war, sah ebenfalls, wie sich die Augen des enthaupteten Mannes auf seine eigenen hefteten und seinem Blick in einer kreisförmigen Bewegung folgten. Als sich Pettigaud dem Blick durch eine andere Stellung entziehen wollte, verfolgten ihn die Augen des Mannes.« (Archives d'Anthropologie Criminelle, Paris)

Selbstverständlich geistert dieses Thema auch durch die Schreckens- und Horrorliteratur des 19. Jahrhunderts. Villiers de L'Isle-Adam läßt in seiner Novelle »Das Geheimnis des Schafotts« den guten Doktor Velpeau seinem Kollegen La Pommerais vorschlagen, sich doch bitte enthaupten zu lassen, um zu erfahren, ob »ein Schimmer des Gedächtnisses, des Besinnens und der Empfindsamkeit in einem abgeschlagenen Kopf existiert«. Direkt nach der Enthauptung würde er, Velpeau, Pommerais' Schädel in seine Hände nehmen und ihm dreimal deutlich ins rechte Ohr flüstern, das linke Auge weit zu öffnen. Das Ergebnis würde Klarheit schaffen.

Eine Klarheit, die der Spiritist Allan Kardec in vielen Gesprächen mit Medien zu diesem Thema 1857 längst gewonnen hatte. Auf die Frage, ob der Mensch nach einer Enthauptung noch einige Augenblicke das Bewußtsein behalte, kam aus dem Jenseits die Antwort: »Oft sogar noch einige Minuten, bis das organische Leben vollständig erloschen ist. Oft aber ließ die Furcht vor dem Tod es schon vor dem Moment des Todesstreichs schwinden.« Schlußfolgert das Medium: »Der Mensch hat kein Bewußtsein mehr von sich selbst, doch bleibt ihm noch ein Hauch des Lebens... Er lebt, solange sein Herz das Blut durch die Adern treibt, auch ohne Seele...« (Kardec)

Eine salomonische Botschaft.

VIII

Historische Impressionen II: Lynchjustiz in Paris. Ein entsetzter Henker. Erste Hinrichtungen mit der Guillotine

Die Guillotine ist gebaut und hat ihr erstes Opfer, den Straßenräuber Pelletier, enthauptet. Ihm folgen am 21. August 1792 ein Offizier, angeklagt wegen Seelenfängerei, und der Redakteur Pierre Barnabe Durosay, weil er in seiner Zeitung, der »Gazette de Paris«, das Hohelied der Royalisten und Seiner Majestät gesungen hat. Auch der Fuhrmann Jean Julien gehört zu den ersten Opfern. Eigentlich soll er nur eine zwölfjährige Kettenstrafe absitzen, wird aber dann doch zum Tod verurteilt, weil er seine lautstarke Begeisterung für Ludwig XVI. und La Fayette nicht bremsen kann.
Es ist die vorterroristische Phase. Drei Jahre alt ist die Revolution, und schon wälzt sie sich von einer Krise zur nächsten. Dabei hat der große Schrecken, »la grande terreur«, noch nicht eingesetzt. Für Sanson und seine Gehilfen beginnt eine Lehrzeit. Sie lernen die Guillotine kennen und erproben sie. Das Instrument funktioniert fehlerfrei und reibungslos. An der Konstruktion ist nichts auszusetzen.
Für ihre wenigen Einsätze gibt es erstklassige Kritiken. So schwärmt Camille Desmoulins in »Le Vieux Cordelier« hymnisch: »Die Guillotine inspiriert zu revolutionärer Gerechtigkeit. Eingeweiht wurde sie durch einen gewöhnlichen Verbrecher, dessen Name in die Geschichte einging dank der Ehre, von dieser Maschine geköpft zu sein. Die Folgen liegen deutlich auf der Hand: Die Guillotine wurde durch seinen Tod banalisiert, ist nun ein einfaches Schwert der Justiz für alle und so effektiv wie das Gesetz, das sich ihrer bedient. Die Maschine ihrerseits banalisiert auch die Enthauptung selbst, indem sie den früheren Meister des Folterns und Richtens in einen einfachen Exekutor verwandelt. Der Scharfrichter der ehemals ›hohen Werke‹ (hautes œuvres) repräsentiert heute nichts als nur die ausübende Gewalt.«

Die ungeheure Macht des neuen Staates soll durch die Wucht des Beils verkörpert werden. Seine Opfer, die Verurteilten, verschmelzen mit dem Gerät. Sobald sie auf die »Schaukel« geschnallt sind, sind sie Teil der Maschine geworden. Für manchen Kritiker eine empörende Uniformität. Opfer und Henker sprengen oft die Anonymität und erheben sich über den banalen Vorgang hinaus, werden Stars der Exekution: Sanson ebenso wie der König oder Danton.

Gerade das wollten die Revolutionäre vermeiden: Das mechanische Köpfen sollte soziale Unterschiede für alle Zeiten tilgen. Es sollte Vollstrecker und Opfer gleichschalten. Aber diese Absicht ist nicht erfüllbar, wenn sich im Ritual der Vollstreckung die Opfer durch sehr persönliche Attitüden, durch Worte an die Zuschauer oder durch eine sehr gefaßte Haltung, nicht nur Beifall verdienen, sondern auch noch die Barbarei ihrer Exekution über Frankreichs Grenzen hinaus anklagen. Für Philosophen und Schriftsteller ein willkommenes Thema: Die Technik eines vorindustriellen Instruments und die brutale Wildheit physischer Verstümmelung reizen zu Diskursen und Diskussionen.

Mit dem Handbeil oder dem Schwert hatte der Scharfrichter jahrhundertelang die Verurteilten mehr oder weniger kunstvoll getötet. Nun erfüllt diese Aufgabe ein schlichter Mechanismus, der menschliches Versagen ausschließt. Und Sanson wird durch das Echo, das seine Auftritte auslösen, zum Symbol der Guillotine, wie diese wiederum Symbol der Revolution wird.

Anfangs setzt man das Gerät zaghaft ein. Noch fordert das Volk seinen Blutzoll selbst ein. Werden doch in diesem Jahr 1792 in der Hauptstadt auf grausamste Art Tausende von Menschen massakriert. So Anfang August, nachdem Karl Wilhelm Ferdinand Herzog von Braunschweig und Lüneburg, Verbündeter der gegen Frankreich angetretenen österreichischen und preußischen Armeen, am 25. Juli in einem Manifest den französischen Städten und vor allem Paris Mord, Brand und Exekution in der furchtbarsten Art angedroht hat. Die Bewohner will er im Namen »Ihrer Majestäten (des Kaisers von Österreich und des Königs

von Preußen, d. Verf.) mit der ganzen Strenge des Kriegsrechts strafen, ihre Wohnungen zerstören oder niederbrennen«.
Die Pariser reagieren prompt. Das Volk läßt seine Wut an jenen aus, die es mit dem Braunschweiger im Bunde glaubt: Royalisten und Gardisten. Daß der Feind vor den Grenzen steht, ist den Franzosen nicht neu. Die Drohgebärde jedoch empört sie.
Und die Presse schürt diese Empörung. Warum sollte man der Aufforderung eines Feindes folgen, der mit seinen Soldaten – einem bunten Haufen aus kleindeutschen Staaten – beim Vormarsch durch Nordfrankreich nur mühsam Richtung Hauptstadt vorankommt? So ruft Marat in seinem »L'Ami du peuple« ungehemmt zum Volksaufstand auf und fordert Opfer.
Und er nennt sie mit Namen. Marie Antoinette zum Beispiel, die mit den ausländischen Bedrohern sympathisieren soll; in die Gefängnisse eingelieferte Royalisten bringt man wiederum in Verbindung mit dem Grafen von Provence, der sich in Koblenz zum Regenten ausrufen läßt. In Verruf gerät die Königliche Leibgarde, als sie auf einem Bankett des Flandrischen Regiments im Opernsaal des Versailler Schlosses die rotweißblauen Kokarden der Revolution mit Füßen tritt.
Solche Vorkommnisse und Gerüchte, gekoppelt mit der überall publizierten Bekanntmachung des Herzogs von Braunschweig, bringen das Faß im August 1792 zum Überlaufen. Am 10. stürmen die radikalsten Handwerker und Arbeiter, die sich Sansculotten nennen, die Gefängnisse und morden über tausend Insassen hin. Und das ist nur der Auftakt. Deserteure und die sie bewachenden Soldaten auf dem Weg nach Versailles fallen Anarchisten in die Hände. »Siebzig Pariserische Kopfsäbler hatten in dem nämlichen Gasthof gespeist und nach vollendeter Expedition aufs artigste die Zeche bezahlt. Sobald sie von der Ankunft der Gefangenen hörten, die unter einer Bedeckung von 200 Mann auf zehn Karren hielten, lassen sie ihre Mahlzeit im Stich, springen über die Wägen her, und in Zeit von fünf bis sechs Minuten ist alles in Stücke gehauen, sieht man nichts als verstümmelte Rümpfe in der Straße zucken, und die Kinder mit den Köpfen spielen.« (Oelsner)

Die schöne Geburtsstunde der republikanischen Freiheit verwandelt sich in einen schauderhaften Auftritt. Im Schloß von Versailles ist die Hölle los. »Das Volk hat alles ... zertrümmert. Es hat den ganzen Pomp der Könige unter seinen Füßen zertreten. Die kostbarsten Schätze sind durchs Fenster geflogen; die Schweizerkasernen sind an allen vier Ecken angezündet worden, und man hat geschrien, das Schloß solle dem Erdboden gleichgemacht werden. Köpfe sind abgeschnitten worden, und es kam zu Ausbrüchen der Volkswut, deren Grausamkeit solchen, die nicht weiter nachdenken, gräßlicher vorkommt als die raffinierte und zivilisierte Ruchlosigkeit der Höflinge, die um der Laune einer Mätresse oder der Willkür eines Intriganten willen ganze Geschlechter zugrunde richten ... Das französische Volk hat in Paris Preußen und Österreich besiegt ... Die Kommune hat meisterhafte Arbeit verrichtet. Mit einem Schlag von ihrem aristokratischen Gift gereinigt, hat sie sich unabhängig vom Departementsdirektorium organisiert; sie hat Waffen und Munition verteilt und der Aktion der Bürger beigestanden, die der Verrat so völlig einigte, daß Kavallerie, Grenadiere, Jäger, Sansculotten Brüder sind und alle im nämlichen Sinne der öffentlichen Sache dienen. Die Piken und die Bajonette haben heute das aufrichtigste und erhabenste Bündnis geschlossen. Alle Offiziere werden heute abend kassiert werden ...« (Landauer) Ein Standpunkt ...

... und ein anderer: »Die Place Vendôme war angefüllt von einer Volksmenge, welche Köpfe auf den Piken trugen. Ich sah mit Entsetzen vor allem ganz junge Menschen, Kinder, die mit Köpfen spielten, sie in die Luft warfen und mit der Spitze ihrer Stöcke wieder auffingen. Das geschah kurz bevor man den Geschützlärm von Angriff und Sturm auf die Tuilerien hörte. Beim ersten Kanonenschuß zerstreute sich die Menge auf der Place Vendôme und auf der Rue Saint-Honoré und floh nach allen Seiten. Bald danach hörte man Siegesgeschrei, und die Menschenmassen strömten mit derselben Hast zurück und drängten an die Einzäunung des Platzes. Etwas später sahen wir inmitten des Tumults

die berühmte Théroigne erscheinen, zu Pferde, in scharlachrotem Amazonenkleid, gefolgt von einer großen Zahl von Arbeitern mit Stricken und allen Arten von Werkzeugen. Sie ritt um das Standbild Ludwigs XIV. herum, beschimpfte den großen König und schrie: ›Stürze, Tyrann!‹ Das Gitter um den Sockel wurde in einem Augenblick weggerissen. Man kletterte hinauf, wand Stricke um den Kopf, die Brust, den Hals, die Kruppe des Pferdes. Lange waren die Anstrengungen erfolglos; erst am nächsten Tag, nachdem der Sockel angeschlagen und die Zapfen und Verankerungen durchfeilt worden waren, konnte man das Monument ins Wanken bringen. Es stürzte und zerbrach auf dem Pflaster in mehrere Stücke ...« (Souvenir du Lieutenant-général Comte Mathieu Dumas de 1770 à 1836, Paris 1839)
Die staatlichen Behörden sind machtlos. Robespierre, noch unterstützt von Danton, akzeptiert die blutigen Auswüchse der Kommune als »notwendige Säuberung«. Die Pariser sind nicht zu halten. Als am 2. September – der König und seine Familie sind inzwischen am 13. August um sieben Uhr abends in den Temple einquartiert worden – erste Nachrichten von der Einschließung Verduns bekannt werden, bricht der Sturm erneut los. Eine öffentliche Note des Volkskommissars, sämtliche Feinde aus den Gefängnissen zu holen, um sie abzuurteilen, treibt die Bevölkerung an. Auch Marat reagiert wieder und ruft im »L'Ami du peuple« dazu auf, »sich bewaffnet zum Gefängnis Abbaye zu begeben, die Verräter herauszuschleppen und sie niederzumachen: Was für ein Unsinn, ihnen den Prozeß zu machen!« Für Danton sind es »Maßnahmen großen Stils«, die an diesem Tag ablaufen. In den Klostergefängnissen Carmes und Abbaye sowie in den Anstalten Tour St. Bernard, St. Firmin, Châtelet und Salpêtrière meucheln die Volksvertreter Royalisten, Konterrevolutionäre und Priester, die sich geweigert haben, den Eid auf die neue Verfassung zu leisten. In der Irrenanstalt Bicêtre fallen 43 junge Kranke, Kinder wohlhabender Eltern, alle unter 20 Jahre, dem Volkszorn zum Opfer. »Das Gebrüll der Menge war in ein tiefes Knurren übergegangen.« (Flake)

»Ich bin von Grauen, von Entsetzen gepackt: ich weiß nicht, was ich empfinden soll«, schreibt eine Madame Jullien ihrem Mann. »Vernimm die Einzelheiten, die ich von sechs Maurern höre, die von ihrer Arbeit kommen. Ein Bataillon von Leuten aus dem Volk hat sich, unter dem Eindruck der drohenden Gefahr, im Falle des Gelingens eines Komplotts oder des Herannahens der Preußen, die Übeltäter aller Gefängnisse über uns herfallen zu sehen, Richter zur Begleitung ausgewählt und ist von Gefängnis zu Gefängnis gezogen. Die Diebe wurden getötet, die Assignatenfälscher wurden getötet, die Schuldhäftlinge freigelassen, die Händelssucher entlassen, die jungen Leute, die wegen leichtsinniger Streiche festgesetzt waren, in die Bande aufgenommen. So hat man die Gefängnisse völlig entleert ... Diese neuen Exekutionen einer schrecklichen und barbarischen Justiz vollzogen sich in ungewöhnlicher Ruhe. Mehrere Priester sind der Volksrache geopfert worden. Diese Maurer haben an den Toren der Gefängnisse Haufen von Leichen gesehen ...« (Landauer)

Von Tausenden Häftlingen, die dem Septembermassaker zum Opfer fallen, sind die meisten unpolitische Kriminelle. »Mitbürger, Ihr schlachtet Eure Feinde, Ihr tut nur Eure Pflicht!« hat der Kommune-Anwalt Billaud-Varenne die Aufständler angefeuert.

Ein Fazit zieht die Zeitung »Annales patriotiques«: »Die Schuldigen sind umgekommen, die Unschuldigen sind verschont geblieben.« Das Urteil der Nachwelt fällt vernichtend aus. »Hundert Stunden, die man der Bartholomäusnacht, der Armagnacmetzelei, der Sizilianischen Vesper oder dem Allerschrecklichsten dieser Welt an die Seite stellen muß.« (Carlyle)

Die legislative Versammlung gerät in diesen Tagen mächtig unter Druck. Sie muß handeln. Die Verfassungsfeinde sind gesetzmäßig zu eliminieren. Ein Tribunal muß her, will man nicht alle Glaubwürdigkeit verspielen. Die Guillotine soll endlich den Zweck erfüllen, für den man sie schuf. Dem Volkswillen, stets aufs neue formuliert durch jakobinische Redner, muß entsprochen werden. So wird am 10. März 1793, endlich, das Tribunal als Rechtsorgan beschlossen. Zum öffentlichen Ankläger macht man, wie bereits erwähnt, den herrischen Antoine-Quentin Fouquier-Tinville, der am 5. April sein Amt antritt und zur großen Schreckensgestalt der Revolution wird. Ein Mann, dem auch Sanson unterstellt ist, bis er ihn als eines der letzten Opfer 1795 zum Schafott geleitet.

»Monsieur de Paris« hat die Entwicklung der furchtbaren Tage im August und September 1792 mit Entsetzen verfolgt. Wer ist dieses Volk, hat er sich gefragt, dem ich nun als Arm des Gesetzes zu dienen habe? Sind es jene, die in den Konventssitzungen den Rednern, je nach Parteilichkeit, wild Beifall klatschen oder sie unkontrolliert niederschreien? Oder sind es jene Barbaren, die, ständig Revolutionslieder grölend, betrunken und mit Piken, Schlachtermessern und Haubitzen bewaffnet, durch die Straßen ziehen – diese wilde, ungesteuerte Masse Mensch, angefeuert durch radikale Drahtzieher in den Cordeliers- und Jakobinerclubs?

Die Begeisterung für die gute Sache der Revolution, für ihre fortschrittlichen Ideen, läßt bei Charles-Henri Sanson in diesen Sommermonaten spürbar nach. Er hält sich fern von den Ereignissen der Straße, liest jedoch täglich die Zeitungen oder läßt sich von seinem 25jährigen Sohn Henri berichten, der die Öffentlichkeit weniger scheut als der Vater. Für diesen wird das Martyrium bald beginnen. Und dann wird er erbittert immer wieder fragen: »Habt Ihr mich nur für die Revolution gemacht?« (S)

Das neue Mordgerät, das vom Volk bereits »Guillotine« genannt wird, befindet sich in der Obhut der Sansons. In einem kleinen Haus, einem Schuppen, in der Nähe des Prison de la Roquette wird die Maschine aufbewahrt, wie auch die Weidenkörbe, große und kleine, für die Körper und für die Köpfe.

Die Gehilfen stehen auf Abruf bereit: Gros, Barre und Firmin, die Stammannschaft, die von Fall zu Fall ergänzt wird. Bis auf zwanzig Mann wird sie anwachsen für die Massenhinrichtungen während der Zeit der »grande terreur«.

Die Zusammenstellung dieser Hilfskräfte fällt nicht immer

glücklich aus. Vor allem wenn Sanson von Hébert, dem Stellvertreter des Gemeindeprokurators, Typen zugewiesen werden, die das traurige Zeremoniell durch geschmacklose Auftritte sprengen. Wie etwa der Seiltänzer Jacot alias André Dutruy, der während des Transports der Opfer von der Conciergerie zum Hinrichtungsplatz, rittlings auf einem Pferd sitzend, »equilibristische Kunststücke« vollführt. »Mit Luftsprüngen, Affenpossen und Grimassen unterhielt er die Menge, bis er ihr ein reelleres Vergnügen bescheren konnte, nämlich die Köpfe purzeln zu lassen.« (Bericht des Bürgers L., L'Histoire de la Révolution de la France de 1789 par Deux Amis de la Liberté)

Auch einer der Kutscher erweist sich als Ulkvogel, »grotesk mit einer roten Mütze und einer Carmagnole derselben Farbe ausstaffiert, sprang er von seinem Bock herunter und mit einem Satz wieder hinauf. Durch Gebärden kündigte er der Menge an, daß die Aristokraten folgten, daß sie ankämen, daß sie die Nase in die Mausefalle stecken würden.« (S)

Sansons Beschwerden über solche Mitarbeiter stoßen bei Fouquier-Tinville auf taube Ohren. Er wirft »Monsieur de Paris« Mangel an Bürgersinn vor und verordnet ihm kraft seines Amtes den Spaßvogel Jacot für alle weiteren Transporte als Unterhalter der gaffenden Menge.

Dabei hätte Sanson durchaus würdigere Gehilfen in seine Dienste nehmen können. Patrioten vom Rang eines Citoyens Ance, der sich nach Bildung des Revolutionstribunals leidenschaftlich gern als Rächer der Republik beim Guillotinieren betätigt hätte. »Ich! Ich möchte der Ehre zuteil werden, die Köpfe der Mörder meines Landes abzuhacken!« ruft er emphatisch in der Nationalversammlung. Auch von anderen Abgeordneten wird Sanson häufig gebeten, beim Köpfen mit dabeisein zu dürfen. Und mancher Ausländer ist ganz erpicht auf eine Assistentenposition. Ein Engländer bietet zehn Pfund Sterling, »um auf einen Tag unter die Zahl meiner Gehilfen« aufgenommen zu werden. Er wollte »eine Revolution aus der Nähe sehen« (S).

Sanson lehnt ab. Der tägliche Ärger mit Jacot und nichts bewirkende Beschwerden beim öffentlichen Ankläger sind ihm genug. Erfolg hat er allerdings mit Klagen über eine andere Unsitte seiner Gehilfen. Wenn er auch nicht vermeiden kann, daß sie die abgeschlagenen Köpfe dem Volk zeigen, so gelingt es ihm doch, die Brutalität zu unterbinden, mit den Häuptern Späße zu treiben, sie zu schwenken oder gar zu ohrfeigen, wie es nach der Enthauptung der Charlotte Corday geschehen war. Sanson findet Bestätigung durch den bei dieser Hinrichtung anwesenden Polizeibeamten Michonis, der den Ausbruch als privaten Sadismus seinen Vorgesetzten meldet. Der Gehilfe wird nicht nur öffentlich gemaßregelt, sondern muß auch für ein paar Tage hinter Gitter.

Nach diesem Vorfall wird ein Leserbrief des Bürgers Roussillon in der Zeitung »Chronique de Paris« publiziert, der Sanson verteidigt und gegen solche Auswüchse in Schutz nimmt. »Einige Personen, die falsch unterrichtet waren, glaubten, der Scharfrichter selber habe diesen Fehler begangen. Das ist ein Irrtum. Sanson ist ein sehr guter Bürger und zu gebildet, um sich zu einem solchen Mißgriff hinreißen zu lassen, er war, im Gegenteil, sehr betrübt darüber.« Selbst das Corday-Opfer Marat wird angesichts dieser Untat beschworen: »Er war zu groß, um eine derartige Handlung gutzuheißen, er wußte, und jeder soll es wissen, daß das Gesetz erfüllt ist, wenn das Verbrechen bestraft wurde.«

Natürlich hinterläßt das tägliche Köpfen bei der Sanson-Mannschaft Spuren. »Einige behaupten, sie werden vertraut mit dem Blut, das Körbe und Fallbrett wie auch das Schafott oft so überschwemmt, daß die Berührung dieses Blutes für die Folgenden (Opfer, d. Verf.) schrecklicher sein muß als der Tod selbst.« (S) Psychische Veränderungen sind nicht zu übersehen. Zwei der Männer, Gros und Barre, arbeiteten bereits zwölf Jahre mit Sanson, waren ihm wie Freunde, gingen sogar privat bei ihm ein und aus. Im Gegensatz zu jenem zusammengemieteten Dutzend, das nicht den »Strick wert gewesen wäre, um sie zu hängen« (S). Diese Leute würzen die schaurigen Prozeduren mit rüden Witzen und gemeinen Zoten. Bei den anderen, zu denen oft die Brüder und fast immer der Sohn Henri zählen, »bemerke ich, wie ihr Herz klopft und die Beine zittern. Wenn alles vorbei ist und man auf dem Schafott nur Leichen sieht, so blicken sie sich untereinander erstaunt und unruhig an... die Geschwätzigsten sind stumm geworden.« (S) Fällig ist dann stets ein Schluck Branntwein, denn nun steht die Reinigung des Gerüstes auf dem Programm, eine widerwärtige Arbeit, die oft zu Klagen Anlaß gibt. Vor allem die Mediziner wittern hier volksschädigenden Unrat. Und auch ein Teil der Presse kritisiert, daß man den Verurteilten zwar den Schmerz, den Zuschauern aber nicht den Anblick des Blutes erspare. »Man sieht dasselbe von der Schneide der Guillotine herabfließen und das Pflaster benetzen. Ein so widerliches Schauspiel sollte den Augen des Volkes nicht geboten werden.« (Gazette de Paris, 1794)

Tatsächlich zieht das unmittelbar durch die Bohlen des Podests auf das Pflaster tropfende Blut streunende Hunde an. Um das zu vermeiden, legt man eine vergitterte Grube an. Aber nun ist es wieder der Gestank, der den Platz und die umliegenden Straßen bei heißem Sommerwetter verpestet. Auch mehrere kleinere Senkgruben können ihn nicht beheben. Dieses Verfahren ist also keine glückliche Lösung. Sollen ehrbare Bürger etwa durch den Gestank des Aristokratenbluts krank werden?

Auch die Bürger, die nahe jener Friedhöfe leben, auf denen die traurigen Reste der Opfer verscharrt werden, in Massengräbern, bedeckt von dicken Schichten Kalk und Ammoniak, klagen über schädliche Ausdünstungen.

Aber letztlich bestimmen diejenigen Zuschauer Atmosphäre und Ablauf der Hinrichtungen, die nach dem Blut der Verurteilten gieren. »Blutsäufer« wie ein gewisser Jayet aus der Section Gardes-Françaises wollen »Bäche von Blut fließen sehen und bis an die Knöchel darin waten« (Soboul); andere würden gerne an jeder Ecke eine Guillotine aufstellen, um die Straße mit Köpfen zu pflastern. Solche Fanatiker, unterstützt von den »Revolutionsfurien«, versetzt der Anblick des vom Gerüst tropfenden Lebenssafts in Raserei. Männer füllen sich die Scheiden ihrer Degen damit ab, Frauen malen sich gegenseitig blutige Schnurrbärte.

Mit königlichem Blut wird ein besonders schwunghafter Handel getrieben, so wie mit den Knochen der Opfer; deren habhaft zu werden, scheut man sich nicht, auf den Friedhöfen in die Gruben hinabzusteigen und dort zu wühlen: auf dem Friedhof Madeleine nach Überresten von Charlotte Corday, Madame Roland, Philippe-Egalité oder der Comtesse Du Barry; auf dem von Monceau oder Errancis nach den Knochen Dantons, Desmoulins', Héberts, Fabre d'Eglantines, La Tour du Pins, Saint-Justs und Robespierres; auf dem von Picpus nach denen Cécile Renaults, André Chéniers, der Prinzessin von Monaco, des Barons Trenck oder Anna de Noailles – eine ekelhafte Andenkenjagd, Leichenfledderei im übelsten Sinne.

IX

Im Vorzimmer des Todes: eine Parade namenloser Opfer. Sanson und seine Mannschaft. Leben und Liebe in den Gefängnissen. Fouquier-Tinville, der Ankläger. Gleichheit im Leben und im Sterben

Der Tag der Hinrichtung beginnt für Sanson in der Regel mit einem amtlichen Bescheid des öffentlichen Anklägers Fouquier-Tinville. Der teilt ihm, per Boten, formell und schriftlich Namen und Anzahl der zum Tode Verurteilten mit, die Reihenfolge der Exekutionen und schreibt vor, wie viele Gehilfen und wie viele Karren sich zu welcher Uhrzeit im Cour de Mai, im Innenhof der Conciergerie, einzufinden haben.
Oft ist »Monsieur de Paris« schon früher informiert, wenn er wieder einmal als Zuhörer der Sitzung des Revolutionstribunals beigewohnt hat, um sich schon im vorhinein ein Bild von jenen Menschen zu machen, die von Fouquier-Tinville aufs Schafott geschickt werden.
In den Türmen der Conciergerie hat der öffentliche Ankläger seine Büros; Recht im Sinn der Revolution fordert er dort fast täglich ab 15 Uhr vor dem Tribunal, das unter dem Präsidenten (oder einem Stellvertreter) im großen Saal zusammentritt. An den Wänden, hinter den Richtern, die marmornen Büsten von Brutus und Marat und die Deklaration der Menschenrechte – Requisiten eines Spektakels, das oft in Bildern oder Stichen dargestellt wurde; an der Querseite, im rechten Winkel zur Anklagebank, der Richtertisch, hinter dem Herman, Mitte Dreißig, in schwarzem Talar, mit weißer Halsbinde und Federhut präsidiert: »ein rechtschaffender Mann und entschlossen, zu hervorragenden Ämtern geeignet« (Robespierre). Vor der Richterestrade, an einem mit Akten überladenen Tisch: Fouquier-Tinville, groß, robust, sehr bleich und mit langen schwarzen Haaren, in schwarzer Magistratstracht und der Medaille »La Loi« (das Gesetz) an blauweißrotem Band auf der Brust.

Der Anklagebank gegenüber zwölf Geschworene, hinter der Zuschauerbalustrade Hunderte, oft Tausende – je nach Prominenz der Angeklagten.
Von der Conciergerie aus treten die Opfer dann nach der »Toilette« die letzte Fahrt an. In den Tagen der »grande terreur« ist die Endstation wochenlang die Place de la Révolution. Dort hat die Guillotine ihren festen Standort. Nachts übernehmen Volksgardisten die Bewachung und schützen das Blutgerüst vor republikfeindlichen Zerstörern.
1119 Hinrichtungen müssen die Anwohner des Revolutionsplatzes über sich ergehen lassen. 1306 die an der Barrière du Trône-Renversé, wo die Tötungsmaschine in der letzten Phase des Horrors errichtet ist. Kein Wunder, daß die Menschen die täglich an ihren Häusern vorbeirumpelnden Karren mit den Opfern und den Barbarismus der Hinrichtungen kaum noch ertragen wollen. Gegen Ende der Schreckenszeit muß Sanson mit seiner Truppe Umwege einschlagen, um unbelästigt zu diesem Hinrichtungsplatz in der Vorstadt zu kommen. Dort empfangen ihn und seine Gehilfen und die den Aufzug begleitenden Volksgardisten und Gendarmen empörte Proteste. Zu dieser Zeit sind die Häupter von Generälen und Grafen, Bischöfen und Edeldamen schon längst in den Korb gerollt; nun sind die »Kleinen« an der Reihe, Republikfeinde aus dem Volk, Geldfälscher und Prostituierte.
Es sterben in diesen Tagen viele, denen nur eine Haftstrafe zugestanden hätte. So zwei Schuhmacher aus Landau, die wegen einer schlechten Schuhlieferung an die Armee ihren Kopf lassen müssen. Auf den holländischen Bankmann Vandenyver und seine zwei Söhne folgen am 9. Dezember 1793 vier Schneidergesellen wegen Vaterlandsverrats, und am 12. Januar 1794 findet man unter der bunt zusammengewürfelten Truppe der Opfer von Magistratsbeamten, Geistlichen und Militärs mal wieder eine Dirne. Mit den Herrschaften müssen nicht selten die Bediensteten unters Beil wie der Kammerdiener der Du Barry am 24. Dezember 1793, nachdem seine berühmte Herrin bereits am 5. Dezember geköpft wurde.

Deutsche sieht man häufig auf den »Charrettes«. Am 24. Dezember 1793 wird die 41jährige Berliner Witwe Adams hingerichtet, am 25. März 1794 drei Arbeiter aus Merzig bei Trier. Der Grund ihrer Verurteilung: Verrat an der französischen Nation. Ein Begriff, der oft in den Urteilen Fouquier-Tinvilles auftaucht.

Die Revolutionäre sprechen immer wieder vom Sterben, bei dem keiner bevorzugt und keiner benachteiligt wird. Demokratisch und gerecht köpft die Guillotine nach dem General Biron das Wiener Freudenmädchen Rosalie Albert aus dem Palais-Egalité, nach dem Marschall Luckner einen armen Seifensieder und die Madame Lekinger aus Brüssel. Sie hatte eine royalistische Zeitung abonniert. In ihrer Gesellschaft sterben ein Friseur und ein Schneider, die den Konvent beschimpft haben.

Im Februar 1794 müssen an einem Tag neun Frauen unter das Fallbeil, darunter zwei Nonnen, eine Marquise und eine Bäuerin. Dann sind wieder zwei Bauern, ein Schmied, ein Holzschuhmacher und zwei Generäle an der Reihe. Und am 31. März 1794 muß Madame Champ-Laurier ihr Leben lassen, weil sie die Enthauptung ihres Mannes öffentlich als Verbrechen bezeichnet hat.

Nach der Hinrichtung der Girondisten am 31. Oktober 1793, der »Hébertisten« am 24. März und der Dantonisten am 5. April 1794 kennt das Revolutionstribunal keine Hemmungen mehr. »La grande terreur« wütet. Robespierre übt unumschränkte Macht aus. Um »mit Erfolg über das Wohl des Vaterlandes und die allgemeine Sicherheit der Bürger zu wachen«, überbieten sich die Revolutionskomitees in den einzelnen Stadtbezirken an Denunziationen und Anklagen. Diese Zweigstellen des Jakobinerclubs füllen die Gefängnisse, von wo die Verdächtigen zur Anklage vor das Tribunal des öffentlichen Anklägers geführt werden. Man hat beim Studium Sansonscher Todeslisten das Gefühl, daß Fouquier-Tinville in der Auswahl seiner Opfer Wert auf eine sehr farbige Gruppierung legte. Und seine Urteile, die in den meisten Fällen zur Todesstrafe führen, sind konstruiert und an den Haaren herbeigezogen.

Überzeugend ist für Revolutionäre gewiß die Verurteilung jener 31 Verdun-Bürger, die die verhaßten Preußen freundlich empfingen und bewirteten. Daß mit den Stadtvätern aber auch noch eine 70jährige Schusterin, eine 75jährige Jungfer und einige junge Mädchen zwischen 18 und 22 Jahren (wahrscheinlich wegen Fraternisierung mit dem Feind) aufs Schafott kommen, dokumentiert nur den Blutdurst des öffentlichen Anklägers und der Richter.

Sanson hat oft erleben müssen, wie die Zuschauer bei den Hinrichtungen solcher Opfer mit Empörung reagieren. Und das Drama der Guillotine wird nicht selten als rührseliges Melodram mit »namenlosen Phantomen ohne Vorleben und ohne Nachruhm« (Michelet) in den Hauptrollen kolportiert.

Charles-Henri Sanson und sein Sohn bewahren bei ihrer Arbeit äußerlich stoische Ruhe, innerlich sterben sie »tausend Tode«. So, als sie am 5. Mai 1794 drei junge Putzmacherinnen, »liebliche Mädchen« (S), aufs Schafott führen müssen. Wenige Tage später, am 10. Mai, waren zwei 60jährige Nonnen und eine 77jährige Näherin unter dem Beil gestorben. Dann sind ein Winzer an der Reihe und ein Schneider-Ehepaar, ein Nähmädchen, ein Tagelöhner, ein Glaser und ein Tabakarbeiter; am 13. Juni werden wieder zwei Glaser hingerichtet und ein Schneider, zwei Holzhändler, zwei Kutscher, zwei Gärtner, ein Buchdrucker und eine 24jährige Waschfrau aus Hamburg. Sie hatte für Royalisten gewaschen.

Natürlich befindet sich auch in der Endphase des »großen Schreckens« immer wieder »edles Wild« (S) unter den Verurteilten. So am 25. Juni 1794 der Freiherr von der Trenck, der Marquis de Crequi de Montmorency und der Musketier-Leutnant Clément-Henri-Léon de Gastel. In ihrem Gefolge allerdings wie immer Leute aus dem Volk: Kaufleute, Priester, Sprachlehrer, Soldaten und Marie Antoinettes Friseur Jean-François Antié.

Von den insgesamt 2918 Guillotine-Opfern in Paris waren, so haben es Historiker errechnet, 2000 arme Leute, Vertreter jener Klasse also, der die Revolutionäre ein besseres Leben garantiert hatten: Arbeiter aus den Vorstädten, jene mit der roten Mütze, Tischler und Friseure, Maurer, Zeitungsträger und Trödler, Pförtner, Drucker und Schuhmacher, Ladenbesitzer und Hausangestellte – Sansculotten viele und dem dritten Stand angehörig, der mit harter Hand das täglich' Brot verdienen mußte. Daß auch sie ihren Anteil am Blutzoll haben, entspricht, wie gesagt, den Grundsätzen dieser Revolution und den Satzungen, die in der Deklaration der Menschen- und Bürgerrechte verankert sind: Alle Menschen sind gleich.

Zurück zu jenen erbarmungswürdigen Aufzügen, die im Cour de Mai der Conciergerie ihren Anfang nehmen. Aus allen Gefängnissen der Hauptstadt, auch aus denen der Provinz, werden die Menschen in dieses »Vorzimmer des Todes« gebracht. Zu zweit und nach Geschlechtern getrennt, in kleinen Räumen isoliert, nimmt sie dort nach ihrer Verurteilung Sanson in Empfang. Oft muß er noch einige Augenblicke warten, weil die Verurteilten ihre letzte Mahlzeit noch nicht beendet haben: gewöhnlich eine Gemüsesuppe, Fleisch (Geflügel oder Kalbsbrust) und ein Dessert sowie eine Flasche Wein.

Wohlhabende Opfer trifft Sanson auch schon mal beim Austernschlürfen an, wie den Aristokraten Biron, der dies sogar »mit gutem Appetit« tat, und den Herzog von Orléans, den Sanson in seiner letzten Stunde außer Austern und Rotwein zwei Hühnerflügel, zwei Koteletts und als Nachtisch Malagawein mit Löffelbiskuit genießen sieht; des Königs Henkersmahlzeit besteht aus Brot und Rindfleisch, Marie Antoinette rührt die ihr gereichte Fleischbrühe nicht an. Camille Desmoulins läßt sich von seiner Lucile eine Suppe bringen; sein Freund Danton, ein Genießer, soll vor der Abfahrt zur Guillotine dem Wein noch kräftig zugesprochen haben. Das tun auch die Girondisten. Bei einem feurigen Roten singen sie in der Todeszelle patriotische Lieder, parodieren die Marseillaise und behalten auch angesichts des Schafotts ihren »Galgenhumor«. Überhaupt werden von Todeskandidaten viele Flaschen geleert. Verliebte und Ehepaare lassen dabei nicht selten jede Hemmung außer acht.

»Sie liebkosten sich, als säßen sie unter Rosen«, schreibt Bailleul und zitiert seine Begegnungen mit verurteilten Liebespaaren in der »Salle de Greffe«, der Kanzleistube, in der Frauen und Männer auf Bänken längs der Mauer sitzen. Dabei ist die Bewachung in der Conciergerie roh. Beschimpfungen seitens der alkoholisierten Wächter sind die Regel. Sie sperren die Häftlinge am ersten Tag in die engsten und schmutzigsten Zellen, um ihnen dann, gegen Bezahlung, bessere Räumlichkeiten anzuweisen, in denen aber auch schon bis zu zwanzig Personen ihrem Schicksal entgegenzittern. Viele dieser Gefangenen geben sich nicht auf. Manche finden in dieser tristen Umgebung noch einmal eine große Liebe, andere spielen mit viel Selbstironie Revolutionstribunal, stellen Richter und Angeklagte, sogar den Scharfrichter und seine Gehilfen dar.

Mehr als 500 Personen befinden sich während des großen Terrors regelmäßig in der Conciergerie. Herman, der Präsident des Tribunals, übt in einem Brief an Fouquier-Tinville besorgt Kritik an den Zuständen: »Viele sind krank vom Gestank in den Zellen. Betritt man die mit einer Kerze, verlöscht sie. Wenn wir nichts unternehmen, bricht hier die Pest aus ...«

Trotz dieser Zustände halten viele Insassen auf Würde und Anstand. Auf den langen Korridoren zwischen den Zellen trifft man sich am Morgen im koketten Negligé. Die Dame von Welt zeigt Figur, der Herr Statur, auch wenn ihre Kleidung verschmutzt und ausgefranst ist. Mittags erscheint man erneut zum Defilee auf den Gängen, geschminkt und in Tageskleidung. Abends wird es dann intim: Liebespaare finden sich, ziehen sich in die dunklen Ecken zurück, treiben, bevor die Zellen geschlossen werden, miteinander Kurzweil. Und selbst in dieser trostlosen Umgebung verkaufen sich Prostituierte an wohlhabende Junggesellen von Stand und Adel. Die Gleichheit ist hinter Gittern nicht gang und gäbe.

Aber in der »Salle de la Toilette« ist Schluß mit solchen Privilegien. Dort erwartet sie alle ohne Unterschied »Monsieur de Paris« mit seiner Mannschaft. Dort schneidet man ihnen die Lockenpracht und die Zöpfe ab, trennt die Kragen von den Hemden, bindet ihnen die Hände auf dem Rücken zusammen. Die abgeschnittenen Haare darf Sanson behalten. »Der Nationalagent Payan nahm hiervon Anlaß, im Gemeinderat zu sagen, es sei eine neue Sekte in Paris entstanden, die mit heiliger Ehrfurcht und empfindelnder Andacht für die Guillotinierten beseelt sei. Weiber, die finsteren Ernst affektierten, weil sie beim Lächeln keine Zähne mehr zeigen könnten, kauften die Haare der jungen guillotinierten Blondins und schmückten damit ihre kahlen oder grauen Köpfe. Hierdurch wäre eine neue Art von Andacht entstanden. Zuletzt fügte er noch hinzu, daß man diese Tändelei nicht stören, sondern sogar die blonden Perücken in Ehren halten müsse. Sanson verdient durch diese neue Mode ansehnliche Summen, denn die Perückenmacher kaufen ihm alle Haare der Guillotinierten ab.« (Vossische Zeitung, Nr. 65/1794)

Die Kleider und Wäsche der Verurteilten werden in die Krankenhäuser geschickt, ihre Ketten und Ringe, Medaillons und Uhren dem Staatsschatz einverleibt, falls die Todeskandidaten diese letzte Habe nicht vorher schon Leidensgefährten und Freunden geschenkt haben.

Die Gefängnisse, aus denen sie wenige Stunden vor ihrem Prozeß ins »Grande Chambre« der Conciergerie gebracht wurden, entsprachen in jenen Revolutionsjahren wahrhaftig nicht dem heutigen Standard. Für Louis Sébastien Mercier waren sie schon vor der Revolution »eng, ungesund und dreckig. Zu Recht vergleicht man die schmalen, häßlichen Verliese mit tiefen Brunnenschächten. Den Kerkermeistern sind riesige Hunde beigegeben; sie halten nicht nur Wache, sondern sorgen auch für Ordnung, und nichts ist kurioser als die Ähnlichkeit, die sich da zwischen Herrn und Hund bemerkbar macht: Letzterer ist so dressiert, daß er unbotmäßige Gefangene schon auf den kleinsten Wink beim Kragen packt.

In den Verliesen sammelt sich der Menschheit ganzer Jammer; die Gemeinheit der Laster, die dort heimisch sind, ist einfach unvorstellbar, und der zu Müßiggang gezwungene Verbrecher

heckt sich in aller Ruhe neue Übeltaten aus. Die Schreckensgestalten, die in diesen unterirdischen Gewölben lebendig begraben sind, werden Strohköpfe genannt, und sähe man die Menschheit nur aus ihrer traurigen Perspektive – sie böte wahrlich ein scheußlich trostloses Bild. Wir ziehen da den Vorhang!«
Was da 1788 gedruckt wurde, gilt auch noch Jahre später. Schlimmer noch: Die chaotischen Zustände und die überall wild wuchernde Anarchie haben die Verhältnisse nur noch verschlechtert. Gefängnisse wie Le Plessis, Saint-Lazare und Les Carmes sind üble Jauchesümpfe. Und selbst durch Krankenhäuser wie Bicêtre und Salpêtrière, von der Revolutionsregierung zu Haftanstalten umfunktioniert, ziehen entsetzliche Gerüche: »Spitalfäulnis« aus den Krankenabteilungen in unmittelbarer Nähe der Zellen und Aufenthaltsräume, Leichendünste, die baldigen Tod ankündigen.
Diese menschlichen Modergruben, in denen früher, wie in der Bastille, Menschen bei lebendigem Leib verfaulten, sind meilenweit zu riechen. »Den alten, feuchten und düsteren Klöstern mit den schwitzenden Wänden, die heute überall Gefängniszwecken dienen, haftet, was man auch dagegen tun mag, eine unausrottbare historische Unsauberkeit an, ein undefinierbarer Geruch, der schon beim Eintreten Übelkeit erzeugt. Nach Aussagen der Unglücklichen war die verpestete Luft dieser Stätten qualvoller als alles andere.« (Michelet)
Etwa fünfzig solcher Häuser sind über ganz Paris verstreut, zusätzlich werden Gefangene in Krankenhäuser und aufgelassene Klöster und Stadtvillen (hôtels) emigrierter Aristokraten gepfercht. Das Bureau de police général und Fouquier-Tinville sind diesbezüglich nicht pingelig. Ungehemmt werfen sie Kriminelle und Politische in den Haftanstalten zusammen, eine explosive Mischung, wie sich zeigen wird.
Von diesen Haftanstalten als den besten Europas zu sprechen, wie manche Chronisten es tun, ist blanker Hohn. Daß die dort Einsitzenden nicht an Eisen angeschlossen sind und immerhin über eine Schütte Stroh zum Schlafen verfügen, ist kein Beweis

für eine solche Behauptung. Entscheidend sind die hygienischen Zustände... und die sind katastrophal. Denn in den dicken Mauern blühen Salpeter und Schwamm, durch die vergitterten Fenster ohne Scheiben dringen nächtliche Kühle und Feuchtigkeit; die Kotkübel (»griaches«) verbreiten Gestank, die ärztliche Versorgung ist gleich Null. Viele der Rheuma- und Gichtkranken begrüßen ihren Abtransport zur Guillotine mit einem Seufzer der Erleichterung. Endlich werden sie von ihren Qualen erlöst. Mancher genießt die letzte Fahrt auf der »Charrette«, mit geschlossenen Augen und das Gesicht der Sonne zugewandt, wie eine Reise ins Elysium.

Aber nicht überall müssen die Häftlinge leiden. In etwa 15 Häusern geht es ihnen nicht einmal schlecht. Zu diesen Privilegierten gehören die Insassen des Luxembourg in der Rue de Vaugirard. Dieser Bau, früher das Maison Nationale de Sûreté, ist seit 1793 in Betrieb und gilt als hoffähiges Gefängnis, in dem es von Adligen wimmelt. Und wer von ihnen zahlen kann, muß nicht bei Wasser und Brot darben; Reiche leben zu zweit in einer Zelle mit Betten. Die Umgangsformen des Ancien régime werden in Ehren gehalten, beispielsweise von Marschall Philippe de Noailles-Mouchy, der mit Frau, Tochter und Enkelin hier bis zur Enthauptung einsitzt. Auch die Dantonisten und der kurzfristig inhaftierte Maler David, der in diesem Haus sein Gemälde »Die Sabinerinnen« konzipiert, müssen keineswegs leiden. Die noble Gesellschaft läßt sich von ihrem Dienstpersonal versorgen. In großer Garderobe und bestens frisiert, laden sich die Damen nachmittags zum Tee ein; die Herren spielen Whist und diskutieren die politische Lage.

Auch im Gefängnis Porte-Libre am Boulevard de Port-Royal geht das Leben trotz mancher Einschränkungen für viele der inhaftierten Royalisten den gewohnten Gang. Ohne Ketten und Gitter. Die Türen sind nur durch Fallklinken verschlossen, und auch nur dann, wenn es bereits Mitternacht geschlagen hat. Die Wärter stehen ganz zu Diensten ihrer adligen Klientel, besorgen Botengänge, kaufen Delikatessen und Wein ein. Abends versammelt man sich im Salon im ersten Stock des kleinen Gefängnisses, das im 13. Jahrhundert als Abtei gebaut wurde. Die Herren lesen und schreiben Briefe beim Kerzenschimmer von kostbaren Kandelabern, die Damen lassen die Nähkörbchen kreisen und tragen ihre Schönheit zur Schau. An bestimmten Tagen wird musiziert, und der Baron Wirback amüsiert die Damen anschließend mit geistreichem Geplauder, trägt Romanzen und Couplets vor. Die Mahlzeiten werden im ehemaligen Refektorium an 24 Tischen je sechs Personen serviert. Jeder Insasse hat sein Besteck, das Essen ist gut. So speist man zum Beispiel am 13. Juli 1794 Suppe, Rochen, Artischocken und am nächsten Tag Ochsenbraten auf Kohl und grünen Bohnen.

Frische Luft können diese Inhaftierten stündlich atmen; bei Spaziergängen im ehemaligen Klostergarten mit einem Brunnen delektiert man sich an unterhaltsamen Gesprächen. Man schreibt einander intelligente Aphorismen in die Poesiealben und verabschiedet sich mit gefaßter Heiterkeit zum letzten Gang. »Der Graf von Ségur erwartet die Guillotine in guter und großer Gesellschaft. Er sang für die Gefangenenwärter und die Damen, und selbst unter Erwartung der Enthauptung behielt er seine Freundlichkeit und seinen galanten Humor.« (Olivier Blanc)

Auch Madame Jeanne-Manon Roland, aufgrund ihrer unverhohlen zur Schau getragenen Sympathie für die Girondisten am 1. Juni 1793 in das Gefängnis L'Abbaye am Boulevard Saint-Germain eingeliefert und später verlegt ins Sainte-Pélagie, ertrug die Monate der Haft bis zu ihrer Enthauptung mit gleichbleibender Freundlichkeit. »Du kannst Dir, mein Freund«, schrieb sie an Buzot in Caen, »den Zauber eines Gefängnisses, wo man nur seinem eigenen Herzen Rechenschaft schuldet, was man mit jedem Augenblick anfängt, nicht vorstellen! Keine ärgerliche Ablenkung, kein schmerzliches Opfer, kein verdrießliches Geschäft: keine von diesen Pflichten, die einem rechtschaffenen Herzen nur um so härter sind, als sie achtbar sind: kein Einspruch der Gesetze oder Vorurteile der Gesellschaft gegen die holdesten Regungen der Natur ...« (Landauer)

Die holdesten Regungen der Natur ... Der Historiker Louis Blanc beschwört sie in seiner romantisch verbrämten »Histoire de la Révolution Française« oft und gerne, wenn er von den Gefängnissen spricht. Die frivole Violine der Liebe läßt er auch im Les Carmes in der Rue de Vaugirard und im Saint-Lazare in der Rue du Faubourg-Saint-Denis erklingen. Dort schreibt der Revolutionssänger André Chénier seine Ode »Der junge Gefangene« als Huldigung für die ebenfalls inhaftierte 25jährige Aimée de Coigny, die von ihrem Ehemann, dem jungen Herzog von Fleury, getrennt ist und sich hinter Mauern in den Grafen von Montrond verliebt.

Will man Blanc glauben, dann ereigneten sich oft solche Anfälle von Liebe und Erotik in den revolutionären Haftanstalten. »Beim Licht der Glühwürmchen, bei Liedern und Spiel, beim Klatsch und bei Musik vergingen die Tage wie im Flug ... und in den Armen ihrer Geliebten, in den uralten Zellen hinter Paravents« hat sich da manches galante Abenteuer abgespielt.

Auch Olivier Blanc läßt in seinem Buch »La dernière lettre« den in der Conciergerie inhaftierten Grafen Beugnot ähnliches ausplaudern: »Inmitten dieser traurigen Umgebung, der sie tagaus, tagein ausgesetzt waren, verloren die französischen Frauen nichts von ihrer Koketterie, für die sie entsprechende Opfer brachten. Wir wohnten in einem Flügel des Gefängnisses, der den Blick auf den Hof der Frauen freigab. Der einzige Ort, an dem wir etwas freier atmeten, war ein zehn Fuß langer und sieben Fuß breiter, von zwei Gewölbebögen geformter Raum, der die Treppe abstützte und vom Hof der Frauen zum Eingang führte. Diese Art Korridor war zum Hof hin mit einem Eisengitter versehen, dessen Stäbe jedoch nicht engstehend genug waren, um einen unternehmungslustigen Franzosen zu entmutigen.

In diesem Korridor gingen wir am liebsten spazieren. Sobald die Türen unserer Zellen geöffnet wurden, begaben wir uns in diesen Gang. Obwohl den Frauen zu gleicher Zeit geöffnet wurde, widmeten sie sich zuerst ihrer Toilette und ließen auf sich warten. Morgens erschienen sie in einem reizvollen Negligé, so anmutig und frisch, daß man nicht glauben konnte, sie hätten die Nacht auf einem elenden Lager – nicht selten einem übelriechenden Strohsack – verbracht. Fast immer bewahrten die Damen von Welt ... bis zuletzt ihre feine Lebensart und ihren guten Geschmack. Nach ihrem morgendlichen Erscheinen im Negligé gingen sie auf ihre Zimmer zurück, aus denen sie gegen Mittag fein gekleidet und frisiert wieder zum Vorschein kamen. Im Unterschied zum Vormittag war ihr ganzes Auftreten jetzt ernster und würdevoller. Gegen Abend erschienen sie im Deshabillé. Ich stellte fest, daß fast alle Frauen, die es sich leisten konnten, sich täglich diesem dreimaligen Kleiderwechsel unterzogen. Die anderen ersetzten die Eleganz durch Sauberkeit, soweit die Umgebung es erlaubte. Diese Aufgabe wurde ihnen durch einen Springbrunnen erleichtert, der sich im Hof der Frauen befand und sie reichlich mit Wasser versorgte. Jeden Morgen betrachtete ich die Armen, die nur ein Gewand mitgebracht hatten oder viel-

Gefängnishof der Conciergerie, anonym

leicht nur eines besaßen, wie sie um den Brunnen herum im Waschen, Bleichen und Trocknen miteinander wetteiferten. Gleich am frühen Morgen begannen sie mit dieser Beschäftigung, in der sie sich durch nichts stören ließen, vielleicht nicht einmal durch den Erhalt einer Anklageschrift ...
Ich bin sicher, daß damals auf keiner Pariser Promenade elegantere Damen anzutreffen waren als zur Mittagszeit im Hof der Conciergerie, der einem mit Blumen geschmückten, doch mit Eisen vergitterten Schauplatz des gesellschaftlichen Lebens glich. Frankreich ist wahrscheinlich das einzige Land und die Französinnen sind wohl die einzigen Frauen der Welt, die imstande sind, solche Gegensätze zu vereinigen und den widerlichsten und abstoßendsten Ort mit Anmut und Charme zu erhellen. Ich liebte es, die Frauen mittags zu betrachten, am Morgen mit ihnen zu sprechen und am Abend intimer zu werden, wobei ich achtgab, niemanden zu stören. Denn am Abend, wenn die Schatten länger und die Pförtner müder wurden, wenn die meisten Gefangenen sich zurückzogen und die anderen diskret verstummten, kam der Augenblick, in dem so mancher die Unvorsichtigkeit des Künstlers segnete, der das Gitter entworfen hatte. Dabei hatten diese einer so unbegreiflichen Hingabe fähigen Menschen schon ihr Todesurteil in der Tasche ...
Ich wurde zum Zeugen einer solchen Episode. Eine Frau von vierzig ... wurde in den ersten zehn Tagen des Frimaire zum Tode verurteilt. Ihrem Geliebten, einem geistreichen und gutaussehenden jungen Offizier aus dem Norden, war das gleiche Los beschieden. Sie kamen gegen sechs Uhr abends vom Tribunal und wurden für die Nacht voneinander getrennt.
Doch wußte die Dame ihre Verführungskünste so erfolgreich einzusetzen, daß sie dennoch zu ihrem Geliebten gelangte. Die ganze Nacht gaben sie sich ihrer Liebe hin und leerten den Becher der Wollust bis zur Neige. Erst um auf den Todeskarren zu steigen, rissen sie sich voneinander los ...«
Inwieweit solche Schilderungen den Tatsachen entsprechen, sei dahingestellt. Sie lesen sich schön. In den meisten Haftanstalten

sieht der Alltag, wie gesagt, trüber aus. Vor allem dort, wo die Machthaber nur die von ihnen speziell verfolgten Aristokraten und Priester hinhaftiert haben. Wie in den Gefängnissen des Madelonettes in der Rue des Fontaines-Du-Temple, im Sainte-Pélagie, im Le Plessis, im la Grande Force und la Petite Force und im L'Abbaye, das wie die Conciergerie zu den schlimmsten Häusern zählt. Die hier eingekerkerten Häftlinge unterstehen unmittelbar der Aufsicht Fouquier-Tinvilles, der dort wie überall Spione, »moutons« genannt, tätig werden läßt.
Ein solches Individuum ist der Kunstmaler Valagnos. Er gibt den Anstoß zum Start der großen Terroraktionen: Der öffentliche Ankläger hat von ihm eine Liste von Verdächtigen bekommen, die von der Anstalt Bicêtre aus eine royalistische Konspiration planen sollen. Unglaubwürdig, denn dort sitzen vor allem Kriminelle ein, Assignatenfälscher und Diebe, die dem »Tribunal criminel« zur Aburteilung unterstehen, denen aber nun von Fouquier-Tinville vor dem »Tribunal révolutionnaire« der Prozeß gemacht wird. 37 Personen werden auf die Guillotine geschickt, wenige Tage später folgen weitere 38 Bicêtre-Insassen.
Damit nimmt die Schreckensperiode ihren Anfang. Denn nun werden auf Bestellung und Befehl des öffentlichen Anklägers aus allen Gefängnissen Verschwörungen gegen die Nation gemeldet und ihre Urheber verurteilt. Automatisch verschärfen sich auch die Haftbedingungen für jene, die bislang human behandelt wurden. Am 20. Juni 1794 wird den Porte-Libre-Insassen das Schreiben und der Empfang von Briefen untersagt; am 4. Juli nimmt man ihnen die Musikinstrumente weg; am 20. Juli dürfen sie nicht mehr mit Messer und Gabel essen.
In den streng überwachten Anstalten für die Politischen haben solche Verbote von Anfang an bestanden. Trotzdem behalten viele der dort Eingelieferten bis zuletzt Haltung und Stil. So zieht der Exdeputierte Graf Beugnot bewundernd seinen Hut vor Madame Roland: »Ich muß zu ihrem Lob hinzufügen, daß sie sich sogar in der Tiefe des Kerkers ein rühmliches Reich geschaffen hat. Ohne Unterschied wurden die Herzogin von Grammont und eine Die-

bin, Madame Roland und eine Straßendirne, eine fromme Nonne und eine Dauerpatientin der Salpêtrière auf dasselbe Stroh geworfen und hinter dieselben Riegel gesperrt. Dieses Durcheinander hatte für die gebildeten Frauen etwas Unmenschliches, da sie das tägliche Schauspiel widerlicher und abscheulicher Szenen erdulden mußten. In jeder Nacht wurden wir von dem Geschrei unglückseliger Weiber geweckt, die sich prügelten. Das Zimmer aber, wo Madame Roland wohnte, wurde im Abgrund dieser Hölle zu einer Stätte des Friedens. Wenn sie auf den Hof herunterkam, stellte ihre Gegenwart die Ordnung sogleich wieder her, und die Frauen, auf die keine Macht der Welt Einfluß hatte, wurden durch die Furcht, ihr zu mißfallen, in Schranken gehalten.«

Nicht nur die Conciergerie, auch Gefängnisse wie La Salpêtrière, das umfunktionierte Frauenspital, sind in den Revolutionstagen mit Häftlingen beiderlei Geschlechts hoffnungslos überfüllt. Das ursprüngliche Pulvermagazin kann auf eine lange, traurige Geschichte zurückblicken. 1656 bereits war es eine Anstalt für streunende Bettlerinnen, Dirnen und Geisteskranke, 1686 wurde es ein Frauengefängnis, in dem manche Prominente wie die Halbweltdame Manon Lescaut oder die Gräfin de La Motte-Valois, die Drahtzieherin des Halsbandskandals, einsaß. Während der Septembermorde 1792 erringt die Salpêtrière schrecklichen Ruhm, als 45 Insassinnen von einem Volksgericht auf der Straße abgeurteilt und im Handumdrehen massakriert werden.

In den Monaten der »grande terreur« agieren in den Gefängnissen Richter und Aufseher, die, oft weintrunken und brutal, mit den Insassen keinerlei Nachsicht üben. Hier offenbart sich am deutlichsten, wie sich der Mensch (auch der der Revolution) als größter Feind seinesgleichen durchsetzt: mit barbarischen Methoden. Angestachelt von »Volksfreunden« wie einem Marat, der mit der Selbstverständlichkeit des seelenlosen Folterknechts in seiner Zeitung zum Daumen- und Ohrenabschneiden aufruft und sich in Horrorphantasien vom Zungespalten, Verbrennen und Pfählen ergeht. Und der, wenn die Arbeit der Guillotine nach seinem Geschmack zu langsam voranzugehen scheint, radikal die Gesetzgeber kritisiert: »Fünf- bis sechshundert abgeschlagene Köpfe hätten Euch Ruhe, Freiheit und Glück gesichert, eine falsche Humanität hat Euren Arm zurückgehalten und Euch am Zuschlagen verhindert... Um Euch vor dem Untergang zu bewahren, werdet Ihr vielleicht gezwungen sein, hunderttausend Köpfe abzuschlagen.«

Für Camille Desmoulins das Stichwort zu einer Antwort in seiner Zeitung »Révolutions de France et Brabant«, in der er das Pathos des Marat auf jene Bühne verlagert, die das Schafott der Guillotine darstellt. »Herr Marat, Sie machen schöne Geschichten! Fünf- bis sechshundert abgeschlagene Köpfe? Sie sind der Dramaturg unter den Journalisten. Die Danaiden, die Brameciden sind ja nichts im Vergleich zu Ihren Tragödien. Sie erwürgen ja alle im Stück mitwirkenden Personen bis auf den Souffleur. Sie verkennen gut, daß maßlos übertriebene Tragik kalt läßt.«

Das Schauspiel läuft schon: in den Gefängnissen mit nicht selten illustrer Besetzung; mal als donnerndes Kolportagedrama in ästhetischen Arrangements und wirkungsvollen Drapierungen, mal als Horrorstück, phrasenberauscht und pharisäerisch. Und in den Kulissen wartet so mancher Star auf sein Stichwort.

»Sie werden erstaunt sein, wie gut ich meine Rolle spiele!« ruft da der Generaladjutant Boisguyon mit breitem Lächeln Sanson entgegen, als der ihn in der Conciergerie abholt. Die Prostituierte Cathérine Halbourg, auch Eglé genannt, säuselt den Zuschauern kokettierend zu: »Auf Wiedersehen, meine Freunde. Es lebe Ludwig XVI.!« Die Prinzessin Thérèse Caroline von Monaco besteigt ebenfalls mit strahlendem Lächeln das Blutgerüst. Und die bereits mehrfach erwähnte Madame Roland »stellt Heiterkeit zur Schau«, nachdem sie einem anderen Todeskandidaten den Vortritt läßt. Dann verabschiedet auch sie sich pathetisch vom Publikum: »O Freiheit, wie hat man dir mitgespielt!«

Der Sieg des Wortes, das Pathos der Deklamation – viele der zum Tode Angeklagten haben Stil. Ihre letzten Sätze sind als Zitate in die Geschichte der Revolution eingestanzt; ebenso wie manche Szene, die sich unter dem Fallbeil abspielt. Darüber später mehr.

Vorerst warten sie in den Gefängnissen auf ihren letzten Auftritt.

Im L'Abbaye, wo 334 Personen während der »Septembermorde« massakriert wurden, sitzen zeitweise Madame Roland und die Marat-Mörderin Charlotte Corday, der ehemalige Finanzminister Clavière, der Herzog von Orléans und einige Girondins ein.

Im Gefängnis des Madelonettes sind der Marquis de la Tour du Pin, der Direktor der Oper, Lachabaussière, und 13 Schauspieler der Comédie Française untergebracht, die in unerschütterlicher Treue zur Monarchie stehen.

Im Gefängnis Porte-Libre geben die Damen den Ton an. In der Kapelle lassen sich Mademoiselle de Béthisy, Mademoiselle de Sombreuil und Madame de Montmorency-Laval vom Harfenspiel des ebenfalls inhaftierten Priesters de Marly verwöhnen. Und das Dichtertrio Elisabeth Vigée, Florian und Anne-Marie de Beaufort hinterläßt schmerzlich-süße Reime.

Quälende Zwischenstationen auf dem Weg zur Guillotine sind die bereits erwähnten Gefängnisse la Grande Force und la Petite Force in der Rue du Roi-de-Sicile. Jene Aristokraten müssen hier leiden, denen man enge Beziehungen zur königlichen Familie nachsagt. Prominenz ist hier registriert: die Chevaliers de Rhulières und de la Chesnaye, der Graf von Artois, der General von Bassancourt, der Herzog von Villeroy, der Marschall Philippe de Noailles, Charlotte Cordays heimlicher Verehrer Adam Lux aus Mainz, der Architekt Ledoux, der preußische Freiherr von der Trenck und der Schriftsteller Choderlos de Laclos (»Gefährliche Liebschaften«). Durch ihren entsetzlichen Tod kommt die erste Kammerzofe und Freundin der Königin, die Prinzessin von Lamballe, in die Revolutionsschlagzeilen. Den Force-Insassen droht täglich eine Visite des allmächtigen Fouquier-Tinville, da auch diese zwei Häuser ihm persönlich unterstellt sind.

Im Sainte-Pélagie-Gefängnis in der Rue de la Clef, das ebenso ausschließlich der Inhaftierung politischer Gefangener vorbehalten ist, leben 350 Personen in kleinen und von winzigen Fenstern erhellten Zellen. Ihr Bett ist ein Strohsack. »Hier gibt's nichts für nichts!« bescheidet der Direktor prominente Häftlinge und kassiert für jede Vergünstigung ein fettes Trinkgeld. Auch hier viel Prominenz: der Herzog von Biron, General der republikanischen Armee, und Madame Roland (sie saß in mehreren Gefängnissen ein), Françoise de Beauharnais, Schwägerin von Josephine Bonaparte, die Gräfin Du Barry, die Freundin von Marat, Simonne Evraerd, und seine Schwester Albertine Marat sowie die Damen Sainte-Amaranthe. Und Madame de Montreuil. Sie verdankt dem Staatsanwalt der »Section de Piques«, dem Marquis Donatien Alphonse de Sade, die Rettung vor der Guillotine. (Gerügt ob zu milder Prozeßführung Republikfeinden gegenüber, wird er sein Ehrenamt zur Verfügung stellen. »Sie wollten mich dazu bringen, Abscheulichkeit, Unmenschlichkeit ins Werk zu setzen«, kommentiert er seine Demission. »Ich habe das niemals gewollt.« De Sade ist 1793 53 Jahre alt und hat elf Jahre Haft in Vincennes und in der Bastille hinter sich.)

Leben in die düsteren Zellen des Sainte-Pélagie bringen 15 Schauspielerinnen des Théâtre Français, die selbst in der Haft aus ihrer Antipathie gegen die neuen Machthaber kein Hehl machen.

Und das Gefängnis Saint-Lazare in der Rue du Faubourg-Saint-Denis ist ein muffiger Bau aus dem 17. Jahrhundert, in dem vor der Revolution schwererziehbare Kinder in Gewahrsam gewesen waren. Für 600 Livres Kostgeld pro Jahr hatte man die Sprößlinge wohlhabender Eltern dort bei Brot und Wasser in eine harte Zucht genommen.

Nach 1720 führte man dem Saint-Lazare nur noch solche »Gäste« zu, die entweder eine »Lettre de cachet« des Königs – ein Freibrief, der die willkürliche Einkerkerung des Betroffenen ohne Verhandlung gestattete – aus dem Verkehr zog oder die auf Antrag ihrer Familie bei den Ministerien arretiert wurden. 1771 waren das 56, 1780 40 Personen. 1789 wird die Anstalt im Zug erster Revolutionsunruhen von 200 Aufständischen gestürmt und ihrer Vorräte, Korn und Wein, beraubt. Ab 1793 werden politische Gefangene eingeliefert. Unter ihnen der Dichter André Chénier, die Marquise von Fleury, der Marquis Alexandre Crequi de Montmorency, der 75jährige Graf von Vergennes, die letzte Äbtissin von Montmartre, Madame de Montmorency-Laval und die Tänzerin Mademoiselle Dervieux. Noch 1935 wird dieses Gefängnis Prostituierte und Landesverräter aufnehmen, so die Spionin Mata Hari.

Im Gefängnis Anglaise, einem ehemaligen Benediktinerkloster, residiert, unermüdlich intrigierend, der royalistisch gesinnte Baron Batz. Immer wieder versucht er über Mittelsmänner mit der königlichen Familie Kontakt aufzunehmen und Befreiungsaktionen zu starten. Auch eine seiner angeblichen Liebhaberinnen, die Schauspielerin Marie Babin de Grandmaison, hat man hier inhaftiert. Über ihre Person konstruieren die Ankläger unter Fouquier-Tinville eine Verbindung zu den Sainte-Amaranthes und ihrem von »revolutionärer Aristokratie infizierten Salon«.

Von Bicêtre und dem Luxembourg-Gefängnis war schon die Rede. Erwähnt seien noch einige andere Häuser, in denen sich die Crème der Gesellschaft notgedrungen ein Stelldichein gab. So im Plessis. Auch hier viele Frauen von Rang und Namen: die Prinzessin von Monaco, die Kreolin Montreal, Geliebte des englischen Bankiers Walter Boyd, die Frau des Batz-Sekretärs Deveaux, die Gräfin von Linières. Sie alle waren von einem »mouton«, der intriganten Jeanne Ferniot, angezeigt worden.

Die Aufzählung der Gefängnisse, meist ehemalige Paläste und Kasernen, Klöster und Hospitäler, ließe sich beliebig fortsetzen. Die Revolutionäre haben in der Hauptstadt keine Schwierigkeit, wenn es gilt, die Feinde der neuen Republik hinter Schloß und Riegel zu bringen. Selbst für den König und seine Familie ist gesorgt. Im Temple, einem finsteren Bau mit dicken Mauern und Türmen in der heutigen Rue du Temple, werden die Majestäten am 10. August 1792 arretiert. Womit auch Charles-Henri Sanson wieder in Erscheinung tritt, der mit der Liquidation von Ludwig XVI. am 21. Januar 1793 um 10.20 Uhr auf der Place de la Révolution beauftragt wird.

DIE OPFER

Marie Antoinette auf der Fahrt zum Schafott, Zeichnung von J. L. David

X

Ludwig XVI.: Jeder König ist ein Rebell und Verräter. Der Vatermord. Die Majestät: »Ich sterbe ohne Schuld!«

Am 17. Januar 1793 verurteilen sie ihn zum Tode.
721 Mitglieder des Konvents (28 sind abwesend) beantworten die Frage nach dem Strafmaß für den König einzeln am Rednerpult und begründen ihre Entscheidung. 36 Stunden dauert die Sitzung. 361 sind für die Todesstrafe.
Die Scharfmacher der Revolution, Robespierre und Marat, hatten bereits Monate zuvor auf die Notwendigkeit seines Todes hingewiesen.
»Ludwig muß nicht mehr verurteilt werden, er ist es bereits. Er ist König gewesen, nun ist die Republik geboren. Er verriet das Volk wie ein Verräter; das Volk und der Sieg haben entschieden, daß er allein der Verräter ist.« (Robespierre am 3. Dezember 1792)
»Jeder König ist ein Rebell und Verräter!« (Saint-Just am selben Tag)
»Wir müssen die Freiheit erhärten und die öffentliche Ruhe durch die Bestrafung des Tyrannen gewährleisten.« (Robespierre am selben Tag)
So wagt es kaum ein Abgeordneter an diesem 17. Januar, sich auf die gültige Verfassung des Jahres 1791 zu berufen, in der die Person Seiner Majestät für unantastbar erklärt wurde. Die Befürworter der öffentlichen Hinrichtung Ludwigs XVI. von Gottes Gnaden überzeugen alle Zweifler durch radikale Rhetorik.
»Könige sind des Todes würdig von dem Augenblick an, da sie das Licht der Welt erblicken.« (Jacques Roux)
»Wenn man ihn richtet, ist er tot.« (Danton)
»Es ist besser, daß Ludwig stirbt, als daß 100 000 tugendhafte Bürger umkommen. Ludwig muß sterben, weil das Vaterland leben muß.« (Robespierre)
»Nicht nur Ludwigs Taten sind verdammenswert, sondern die

Tatsache, daß er König ist. Es ist unmöglich, in Unschuld zu regieren.« (Saint-Just)
Selbst der Herzog von Orléans alias Philippe-Egalité stimmt der Verurteilung seines Verwandten zu. »Im Bemühen, stets meine Pflicht zu tun, und in der Überzeugung, daß alle, die einen Anschlag auf die Souveränität des Volkes planten oder planen werden, den Tod verdienen, stimme ich für die Todesstrafe.«
Energisch gegen die Verurteilung spricht sich der Abgeordnete des Departements Pas-de-Calais aus. Der gebürtige Engländer Thomas Paine, in seiner Heimat wegen seines Buches »The rights of man« verfolgt und nach Frankreich geflohen, führt leidenschaftlich aus: »Die Bürger der Vereinigten Staaten betrachten diesen Mann, den Sie zum Tode verurteilen, als ihren besten Freund, als den Begründer ihrer Freiheit. Dieses Land ist heute ihr einziger Verbündeter; nun gut, jetzt bin ich zum Sprachrohr dieser Nation geworden und bitte Sie, das Urteil, das Sie eben fällten, auszusetzen. Gönnen Sie dem Despoten von England nicht das Vergnügen, den Mann auf dem Schafott zu sehen, der unsere Brüder in Amerika von der Tyrannei befreit hat.« (Paine wird später als Sympathisant der Girondisten im Luxembourg inhaftiert, wo er sein Buch »The age of reason« schreibt. Dort begegnet er auch Danton.)
Charles-Henri Sanson wohnt der Konventssitzung auf der Zuschauertribüne bei. Der Monarchist ahnt das Ende. Er wird jenen Menschen köpfen müssen, dessen Vorfahr seinem Ahnen Charles Sanson de Longval 1688 das Amt des Scharfrichters in der Hauptstadt verliehen und ihn als »Monsieur de Paris« mit Pflichten und Rechten ausgestattet hatte. Im Namen der Majestät zu handeln und keinen Deut den Weg des Gesetzes zu verlassen war den Sansons immer höchste Aufgabe gewesen. Als verlängerter Arm einer Justiz, die in den letzten Jahren vor der Revolution auf königlichen Befehl sogar Toleranz üben durfte.
Ludwig XVI. hatte im Rechtswesen Reformen durchgeführt. Nicht nur waren die Zustände in den Gefängnissen verbessert worden – endlich trennte man Kriminelle nach Geschlechtern

voneinander –, er hatte auch Gefängniskrankenhäuser gegründet und die Folter stark eingeschränkt. Und das gegen die Überzeugung mancher bedeutender Juristen, die Quälereien immer noch für ein wesentliches Mittel der Wahrheitsfindung hielten.
Ludwig hatte damit nichts im Sinn; Folterungen waren für ihn inhuman und barbarisch. »Ich frage mich«, äußerte er einmal, »ob bei der Anwendung der Folter nicht die körperliche Widerstandskraft eines Menschen über Schuld und Unschuld entscheidet.«
Am 20. August 1780, 23 Jahre nach dem bereits geschilderten schrecklichen Damiens-Hinrichtungsspektakel auf der Place de Grève, untersagte er endgültig Vorstellungen dieser Art. Kein Franzose durfte von nun an bis an die Grenzen menschlicher Widerstandskraft und darüber hinaus gefoltert werden. Egal, welches Verbrechen auch immer er begangen hatte.
Todesurteile im Namen des Königs wurden nach wie vor ausgesprochen. So 1785, als ein Perücken- und ein Schleiermacher, Rebellen gegen den kontrollierten Getreidehandel, hingerichtet wurden. Der König selbst hatte damals den Preis für viereinhalb Pfund Brot auf dreieinhalb Sous festgelegt.
Wie die Majestät war ja auch Charles-Henri Sanson den schrecklichen Prozeduren der Folter immer abgeneigt gewesen. In seiner humanistischen Grundauffassung, genährt in der Gesellschaft der Ausgestoßenen durch die aufgeklärte Literatur eines Rousseau und Montesquieu, eines Diderot und Voltaire, hatte er den Menschen bereits zum Idol mit fast abstrakter Moral erhoben, nach der Natur und Vernunft miteinander im Einklang standen. Dieses Heute dem Morgen zu opfern, die Minderheit einer Mehrheit, die Freiheit des einzelnen dem Kollektiv, und die Brüderlichkeit durch revolutionäre Freiheit, sprich: durch Gefängnis und Guillotine, erreichen zu wollen mußte den sensiblen Sanson erschüttern. Denn Besitz, materielle Güter also, ein Haus und eine Bibliothek, waren für ihn, nach dem Wortlaut der Diderotschen Enzyklopädie, »Grundlage des Glücks«. Nie hätte ein Sanson einen so revolutionären Satz befürwortet wie: »Die Natur hat

uns gleich geschaffen. Wenn es dem Schicksal gefällt, diese ursprüngliche Absicht der allgemeinen Gesetze umzusteuern, liegt es an uns, seine Launen zu korrigieren.« (De Sade)

Die Laune, einen König nicht nur abzusetzen, sondern zu eliminieren, muß Charles-Henri Sanson schwer getroffen haben. Wenn ihn auch die »frohe politische Botschaft« des Jahres 1789 begeisterte, so war für ihn die Monarchie als konstitutionelle Einrichtung jedoch unantastbar.

Daß nun die von ihm und den Seinen geachtete und verehrte Majestät einer anarchischen Gesellschaft zum Opfer fiel, wollte und konnte er nicht begreifen.

Ludwig XVI. war für Sanson immer jene Obrigkeit gewesen, die Gesetze genehmigte und verwarf, Minister berief und entließ, Kriege erklärte und Frieden schloß: eine Autorität, an der ein rechtschaffener Bürger keine Kritik zu üben hatte, ein Vater des Volkes. Königsmord – das war Mord an einem Vater, dessen Naturrecht die absolute Herrscherwürde war. Daß Menschen durch den öffentlichen Tod dieses Mannes nun erwachsen und mündig werden und Autonomie gewinnen sollten, konnte und wollte Charles-Henri wohl nicht einsehen. Den wahren Ludwig, einen nachgiebigen und weichherzigen Politiker, den schlaffen Vorstand einer Klasse, die sich längst selbst das Grab geschaufelt hatte – diesen Mann kannte Sanson nicht. In seiner Welt existierte nur die Person des Allgewaltigen im Glanz der Krone.

Das Spiel hinter den Kulissen königlicher Macht wie auch der Blick hinter die Mauern des Schlosses von Versailles sind den Sansons stets verborgen geblieben. Ihnen entging, wie die Sitten allmählich verwilderten und das Land vom Kopf an zu faulen und – zu stinken begann. Sie übersahen die Schwächen der Majestät. Wie sein Vorgänger, der die notwendigen Steuerreformen, dem Klerus und Adel endlich Abgaben abzuverlangen, immer wieder hinausgeschoben hatte, war auch Ludwig XVI. ein Boudoirkönig. Doch er bewegte einiges, sicherte den Geschlechtskranken kostenlose ärztliche Behandlung zu, verstaatlichte das Transportwesen und ließ die Beförderung seiner Soldaten nicht nur

nach Verdiensten, sondern auch nach Dienstalter vornehmen. Rekruten durften nicht mehr mit Gewalt angeworben werden.
Aber mit dem Staatsbudget ging's weiter bergab. Der Finanzexperte Necker versagte auf der ganzen Linie. 1781 wurde von Experten ein Defizit von 90 Millionen Livres festgestellt. Ein neuer Mann, Charles Alexandre de Calonne, wurde zum Staatsinspekteur der Finanzen ernannt. Nur konnte auch er das Bruttosozialprodukt nicht steigern und den Adel nicht dazu bewegen, sich am Bau von Wasserwerken zu beteiligen, in Baumwollspinnereien oder Forschungslabors wie das von Claude Berthollet zu investieren (der die Zusammensetzung von Ammoniak entdeckte und über Chlor und dessen Verbindung arbeitete). Die Aktien von Zechen und Textilfabriken blieben liegen.
Trotz der Zurückhaltung des Adels bei Investitionen dieser Art geht die Entwicklung der Wirtschaft voran. Ludwigs persönliches Pech: 1788 besitzt er keinen Sou mehr. Gewiß, das war seinen Vorfahren schon oft passiert, aber immer wieder konnten agile Minister in letzter Sekunde Gelder auftreiben, indem sie die Bürger und Bauern des Landes mit neuen Steuererlassen zur Ader ließen. Aber nun, unter Ludwig XVI., geht nichts mehr.
Das Privatleben dieses nicht eben faszinierenden Mannes spielt sich in wenigen Räumen des riesigen Schlosses Versailles ab. Oder auf der Jagd in den großen Wäldern. In seinen penibel geführten Tagebüchern hält er zwischen 1774 und 1789 eine imponierende Strecke fest: 189 251 Stück Wild. Und er sammelt Landkarten, schmiedet in einer Hobbywerkstatt kunstvolle Türschlösser und pflastert wie ein Maurer die Innenhöfe des Palastes.
Aber dieser ruhige, dickliche und auf zeitgenössischen Gemälden oft stupide wirkende Herrscher hat auch eine sadistische Seite: Mäuse und Ratten köpft er gerne. Manchmal seziert er die noch lebenden Tiere.
Sehr bezeichnende Schwächen in einer Zeit, deren Gesellschaft den Verfall in sich trägt. Ludwigs Neurosen lassen die Katastrophe erahnen: Ein Tanz auf dem Vulkan steht bevor. Prunk einer-

seits, hohl und leer, und horrende Armut andererseits, beißend und quälend, müssen irgendwann zusammenprallen. Und die Rollen sind schon verteilt.

Symbol für den Untergang dieses Königs und den totalen Ruin seines, des ersten, Standes mag jenes »Kuckucksei« sein, das sein Großvater Ludwig XV. ihm ins Nest gelegt hat. Eine gewisse Jeanne Bécu, Tochter einer Wäscherin und in ihrer Jugend als Verkäuferin in einem Hutsalon tätig, von wo sie dann zur Edelnutte im Haus der Madame Gourdan avancierte. Diese hatte jahrelang seinen Großvater mit jungen Elfen beliefert. Und schickte ihm auch Jeanne Bécu ins Bett. Sie machte Eindruck und wurde von Ludwig XV. mit dem übel beleumdeten Gascogner Grafen Jean Du Barry verheiratet. So war der Schein des Anstands gewahrt, und Seine Majestät hatte eine Nachfolgerin für seine Altmätresse Madame Pompadour gefunden. Als der König starb, übernahm der Enkel die Lebedame in Kost und Logis. Und mit ihr auch die Sittenlosigkeit des Großvaters, der früher nackt mit seiner Odaliske im Hirschpark gebetet und manchen Schnickschnack mit ihr getrieben hatte. Geduldet und lüstern beobachtet von seinen Abbés, die selbst auch keine Kinder von Traurigkeit waren: Jesuiten, die so gerne die Töchter reicher Witwen trösteten und sie sich durch halbmystische Verführungen unterwarfen. Diese Hohenpriester mancher Satansmessen lebten auch im Palast des XVI. Ludwigs als Freunde der Du Barry und eines haltlosen Adels.

Überhaupt ist die Hauptstadt Paris in puncto Sittenverfall tonangebend. Auf 45 Einwohner kommt eine Dirne. Das Bordell ist der bevorzugte Treffpunkt des Lebemanns und Paris die sinnlichste und raffinierteste Stadt der Welt. Welch ein Image. Nicht nur Restif de la Bretonne hat das in seinen Büchern geschildert. Sein Zeitgenosse Louis Sébastien Mercier läßt ganze Brigaden von Edelgaunern und Spitzbuben, Nichtsnutzen, Galanen und »jungen ledigen Damen« in seinem »Tableau de Paris« aufmarschieren. Seine Vedetten sind vor allem leichtlebige Modistinnen in »Buden«, die »gelegentlich auch ein Abbé, ein Militär oder ein junger Senator betritt. Um den Schein zu wahren, kaufen sie etwas, verschwenden aber auf die Ware keinen Blick, ihre Aufmerksamkeit gilt allein der Verkäuferin...«

Abbé Prévost idealisiert das Freudenmädchen Manon zur vorrevolutionären Marianne. Ein Ideal für junge Stürmer und Dränger, die sich in dieser Stadt oft und gern auf halbseidenen Pfaden bewegen. In die Comédie Française etwa, deren Star, die Dubois, in zwanzig Jahren 16 527 Männer geliebt haben will.

Solchen Rekorden eifert man bei Hofe ungehemmt nach. Schon seit dem 16. Jahrhundert war er moralisch total verseucht. Nicht nur Kammerherren und Zofen stehen für sexuelle Wünsche der Majestäten zur Verfügung. Das Abartige ist hier Mode und Norm. Die in Paris übliche Kinderprostitution führt zu reger Nachfrage des Adels. »Monsieur denkt an nichts anderes, als was seiner Buben Bestes ist«, notiert Liselotte von der Pfalz über ihren Sohn, den Regenten Ludwig XV. Der hatte überhaupt rare Neigungen, liebte die Tiere, quälte die Menschen und schickte den Chevalier d'Eon als Spion in Frauenkleidern nach Moskau.

Was wußte schon ein Charles-Henri über solche Zustände? Isoliert in seinem gemütlichen Haus und zu der Zeit nur selten beschäftigt, wachte er über seine Familie, die sich gerade von einem bösen Schicksal befreit hatte und ehrbar geworden war. Den Absturz monarchistischer Traditionen in ein sittenloses Chaos hätte dieser Mann nie wahrhaben wollen. Noch schwerer vorstellbar war für ihn die Tatsache, daß aus radikaler Anarchie eine neue, eine demokratische Verfassung entstehen könnte.

Sie konnte. Nach der totalen Verwilderung des Adels und seines obersten Dienstherrn kam es zu der berühmt gewordenen symbolischen Handlung. Am 14. Juli 1789 wird die Bastille erstürmt und geschleift. Das Fieber erfaßt Frankreich. Und nachdem Ludwig 1791 mit seiner Familie gar ins Ausland hat fliehen wollen, um mit Hilfe der Verwandten dem Königtum in Frankreich neuen Glanz zu verleihen, ist er »reif«. Das Urteil wird zwei Jahre später gefällt und dem abgesetzten Monarchen, dem Bürger Louis Capet, im Temple vorgelesen:

»Artikel 1: Der Nationalkonvent erklärt Louis Capet, den letzten König der Franzosen, der Verschwörung gegen die Freiheit der Nation und des Anschlags gegen die allgemeine Sicherheit für schuldig.
Artikel 2: Der Nationalkonvent verhängt die Todesstrafe über Louis Capet.
Artikel 3: Der Nationalkonvent erklärt für nichtig den von seinen Räten vor den Konvent gebrachten Antrag des Louis Capet, qualifiziert als Appell an die Nation gegen das vom Konvent gefällte Urteil; er verbietet jedem, wer es auch sei, ihm irgendwelche Folge zu leisten, bei Androhung, verfolgt und bestraft zu werden als schuldig des Anschlags gegen die allgemeine Sicherheit der Republik.«
Charles-Henri Sanson bekommt den Auftrag, die Hinrichtung für den 21. Januar vorzubereiten. »Ich werde alle Maßnahmen treffen«, teilt er dem »Procureur général syndic« in einem Brief mit. »...der Zimmermann ist bereits angewiesen worden, die Maschine an der gewünschten Stelle zu installieren.
Es ist unbedingt erforderlich, daß ich erfahre, wie Ludwig den Temple verlassen wird. Stellt man ihm eine Karosse zur Verfügung, oder benutzt er den sonst bei Exekutionen üblichen Karren? Was soll nach der Hinrichtung mit seiner Leiche geschehen? Ist es notwendig, daß ich und meine Gehilfen um acht Uhr am Temple sind, wie es der Befehl verlangt?
Wenn ich ihn nicht am Temple in Empfang nehme, bitte ich um genaue Anweisung, wo ich warten soll.
Da keine dieser Einzelheiten in dem Befehl erläutert ist, wäre es erwünscht, daß der ›citoyen suppléant procureur-syndic‹ (stellvertretender Staatsanwalt, d. Verf.) des Departements mich so bald wie möglich mit diesen Informationen versieht, während ich mich bemühen werde, alle Maßnahmen zu treffen, die eine pünktliche Exekution gewährleisten.« (S)
Der Gehorsam der neuen Regierung gegenüber hat die Gewissensbisse des Royalisten Sanson besiegt; das ausführende Gesetzesorgan kann sich auf ihn verlassen. Der Vollstrecker wird sei-

nes Amtes walten, »Monsieur de Paris«, ein treuer Diener auch seiner neuen Herren ...

Der Gang in den Temple bleibt Sanson und seinen Gehilfen erspart. Die letzte Vorbereitung für die Hinrichtung Ludwigs, die »Toilette«, soll, so hat man es ihm mitgeteilt, auf dem Schafott erfolgen, im Angesicht des Volkes. Die Hinrichtungsmannschaft hat sich ab acht Uhr an der Guillotine bereitzuhalten.

Des Königs letzte Stunden sind überliefert. Der Kammerdiener und Barbier Jean-Baptiste Cléry zeichnete den Ablauf der fünf Monate auf, in denen er Ludwig im Temple bediente.

Man hatte den König und seine Familie in einem der zwei Türme, dem »grande tour«, dieses düster-romantischen Baus untergebracht. In klammen Räumen, die von Wächtern rund um die Uhr bewacht wurden. Die kleinen Häuser vor den Türmen waren abgerissen worden, um freie Sicht auf das Gefängnis zu haben und jeden Fluchtversuch sofort zu unterbinden.

Durch seine königlichen Gäste wurde der Temple ebenso wie die gestürzte Bastille zum Symbol für die Macht des Volkes und den Sieg der Revolutionäre. Im Jahr 1118 unter dem Einfluß des heiligen Bernhard gegründet und im Besitz der Templer, wurde hier jahrzehntelang der Schatz des Ordens aufbewahrt. Könige wie Heinrich IV. hofierten den Orden, Philipp IV., genannt der Schöne, war es dann, der in Opposition ging, nachdem ihm die Aufnahme in den erlauchten Kreis der Ritter verweigert worden war. Gemeinsam mit Papst Clemens V. warf er den Templern Ketzerei, Blasphemie und Sodomie vor und schickte 1314 54 von ihnen auf den Scheiterhaufen. Den Schatz der Templer, wertvolle Dokumente und Aufzeichnungen, konnte er jedoch nicht in seinen Besitz bringen.

Was von dem Orden blieb, war der »Temple« – ein Bau, von Mysterien durchtränkt, voll spukhafter Nachtexistenzen. Das leise Klopfen dunkler Spiritualität und eine unstillbare Sehnsucht nach ewiger Macht wohnten seinen Mauern inne. Wuchtig und finster erhoben sich die Türme am Ufer der Seine – Relikte aus einer Zeit, in der Feme, Folter und Inquisition das Leben beherrschten. (Daß der achtjährige Mozart mit seiner Schwester im großen Saal dieser Burg musizierte, ist kaum vorstellbar.) Die Revolutionäre ließen sich davon nicht schrecken und gaben sich in direkter Nachbarschaft zu ihren königlichen Gefangenen hemmungslosen Gelagen hin.

Während ihrer Haft haben die Majestäten jedoch nicht schlecht gelebt. 13 Angestellte bedienten allein Ludwig in den ihm zugewiesenen vier Zimmern rund um die Uhr. Vor allem sorgten sie für sein leibliches Wohl, was ihm ja sehr am Herzen lag. Täglich wurden ihm drei Suppen zur Auswahl kredenzt, zwei Braten, Kompotte, Malvasierwein und Champagner aus Bordeaux. Er konnte in seiner eigenen Bibliothek schmökern oder täglich mit einem Geistlichen stundenlange Gespräche führen. An den Nachmittagen spielte er im Garten mit seinen Kindern Tricktrack oder Pikett. Wahrlich kein entbehrungsreiches Leben. Mehr ein Exil mit vielen Annehmlichkeiten.

Allerdings mußte Ludwig auch Beleidigungen hinnehmen. Die oft brutalen Sansculotten-Wärter beschimpften ihn, die Anwohner des Viertels warfen Steine gegen die Fenster. Als während der Septembermassaker die Prinzessin von Lamballe ermordet wurde, war Ludwigs königlicher Kredit total verspielt. Verächtlich redeten ihn die Bewacher nur noch mit Bürger Capet an und beschimpften Marie Antoinette als Hure.

Am 20. Januar wird Louis Capet offiziell sein Urteil mitgeteilt. Etwa 15 Personen, unter ihnen der Justizminister Garat, der Außenminister Lebrun, der Bürgermeister von Paris und der öffentliche Ankläger, beehren die Majestät im Temple. »Der König«, so sein Kammerdiener Cléry später, »ließ keine Veränderung in seiner Miene erkennen. Bevor sie gehen, übergibt er ihnen Adresse und Namen des Beichtvaters, von dem er auf seiner letzten Fahrt begleitet werden will: ›Monsieur Edgeworth de Firmont, 483, rue du Bac‹.«

Am selben Tag speist Ludwig noch einmal mit der Familie, um dann beherrscht Abschied zu nehmen. Cléry hat das in seinem »Journal« eindrucksvoll beschrieben:

»Diese schmerzliche Szene dauerte sieben Viertelstunden, während denen es nicht möglich war, etwas zu hören; man sah nur, daß das Schluchzen der Prinzessinnen nach jedem Satz des Königs stärker wurde...«

Die Nacht vom 20. zum 21. Januar ist feucht und kalt im Temple. Auf die Straßen der Stadt hat sich ein feiner Schneestaub gelegt. Der König schläft tief, hört nicht den Aufmarsch der Soldaten und Nationalgardisten, die ab drei Uhr zwischen Temple und Schafott auf der Place de la Révolution Aufstellung beziehen. Um fünf Uhr macht Cléry Feuer im Kamin. Ludwig erwacht. »Ich habe gut geschlafen, ich hatte es ja nötig«, sagt er. Cléry kleidet ihn an, stellt einen kleinen Tisch als Altar in die Mitte des Raums. Der gewünschte Priester kommt, betet mit dem König. Um acht Uhr betritt der Bataillonschef der Nationalgarde, Antoine-Joseph Santerre, ohne die Kopfbedeckung abzunehmen, den Raum, um die Majestät abzuholen. In seiner Begleitung befinden sich einige Abgeordnete der Kommune und der radikale Jacques Roux.

Der König leert seine Taschen, legt den Inhalt – eine Uhr, ein Medaillon, ein Schnupftuch – auf den Kamin. Er bittet Roux, sein Testament in die richtigen Hände zu geben. »Ich bin nicht hier, um Ihre Befehle entgegenzunehmen«, sagt der. »Ich bin hier, um Sie zum Schafott zu bringen.«

Als Cléry dem König die Haare schneiden will, wird ihm bedeutet: »Der Henker ist gut genug dafür!«

Roux hat in seiner Eigenschaft als Munizipalbeamter und Kommissar der Gemeindeverwaltung der Kommune später über diesen Aufbruch aus dem Temple ein Protokoll vorgelegt:

»Wir haben uns in den Temple begeben; da haben wir dem Tyrannen angekündigt, daß die Stunde der Hinrichtung da sei.

Er verlangte, einige Minuten für seinen Beichtiger zu haben. Er wollte uns ein Päckchen geben, das wir Euch zustellen sollten; wir erwiderten ihm, daß wir nur den Auftrag hätten, ihn zum Schafott zu führen. Er antwortete: ›Das ist richtig.‹

Er gab das Päckchen (sein Testament, d. Verf.) einem unserer

Kollegen. Er empfahl seine Familie und bat, Cléry, sein Kammerdiener, solle Kammerdiener bei der Königin werden, dann verbesserte er sich schnell und sagte: ›bei meiner Frau‹. Überdies bat er, daß seine früheren Diener in Versailles nicht vergessen würden. Er sagte zu Santerre: ›Gehen wir.‹ Über den einen Hof ging er zu Fuß und stieg im zweiten in den Wagen. Unterwegs herrschte das tiefste Schweigen.«

Gut soll Ludwig an diesem Morgen ausgesehen haben, als er in Begleitung des 47jährigen Priesters Henry Essex Edgeworth in die Kutsche steigt.

Ganz Paris ist auf den Beinen. »Man hört den Generalmarsch trommeln; das Klirren der Waffen, das Getrappel der Pferde, den Transport der Kanonen, die unaufhörlich aufgefahren und wieder umgefahren werden.« (Cléry)

Die Stadt ist unter Waffen in diesen frühen Stunden. Um eventuellen Aktionen royalistischer Gesinnungsfreunde vorzubeugen, hat man auch Teile der Armee abkommandiert. »Zu dieser Zeit gab es nicht einen königlichen Beamten der Monarchie, der, was die Rettung des Königs betraf, nicht einen solchen Plan gehabt hätte.« (S)

Einige Verdächtige hatte die Regierung vorsichtshalber festgesetzt. Vorkehrungen, die ihre Wirkung nicht verfehlten und zweifellos geplante Befreiungsaktionen im Keim erstickten.

Charles-Henri Sanson macht sich an diesem Tag nicht ohne Herzklopfen auf den Weg zur Place de la Révolution. Schon Tage zuvor hatten ihn Royalisten wissen lassen, daß er das Schafott gar nicht erst aufzustellen brauche, weil Ludwigs Befreiung unmittelbar bevorstehe. Während der Fahrt vom Temple zur Guillotine solle es geschehen, und er, Sanson, werde von tausend Dolchstichen zerfetzt, falls er sich dem Widerstand in den Weg stellen sollte. Besser sei es für ihn, mit den Rettern zu kooperieren und die Fahrt zum Hinrichtungsplatz taktisch in die Länge zu ziehen.

»Monsieur de Paris« braucht auf solche Vorschläge nicht zu reagieren; denn Ludwig tritt ohne ihn die letzte Fahrt an. In einer standesgemäßen Kutsche, die nach unterschiedlichen Aussagen von Zeitgenossen mal geschlossen, mal offen war. Sicher ist, daß die Majestät einen sehr gefaßten Eindruck machte, ja heiter und überlegen wirkte und den Wagen wie zu einer Spazierfahrt bestiegen hat, »...in gleichgültiger Freimütigkeit... die seinen Kopf emporhielt, ihn rechts und links wandte, aber über keinem Gegenstand weilen ließ« (Oelsner).

Glaubte er nicht an die Hinrichtung, hielt er das Ganze für einen makabren Scherz, den man sich mit ihm erlaubte? Oder war er von einer Befreiungsaktion so überzeugt, daß er das Bild des Schafotts einfach verdrängte?

Dabei sind die Straßen von Bewaffneten gesäumt. Und hinter dieser Mauer starrt das Volk auf das erste namhafte Opfer der neuen Hinrichtungsmaschine.

Leider existieren keine detaillierten Aufzeichnungen des Priesters Edgeworth. Ihn soll Ludwig um sein Brevier gebeten haben, um während der immerhin zweistündigen Fahrt zur Place de la Révolution Psalmen zu lesen. Maxwell, ein anderer Engländer, hat diese Aussage gemacht. Er befindet sich im Gefolge von Santerre, dem Bataillonschef der Nationalgarde. Maxwell spricht von imponierender »Seelengröße«, von viel »Gemütsruhe während des Zuges«, von einer »Stärke, die immer Stärke bleibt«. Auch dieser Augenzeuge ist der Ansicht, daß Ludwig noch in allerletzter Sekunde begnadigt wird. »Diese Idee, von einer großen Menge Möglichkeiten genährt, mag allerdings ein wichtiger Bestandteil seines Heldenmuts gewesen sein.«

Als Charles-Henri Sanson mit seinen Brüdern Charlemagne und Louis-Martin um acht Uhr auf der Place de la Révolution erscheint, haben die Gehilfen Gros und Barre mit den Zimmerleuten die Guillotine schon errichtet. Um für eventuelle Ausschreitungen des Publikums gerüstet zu sein, trägt die Mannschaft unter ihren Regenmänteln Pistolen, Pulver und Kugeln. Auch Sansons Sohn Henri ist vor Ort – in der Uniform eines Gardisten. Wenige Meter vom Vater entfernt bezieht er Aufstellung,

ebenfalls nicht ohne Hoffnung, daß im letzten Augenblick die Guillotinierung des Königs durch ein gütiges Eingreifen verhindert werde. Vielleicht sogar von den tausend Zuschauern, jener wankelmütigen Menge, deren Laune so rasch ins Gegenteil umschlagen und aus der »dem Monarchen angedrohten Hinrichtung eine Huldigung machen könnte« (S). »Wie groß und schön es gewesen wäre, wenn, nachdem der Repräsentant den Schuldigen verurteilt, ihn das Volk begnadigt hätte!« (Oelsner)
Das Rasseln der Trommeln wird lauter, die ersten uniformierten Einheiten kommen in Sicht, brechen eine Schneise in die Zuschauer; dann immer mehr Soldaten, die Geschütze heranrollen; hinter ihnen reiten Santerre und seine Kavalleristen ins weite Rund der Place de la Révolution ein. Und dann erscheint die Kutsche mit dem König, der nach der Verfassung geheiligten Person, dem Vater aller Franzosen.
Das Volk von Paris ist bereit zum Vatermord. Ein Spektakel ohne Beispiel. Im Namen des Volkes soll Ludwig sterben, damit Hierarchie, Gehorsam und Väterlichkeit durch Freiheit, Gleichheit und Brüderlichkeit ersetzt werden können. Die Freiheit soll total sein, Respekt vor Obrigkeiten null und nichtig.
Sanson steht am Fuß des Schafotts, wo er von nun an immer Aufstellung beziehen wird. Er sieht den Priester aussteigen, der dem König seinen Arm beim Verlassen des Gefährts bietet. Der trägt einen braungesprenkelten Rock und ebensolchen Kragen, eine weiße Weste aus Marseiller Piqué, eine Kniehose aus grauem Kaschmirtuch und grauseidene Strümpfe, goldene Schnallen an den Schuhen, einen Hemdkragen aus Musselin. Die Haare sind wie üblich gepudert, dezent, und am Hinterkopf zu einem Knoten aufgeschürzt.
Ihn gilt es abzuschneiden. Aber Charles-Henri Sanson wird es nicht tun. Er wird dem König auch nicht die Hände auf dem Rücken binden. Charlemagne hat sich für diese Aufgaben zur Verfügung gestellt.
Haben sie sich angeschaut? Hat der König den Henker Charles-Henri Sanson wahrgenommen, als der den Wagen verläßt, einige

Sekunden auf dem Trittbrett der Kutsche verweilt, vielleicht tief Luft holt und das vor ihm aufragende Blutgerüst mustert? Hat er den von ihm in seinem Amt bestätigten »Monsieur de Paris« identifiziert in diesen Augenblicken? Schlug der vielleicht, von einem seelischen Schüttelfrost befallen, die Augen nieder?

Es ist nur ein Augenaufschlag Zeit, die sich die zwei Männer an diesem Morgen gegenüberstehen. Charlemagne tritt zu Seiner Majestät, zieht den Hut und bedeutet Ludwig, daß man ihm gemäß den Vollstreckungsbestimmungen den Rock abnehmen müsse.

»Das ist nicht nötig«, soll der König laut und vernehmlich geantwortet haben, »man kann mit mir zu Ende kommen, wie ich will.«

Aber dann besinnt er sich, zieht sich die Jacke aus, nestelt den Hemdkragen los und entblößt den Hals.

Über die Prozedur des Haarabschneidens schweigt sich Henri-Clément Sanson in seinem Memoirenwerk aus. Sein Großvater erwähnt in einem Brief an den »Bürger Redakteur« der Zeitung »Le Thermomètre du jour« im Februar 1793, im Jahr II der französischen Republik, also einen Monat nach der Hinrichtung: »Eine Art kleiner Wortstreit, der sich am Fuß des Schafotts ereignete, drehte sich darum, daß er es nicht für nötig hielt, daß man seinen Rock auszog und ihm die Hände band. Er machte auch den Vorschlag, sich selbst die Haare zu schneiden.«

Daß diesen Wünschen nicht entsprochen wurde, kann mit Sicherheit gesagt werden. Aber wer tat es? – Der Arzt Philippe Pinel, der der Exekution beigewohnt hat, meint: »Sanson selbst. Er schnitt ihm die Haare ab, steckte sie in die Tasche.« Aber es wird wohl Louis-Martin gewesen sein, der die Rasur in Sekundenschnelle durchführte. Daß der, wie von anderen Zeitgenossen behauptet, mit dem abgeschnittenen Zopf einen schwunghaften Handel getrieben haben soll, ist unwahrscheinlich. Der königstreue Sanson hätte das nicht zugelassen.

Immerhin nimmt das Hinrichtungsritual nach den schnell erledigten Formalitäten der »Toilette« seinen Fortgang. »Welch ein

Anblick! Der Enkel Ludwigs des 14ten, vor kurzem der Mächtigste der Könige, in einem Wamse, mit gefesselten Händen in der Gebärde eines Missetäters, vor einem unerbittlichen Volke dastehend zu sehen!« (Oelsner)
Nachdem Sanson selbst bei Edgeworth interveniert, den König zum Binden der Hände, »die einst das Szepter geführt hatten, auf dem Rücken zu bewegen... und dies geschah« (Oelsner), steigt der Verurteilte langsam die Stufen zum Schafott hoch. »Langsam und majestätisch«, schreibt Henri-Clément; »mit schwerfälligem Gang und zögernd« andere. Und der Priester sei auch in diesen letzten Sekunden, das Kreuz in der Hand, an seiner Seite gewesen.
»Er stieg aufs Schafott mit der Religiosität und Majestät eines Priesters, der die Messe zelebriert. Das sind die ganz persönlichen Eindrücke eines Augenzeugen, der ganz nahe dem Schafott stand.« (Annales de la République Française, 23. 1. 1793)
Andere Augenzeugen verfielen – angesichts dieser Situation – in eine schwärmerische Idealisierung: »Das war der Vater des Vaterlandes, der gekommen war, mit einer religiösen Resignation, um auf dem Schafott die letzten Fetzen seines tristen Kranzes niederzulegen, der gekommen war, um in seiner Todesstunde zu beten, der königliche Meister der Völker und Könige, der ewige Regler sozialer Schicksale... Das war die Majestät selbst, rein und makellos, die sich nun glorifizierte in ihrer Wiederauferstehung.« (L'homme sans nom, Paris 1833)
Auf dem Podest erwacht dann noch einmal der Herrscher in Ludwig. Mit gebieterischer Geste bringt er die Trommler zum Schweigen. »Volk, ich bin unschuldig!« hört man ihn rufen. Andere vernehmen: »Ich verzeihe meinen Feinden.« Henri-Clément Sanson gibt als letzte Worte wieder: »Franzosen, Ihr seht Euren König bereit, für Euch zu sterben. Könnte doch mein Blut Euer Glück besiegeln. Ich sterbe ohne Schuld in alldem, dessen man mich angeklagt hat...« (S)
Eine pathetische Ansprache, getragen von dem Gefühl, die Theatralik zu steigern, die zweifellos dieses Ereignis prägte. Charles-

Henri Sanson hat später den gesamten Ablauf dieses Tages dem Bürger Redakteur von »Le Thermomètre« noch einmal geschildert:
»Als er zur Hinrichtung aus dem Wagen stieg, sagte man ihm, man müsse seinen Rock ausziehen; er machte einige Schwierigkeiten, indem er sagte, man könne ihn so, wie er wäre, hinrichten. Als man ihm vorstellte, daß das eine unmögliche Sache sei, half er selbst beim Ausziehen seines Rockes. Dann machte er die nämliche Schwierigkeit, als es sich darum handelte, ihm die Hände zu binden, die er selbst hinstreckte, als der Mann, der ihn begleitete, ihm sagte, das wäre sein letztes Opfer. Dann fragte er, ob die Trommler immer trommeln würden; es wurde ihm geantwortet, man wisse es nicht. Und das war die Wahrheit. Er stieg auf das Gerüst und wollte schnell nach vorne, weil er reden wollte. Aber man stellte ihm vor, daß die Sache noch unmöglich sei. Er ließ sich dann an die Stelle führen, wo man ihn festband, und da hat er sehr laut gerufen: Volk, ich sterbe unschuldig! Dann drehte er sich zu uns und sagte zu uns: Meine Herren, ich bin unschuldig an alledem, wessen man mich beschuldigt. Ich wünsche, daß mein Blut das Glück der Franzosen kitten möge. Das, Bürger, sind seine letzten und echten Worte.
Um der Wahrheit die Ehre zu geben, er hat all das mit einer Kaltblütigkeit und einer Festigkeit mitgemacht, die uns alle erstaunt hat. Ich bleibe ganz überzeugt, daß er diese Festigkeit in den Prinzipien der Religion geschöpft hatte, von welcher niemand mehr als er durchdrungen oder überzeugt schien.
Sie dürfen versichert sein, Bürger, daß Sie hier die Wahrheit in ihrem ganzen Lichte haben.«
Sanson, der Historiker. Sein Brief gibt den nüchternen Tatbestand wieder. War er doch Ludwig in diesen letzten Minuten sehr nahe.
Sansons Bericht macht auch deutlich, daß Ludwig XVI., König von Gottes Gnaden, auf dem Schafott wie jeder zum Tode Verurteilte behandelt wurde. Dem revolutionären Code pénal wurde vollauf Genüge getan. Daß man ihm eine längere Rechtferti-

gungsrede verweigerte und Santerre ihn von den Trommlern unterbrechen ließ, ist logisch. Die Gefahr eines Umschwungs der Volksstimmung in allerletzter Sekunde war nach einer Kutschenfahrt mit oft gehörten »Es lebe der König!«-Rufen durchaus gegeben.
Und so endete das Leben des Königs: Auf die »Schaukel« geschnallt, kippt diese in die Waagerechte, der schwere hölzerne »Kragen« schließt sich um seinen Hals. Und wieder werden letzte Worte auch aus dieser Phase überliefert. »Ich befehle meinen Geist in die Hand Gottes« wollen die einen, »Je suis perdu, je suis perdu, je suis un homme perdu!« (»Ich bin verloren, ich bin verloren, ich bin ein verlorener Mann!«) wollen die anderen gehört haben. Eine Version, die Charles-Henri Sanson übrigens selbst auf einer Gesellschaft in einem Landhaus erzählt haben soll.
Wieder andere haben angeblich einen schrillen Schrei gehört, als das Beil unverhältnismäßig langsam gefallen sei. Der Priester Edgeworth seinerseits habe dem Verurteilten noch zugerufen: »Sohn des heiligen Ludwig, fahre in den Himmel!« Dann sei des Königs Kopf in den Korb gerollt.
»Es gab keinen Zwischenfall«, wird auch Jacques Roux der Kommune melden. »Wir stiegen in die Büros des Marinegebäudes, um das Protokoll über die Hinrichtung aufzunehmen. Wir haben Capet bis zur Guillotine nicht aus den Augen gelassen (das Marinegebäude stand an einer Ecke der Place de la Révolution. Von dort verfolgten die Beamten hinter den Fenstern den Vorgang, d. Verf.). Um zehn Uhr zehn Minuten kam er an, drei Minuten erforderte das Aussteigen aus dem Wagen. Er wollte zum Volk reden. Santerre hat es nicht zugelassen. Sein Kopf fiel. Die Bürger tauchten ihre Piken und ihre Taschentücher in sein Blut...«
Es ist 10.24 Uhr. Einer der Gehilfen reißt den Kopf hoch und zeigt ihn den Zuschauern. »Es lebe die Nation! Es lebe die Republik!« habe man gerufen (Oelsner). Aber das, so Philippe Pinel, seien wohl nur die Soldaten gewesen. Nur wenige Bürger seien in diesen Ruf eingefallen, »die meisten gingen mit Trauer im Herzen fort, um sich im Schoß der Familie auszuweinen«.

»Niemals, nein niemals, hat das Universum ein so imposantes und majestätisches Schauspiel gesehen. Die Ordnung und Ruhe, die überall herrschten, erfüllten alle mit Überraschung und Bewunderung, die Zeugen waren: nicht eine einzige Person erhob ihre Stimme. Im Gegenteil bewahrten sie alle tiefes und religiöses Schweigen, das mit der Zeit trauervoll wurde...« (Le magazin républicain)

»In unserer Stadt herrschte die größte Stille, keine erkünstelte Freude, aber auch keine Traurigkeit, welche mit Reue verbunden wäre. Als Menschen weinen wir Tränen des Mitleids Ludwig, dem Menschen, als Bürger segnen wir den Tag, der uns von diesem verschworenen Feinde unserer Freiheit befreite und die schon ins 14. Jahrhundert getragenen Fesseln der Königswürde unwiderruflich von uns abstreifte...«, verzeichnet Georg Wilhelm Boehmer, ein deutscher Jakobiner aus Mainz, über die Hinrichtung Ludwigs.

Aber es gibt auch jene, die einem kollektiven Blutrausch zum Opfer fallen und das Schafott stürmen, um »einen Zipfel ihres Taschentuchs, ein Stück Papier oder irgend etwas anderes darin einzutauchen und so die Erinnerung an dieses denkwürdige Ereignis festzuhalten, denn anders möchte ich das nicht auslegen« (Sédillot).

Denn Ludwigs Blut ist mehr als nur das eines Königs. Es ist politisch eingefärbt, es gilt als Siegel, das Frankreich zur Republik erklärt und die neue Freiheit bekundet. Dieses Blut legalisiert die Abrechnung mit der Vergangenheit. »Jacques de Molay, du bist gerächt!« habe ein Mann gerufen und seine mit Ludwigs Blut befleckte Hand dem Volk gezeigt. Ein Freimaurer vielleicht, der wie so mancher Jakobiner diesen Großmeister der Tempelritter zu seinen geistigen Ahnen zählte, der schon 1314 vor seiner Hinrichtung dem französischen Königtum den Untergang gewünscht, geschworen hatte.

Die Pariser Bevölkerung erwacht am Abend aus ihrer Bestürzung und Lethargie. Man kommt zu sich, begreift, was geschehen ist; man gratuliert sich und feiert mit Wein und gutem Essen. Und man tanzt auf den Plätzen und Straßen. Nicht wenige sprechen von Ludwigs Tod mit Bewunderung, loben die Haltung der Majestät auf dem Schafott. So wie Chateaubriand, der das Geschehen am 18. Februar 1793 in »Le Thermomètre du jour« mit den Worten kommentieren wird: »Es ist interessant für den Philosophen zu lernen, wie die Könige zu sterben wissen.«

Der deutsche Paris-Tourist Georg Ludwig Forster analysiert später für die Freunde daheim: »Ludwigs Tod war eine Sicherheitsmaßregel, Ludwigs Verurteilung mußte nicht nach Gesetzesbüchern, sondern nach dem Naturrecht geschehen. Ein Tyrann, ein König beleidigt die ersten Grundbegriffe des bürgerlichen Vertrags.«

Während das Volk an diesem Abend des 21. Januar feiert, haben die Gehilfen Sansons, von einer Armee-Eskorte begleitet, den Bürger Capet in einem offenen Holzsarg, den Kopf zwischen den Füßen, durch die Straßen de la Bonne-Morue, Faubourg-Saint-Honoré und d'Anjou zum Madeleine-Friedhof gefahren. Dort hat man ihn in eine 3,30 Meter tiefe Grube geworfen und mit Kalk bedeckt. Der erste und der zweite Vikar dieser Gemeinde, die Abbés Rénard und Damoreau, sind einzige Zeugen dieser schmucklosen Grablegung gewesen.

Aber Ludwig soll hier noch nicht seine letzte Ruhe finden. Am 21. Januar 1815 werden seine Gebeine ebenso wie die seiner Frau Marie Antoinette feierlich in die Kathedrale Saint-Denis überführt. Von dort wird Ludwig XVIII. die Überreste seiner Vorfahren wieder zurück zum Madeleine-Friedhof bringen lassen, um über ihren Gräbern die Kapelle expiatoire zu errichten. Ob in den Särgen, die marmorne Standbilder der Hoheiten zieren, die echten Relikte liegen, ist fraglich.

XI

Zwischenspiel: der weinende Henker. »Monsieur de Paris« und die Guillotine werden eins

Der König ist tot. Und die Maschinerie des Terrors kommt in Schwung. Als Symbol roher Kraft einer Regierung, die Gleichheit für alle garantiert. Statt dessen wird die Revolution »gleich Saturn ihre eigenen Kinder« fressen. Nicht nur die gemäßigten Girondisten, auch Scharfmacher wie Danton, Marat und Desmoulins, Robespierre und Saint-Just müssen vor der Mordmaschine kapitulieren. Und nur wenige Tage vor seinem letzten Auftritt auf dem Schafott trifft der radikale Meinungspapst Hébert in seiner Zeitung »Père Duchesne« genau den Punkt, als er diese Großen der Revolution verhöhnt: »Ihr hattet reichlich vergoldete Zungen, Honig war auf Euren Lippen und Gift in Euren Herzen ... Ihr habt lauter als der Arsch furzen und Euer Glück machen wollen, aber Ihr habt nicht bedacht, daß da auch am Ende Eures Weges die Guillotine stehen würde ...«
Aber vorerst noch sind die bevorzugten Opfer Monarchisten und Aristokraten. Saint-Just hat ihnen den Krieg erklärt, ihr Tod ist beschlossene Sache. »Man muß mit dem Beil diejenigen regieren, die nicht durch die Justiz zu beherrschen sind. Man muß die Tyrannen vernichten.«
In dieselbe Kerbe schlägt immer heftiger Robespierre, wenn er vom »Schwert« spricht, »das in den Händen der Freiheitshelden blitzt«.
Er und seinesgleichen wollen die Guillotine als kollektiven Volkskörper mit frischem Blut füllen, wollen die Maschinerie des Todes unentwegt arbeiten sehen. Erst dann, so glauben sie, kann jener Staat sich bilden, deren einziger Souverän das Volk ist.
Jakobinische Logik, die dann immer häufiger in jenen, denen sie dienen will, Feinde wittert. Konspirateure, die in dieser neuen demokratischen Gesellschaft alle den Tod verdienen, durch das Beil. Bald ist es egal, ob es sich um Danton oder Charlotte Corday

handelt, um einen namenlosen Assignatenfälscher oder um eine Hure, die Umgang mit adligen Galanen pflegte.
Die Serie des Köpfens beginnt. Der Tod des Königs löst den Blutrausch aus. Und der Hauptbetroffene ist Charles-Henri Sanson. Er wird von nun an nur noch der Exekutor sein, der dank der Macht der Tagespresse und der Politiker überlebensgroß auf seine Umwelt zu wirken beginnt. Ein Image, das »Monsieur de Paris« auch der Exekution des Königs zu verdanken hat. Dabei hatte er dem Herrscher an diesem Tag ganz allein die Bühne überlassen, war nicht einmal die Leiter hinaufgestiegen. Trotzdem hob er sich seitdem sehr konturiert von seinen Helfern und Mitarbeitern ab. Mehr noch: Sanson kann sogar Vorteile aus dieser königlichen Hinrichtung ziehen. Er wird nun als human und sensibel dargestellt. Die Rücksicht, die er den Opfern gegenüber zeigte, befreit ihn vom Ruch der Barbarei, der seit Jahrhunderten auf seinem Amt und dem seiner Verwandten und Kollegen lastete.
»Es muß einmal gesagt werden: Sei es aus humanen Grundprinzipien oder aus dem Wunsch, schnell die Prozedur abzuschließen – die Leiden der Opfer wurden erheblich durch die Gewissenhaftigkeit und Pünktlichkeit Sansons gemildert, der darauf achtete, daß alle Verurteilten ordnungsgemäß auf das Brett geschnallt und ihnen der Blick in den Korb mit den abgeschlagenen Köpfen soweit wie möglich erspart wurde. Ich muß ihm Anerkennung aussprechen für so viel Anstand und auch dafür, daß er seinen traurigen Beruf ohne Ironie und Häme und Beleidigungen der Opfer ausübte.« (Le Nôtre)
Nur ist die Tristesse, die Sanson in den Tagen des Massenmordens ausstrahlt, nicht zu übersehen. Seine seelische Verfassung ist desparat. Bleich, depressiv und zusätzlich noch von einer quälenden Nierenentzündung gepeinigt, reagiert er kaum noch auf die Ansprache seiner Familie. Fand er früher im Ancien régime nichts Entehrendes dabei, das Blut von Verbrechern, Mördern und Gewalttätern zu vergießen und diese sogar grausam zu foltern, so befolgt er jetzt mit Widerwillen die Anweisungen jener,

die ihn Mitmenschen köpfen lassen, die sich ein anderes politisches Glaubensbekenntnis erlauben, als opportun ist. Charles-Henri wird mit diesem Zwiespalt nicht fertig. Seine persönlichen Aufzeichnungen sind von Selbstanklagen und Zweifeln durchzogen.

19. April 1794: »Ich fühlte mich furchtbar ergriffen, als ich den Schmerz dieser Opfer sah, welche größtenteils nicht über ihr eigenes Schicksal, sondern über das ihrer Lieben weinten.«

22. April 1794: »Die uns regieren, müssen doch wissen, daß diese täglichen Schlächtereien sehr häßlich geworden sind.«

Und am 7. Juni 1794, nach der »großen roten Messe«, schreibt er von jenen Depressionen, jener »Gemütskrankheit, die mich den ganzen Tag nicht verließ«. Für seinen Enkel Henri-Clément ein schlagender Beweis dafür, »daß seine Seele der Heftigkeit der Eindrücke, die sich jeden Tag wiederholten, einfach nicht gewachsen war« (S).

In diesen Tagen des Jahres 1794 passiert es, daß man den großen Sanson am Schafott weinen sieht. Die Tageszeitungen berichten es in den Schlagzeilen, rätseln, spekulieren. Was ist geschehen?

Die Tränen Sansons galten keinem Opfer, sondern einem seiner Söhne oder Brüder. Der war wohl vom hohen Podest gestürzt und dabei so schwer am Kopf verletzt worden, daß er wenige Minuten später starb.

Für Historiker und Zeitberichter, Journalisten und Meinungsmacher sind es willkommene Tränen. Die Sensibilität des Scharfrichters bekommt eine neue Dimension. Im Namen der Revolutionäre zeigt Sanson Herz. Und wird zur Legende. »Monsieur de Paris« als Schmerzensmann. Ein Saulus, der sich zum Paulus wandelt.

Es ist eine Wandlung, die ein differenziertes Nachdenken über sich selbst voraussetzt. Sie läßt auf ein Bewußtsein schließen, das sich auch im sozialen Verhalten Sansons stärker konturierte als bei Leuten seines Standes üblich. Tatsache ist: Der Bourreau empfindet moralische Schuld und bekennt. Fast stolz schlägt er

sich an die Brust: Ich bin ein Sünder! Und liefert sich, durch die Feder des Enkels, geradezu exhibitionistisch dem Urteil der Nachkommen aus.
Die Royalisten stellen einen Zusammenhang her zwischen Sansons Tränen und der Hinrichtung Ludwigs. Und sie beschwören jene magisch-heilige Verbindung, die unter dem Ancien régime den Henker und seinen König miteinander verschweißt habe. Mehr noch: Jahre später wurde immer wieder geschrieben, Ludwigs Hinrichtung habe Sanson direkt ins Grab geführt. Er sei krank geworden und sechs Monate später gestorben. Sein Sohn habe nach der Hinrichtung Marie Antoinettes ebenfalls Konsequenzen gezogen und tief deprimiert seinen Dienst quittiert.
»Der junge Mann, Sohn des Henkers von Ludwig XVI., wollte, ergriffen von Empfindungen des Bedauerns, nicht mehr aufs Schafott steigen und überließ es anderen, seine furchtbare Arbeit zu verrichten; der Kopf Marie Antoinettes war der letzte, den er fallen ließ.« (Le Nôtre)
Sicher ist, daß Sanson keineswegs ein halbes Jahr nach Ludwigs Hinrichtung starb. Ebensowenig zog sich sein Sohn aus dem Amt vorzeitig zurück. Pflichtbewußt waren sie auch weiterhin bereit, »alles tun zu können«, um »Gleichheit, Freiheit und Brüderlichkeit in einer neuen Welt zu garantieren« (S). Auch wenn es ihnen gegen den moralischen Strich ging. Die Sansons, Vater und Sohn, bleiben im Amt. 1795 tritt Henri zwar öffentlich Charles-Henris Nachfolge an, aber nach wie vor ist dieser bei jeder Hinrichtung zugegen. Denn noch braucht der Sohn, »der sich durch seine Jugend und seine geckenhafte Kleidung abhebt« (Abbé Carrichon), die moralische Unterstützung seines Vaters, dessen düstere Autorität den Prozeß der Hinrichtungen straff organisiert und schnell ablaufen läßt.
Und der auch während der Überführung der Verurteilten von der Conciergerie zum Schafott, stets mit ihnen auf dem ersten Wagen stehend, mit seinem Körper die Todeskandidaten, vor allem Frauen, vor Steinwürfen und Beschimpfungen der Menge schützt, ihnen Mut zuspricht und sie dann den Gehilfen übergibt,

die auf seine Anordnungen rasch und schweigend das Ritual abwickeln.

Ein Sanson tut seine Pflicht, wie immer er sich auch fühlen mag. Charles-Henri ist also bereits zu Beginn der großen Terrorperiode seelisch am Ende. Die Rolle als blutiger Repräsentant der neuen Regierung macht ihn fertig. Gewiß, er ist bürgerrechtsfähig geworden, ein Citoyen, ein Beamter mit festen Bezügen, dem man zeitweilig sogar eine Staatsuniform verpassen will. Aber gleichzeitig haben sie ihn, »Monsieur de Paris«, zum mechanisch agierenden Exekutor degradiert, der nicht mehr wie früher die Kunst des Hinrichtens zelebrieren darf. Seine Qualifikation unterliegt anderen Maßstäben.

»Als alles vorbereitet war, wurde der Greis die Treppe hinaufgeleitet. Ein Gehilfe nahm ihn am linken, ein anderer am rechten Arm. Dann lag er auch schon auf dem Rücken, war der Kopf abgeschnitten, der ebenso wie der Körper in die große Kippkarre geworfen wurde, in der alles in Blut schwamm.« (Le Nôtre) Sansons Mannschaft arbeitet effektiv: schnell und entscheidungsfähig. So müssen alle Henker während der Revolution ihr Amt verrichten. Wenn nicht, dann werden sie getadelt wie der Sanson-Kollege Jean-Denis Peyrussan, der am 4. Juni 1794 in Bordeaux eine Hinrichtung äußerst schlampig vollzog. Mehrmals mußte er das Fallbeil auf den Kandidaten herabsausen lassen. Die Rüge folgte auf den Fuß. Der Präsident der Militärkommission belehrte den Mann unnachgiebig über seine Funktion.

»Unter der Monarchie ist der Beruf, den Sie ausüben, anrüchig geworden, Sie übten ihn für Barbaren aus. Heute ist das anders. Denn Sie können sich human und sensibel zeigen. Sie sollten der Revolution dankbar sein, daß Sie Ihresgleichen in die Gesellschaft aufgenommen und aus Ihnen ehrenwerte Bürger gemacht hat. Sie sollten menschlich sein; das ist auch dann möglich, wenn man im Namen des Gesetzes handelt...«

Ein humaner Scharfrichter? Ein Widerspruch in sich. Aber die Revolution will es so; die Guillotine soll von einem solchen Mann bedient werden.

Der Graf von Clermont-Tonnerre hat sehr theoretisch das Ideal eines Scharfrichters und seiner Funktion entworfen: »Der Beruf ist schädlich, oder er ist es nicht. Ist er es, so handelt es sich um einen Mißstand, den das Gesetz beseitigen muß. Ist er es nicht, so muß das Gesetz der Gerechtigkeit angepaßt werden, welche die Quelle des Gesetzes ist... Es kann nur darum gehen, Vorurteile auszuräumen... Alles, was das Gesetz befiehlt, ist gut; befiehlt es den Tod eines Kriminellen, so tut der Henker nichts anderes, als dem Gesetz zu gehorchen. Es ist absurd, daß das Gesetz einem Mann sagt: Tue dies, und wenn du es tust, wirst du mit Infamie überschüttet werden...«

Dieser Standpunkt bezeugt auch, wie die Rationalität der Zeit sich bemüht, den Scharfrichter als gewöhnlichen Citoyen zu behandeln. Aber auf dem Theater der Guillotine bleibt der Unterschied zwischen Persönlichkeit und Person virulent; hier entzieht sich das »Alle Menschen sind gleich« den gutgemeinten Vorschlägen der Gesetzgeber.

Charles-Henri Sanson und sein Sohn, die auf dieser Bühne Solorollen übernommen haben, werden letztlich durch die Prominenz ihrer Opfer als Stars unter ihresgleichen ausgezeichnet. Tausende schauen auf sie, verachtungs- oder bewunderungsvoll.

»Das Opfer kann beginnen... Der Henker und seine Gehilfen steigen hinauf, bereiten alles vor. Der Erste unter ihnen, in einem blutroten Überrock, gibt sich mürrisch in seinem Verhalten. Er stellt sich rechts an der Westseite der Guillotine auf, seine Gehilfen links, an der Ostseite, nach Vincennes blickend. Vor allem der große Gehilfe ist Gegenstand großer Bewunderung und Lobeshymnen der zuschauenden Kannibalen, weil er kräftig und intelligent aussieht...« (Le Nôtre)

Sanson und die Guillotine werden mit jedem Exekutionstag mehr zur Einheit. Die Seelenlosigkeit der Maschine und das untilgbare Gefühl des Verdammtseins eines einst von der Gesellschaft Ausgestoßenen sind nicht voneinander zu trennen. Und das Kostüm der Bürgerlichkeit wird Sanson nie richtig passen. Er spielt die archaische Rolle in einem modernen Stück, muß sich als routinierter Mime in neuen Kulissen beweisen. Und das, wenn es nach den Grundsätzen der Revolutionäre geht, ohne Aufsehen zu erregen und trotzdem erfolgreich.

Es gelingt ihm. Er bleibt, »égalité« hin oder her, *der* »Monsieur de Paris«. Auch wenn Historiker erst auf ihn aufmerksam werden, als er aus der Rolle fällt und Tränen zeigt. Diese machen ihn sogar zur Legende, was sich nicht selten in Zeittexten niederschlägt:

»Wo kommt ihr her, meine Töchter? – Mutter, wir kommen von der Guillotine. – Ach, mein Gott, was hat der arme Henker wieder für Qualen ausgestanden.« (Joubert)

Verzerrung des Mitleids in einer Zeit, in der alles auf dem Kopf steht.

XII

Marat und Corday: Trauerspiel mit einer Sentimentalen und einer Kellerratte. Ein Deutscher auf dem Schafott

Es hätte ein Stück in moderner Inszenierung sein können: in stilisierter Kulisse mit wenigen Requisiten. Im Zentrum dieses künstlichen Raums eine weiße, mit Tüchern halb verhängte Wanne, magisch die Scheinwerfer auf sich vereint. In ihr ein nackter Mann mit einem Turban, malerisch um den Kopf geschlungen. Peter Weiss läßt grüßen. Ihr Auftritt, Charlotte Corday!
Sie ist es, die da die Szene betritt. Anmutig, jung, sittsam. Gekleidet in ein getupftes Hauskleid mit einem seidenen Tuch »über dem Busen, das an der Taille solide verknotet war« (Michelet), auf dem Kopf einen hohen Hut, verziert mit einer schwarzen Kokarde und drei schwarzen Bändern.
Sie hätte sich dem Mann in der Wanne genähert, jenem Monsieur Jean-Paul Marat, dem Kämpfer für eine neue Nation, für das demokratische Frankreich. Ein heiteres Salongespräch mit Esprit hätte das Duo führen können, einen Gedankenaustausch voller Bonmots. Vielleicht über die Rolle der Frauen in der Revolution. Über Theaterstücke und Bälle. Oder über Intellekt und Logik als Schutz gegen Unordnung und Leidenschaft.
Aber das sollte so nicht sein. Der Mann in der Wanne hätte für diese Themen kein Ohr gehabt. Die Frau mußte ihm anders kommen, mit jenen Worten, die sie wirklich gesprochen haben soll, bevor das Unglück geschah.
»Bürger, ich muß mein Herz öffnen. Und Sie müssen endlich die Wahrheit erfahren... die Wahrheit über die politischen Zustände in meiner Heimatstadt Caen. Vor einer Woche hat man dort, auf einer satten grünen Wiese, den Generalmarsch geschlagen und Freiwillige zusammengerufen, um nach Paris in den Krieg gegen Marat zu ziehen... und das hat mich so aufgewühlt, daß ich diesen Männern vorangeeilt bin und nun mit Ihnen, Bürger, reden muß. Über die Tyrannei...«

Daß sie dies gesagt hat, behaupten die Historiker von Michelet bis Thiers in ihren Revolutionsdarstellungen. Und glaubt man ihren Worten, dann hat der Mann in der Wanne, ohne aufzublikken, kurz angebunden reagiert: »Kommt zur Sache. Was ist los bei Euch in Caen?«

Und sie hat geantwortet: »Achtzehn Deputierte des Konvents herrschen dort in geheimem Einverständnis mit den Beamten des Departements.«

Und er hat gefragt: »Wie heißen sie?« – Sie nannte ihm die Namen, er schrieb sie mit dem Federkiel auf das vor ihm auf einem Schreibbrett liegende Blatt Papier und sagte: »Danke, Bürgerin, sie werden bald guillotiniert sein.« Dann erst schaute er der jungen Frau in die Augen, sah in ihnen ein verräterisches Feuer lodern, aber um Hilfe schreien konnte er nicht mehr ...

Ist es so geschehen? Möglich. Sicher ist, daß der Mann in der Wanne, der »Bürger Jean-Paul Marat, Deputierter des Nationalkonvents, am 13. Juli durch eine Weibsperson aus Caen ermordet« worden ist. (Straßburger Kurier, 172)

Der Kommentar der Mörderin, publiziert am 29. Juli 1793 im »Moniteur«, ist entwaffnend schlicht und logisch: »Ich habe nichts dazu zu sagen, außer, daß ich erfolgreich war.«

Kurz und gut: Eine Plauderei zwischen Marat und Corday hat wohl nicht stattgefunden. Sie war auch nicht von der Corday beabsichtigt, als sie den »Volksfreund« auf einem Billett um eine Unterredung in seiner Wohnung, Rue des Cordeliers 30 (heute Rue de l'Ecole de Médecin 20), bat. Der Mord ist geplant. Und kaum konfrontiert mit ihrem Opfer, vollendet die Corday ihn programmgemäß. Sie stößt dem in der Wanne liegenden Mann ein Messer in die Brust.

»Sie führte den Stoß von oben, mit fester Hand, ohne zu zittern, und so drang der tödliche Stahl nahe beim Schlüsselbein ein, durchschnitt die Lunge, öffnete die Hauptschlagader und entfesselte einen mächtigen Schwall von Blut.« (Michelet)

Was ein Zweipersonenstück voller Galanterien und geistreicher Aphorismen hätte werden können, endet als blutige Tragödie.

Charlotte Corday, anonym

Der Mann in der Wanne schreit: »Rasch her zu mir, liebe Freunde!« Seine Schwester Albertine, die Geliebte und Wohnungsbesitzerin Simonne Evraerd, auch zwei, drei Männer der Leibgarde sind die ersten; dann strömen noch mehr Menschen ins Haus, Polizisten, Abgeordnete. Sie alle wollen das Ungeheuer sehen, das den »ami du peuple« ermordete, »jene edle Mörderin Marats – eines der verderblichsten Ungeheuer, die aus dem Pfuhl des Jakobismus zum Verderben Frankreichs hervorgegangen sind« (Wieland). Aber da sitzt ein junges Mädchen, ruhig und furchtlos, festgehalten auf einem Stuhl im Vorzimmer, während nebenan der im selben Haus wohnende Arzt Michon-Delafondée den Tod feststellt und die jammernden Frauen den Leichnam aus der Wanne zerren und auf ein Bett legen. Ende des ersten Aktes.

Weiter geht das Trauerspiel nach kurzer Pause im Gericht. Und dann im Gefängnis. Enthüllt wird das Leben zweier Menschen, die wie von unsichtbaren Fäden gezogen aufeinander zugetrieben sind und beim Aufeinanderprallen die tödliche Grenze zogen, an die jeder der großen Revolutionäre und ihrer leidenschaftlichsten Gegner auf der Suche nach dem idealen Staat gestoßen ist.

Der Epilog schließlich wird endlich den Erwartungen entsprechen, die das Publikum in jenen Tagen an eine solche Tragödie stellt: Der gemeuchelte Marat wird sozusagen heiliggesprochen, sein Herz in einem goldenen Medaillon konserviert; man stellt Büsten von ihm auf, benennt dreißig Ortschaften nach ihm. Von seinen Anhängern wird er mit Jesus gleichgesetzt: »O Herz Jesu, Herz Marat, heilig' Herz Marat...« Die mystische Selbstinszenierung eines Revolutionärs trägt Früchte. Ein Kult entsteht.

Aber nur kurzfristig. Nachdem die Mörderin auf einer »Charrette« zur Guillotine gefahren und dort, in einer Atmosphäre düsterer Poesie, geköpft worden ist, zerrt man auch bald die Leiche des obsessiven Revoluzzers Marat aus seiner Gruft im Panthéon und verbuddelt sie in einem Armengrab. Charlotte Corday jedoch, sie wird zum Symbol des Widerstandes gegen den Anarchismus. Obwohl bis dahin eigentlich nichts darauf hingedeutet hatte, daß sie zur Heldin prädestiniert war.

Wer waren diese zwei Menschen, die das Schicksal so dramatisch aneinanderkettete, daß der Name des einen ohne den anderen nur die Hälfte der ganzen Wahrheit wäre?

Charlotte Corday – für einen Dramatiker vom Range Corneilles (übrigens einer ihrer Vorfahren) wäre sie die ideale Sentimentale gewesen: eine junge Frau, die aufs Stichwort den Status einer Heldin erreicht und die Handlung mit Entschlossenheit und Kalkül auf den Höhepunkt treibt. Um dann gelassen jene Konsequenz zu tragen, die ihr auferlegt wird: der Tod. Ein Beweis, daß eine Welt, der sie durch Mord den Frieden retten wollte, ein solches Opfer nicht verdient.

Zeitgenossen und Historiker haben diese Charlotte Corday mit viel Sympathie beschrieben. So, als habe ihre bloße Existenz die Revolution auf ein höheres Niveau gehoben. Andere Frauengestalten dieser Epoche, wie die mutige Madame Roland, das literarische Kellerkind Olympe de Gouges oder die sich in ihren letzten Lebensminuten mutig gebende Königin Marie Antoinette, treten neben dieser Lichtfigur in den Hintergrund. Charlotte ist der gute Geist jener Tage, in denen eine »toll gewordene Kellerratte« mit Namen Jean-Paul Marat, »manisch, deformiert, luetisch... typischer Vertreter des Gesindels der Revolution, der unterirdischen Existenzen, die aus Bordellkneipen und verfallenden Werkstätten, Waldwinkeln und Erdhöhlen plötzlich auftauchen« (Friedell), das Zepter an sich reißt und eigentlich nichts anderes predigt als blanken Terrorismus. Ein Mann, der auf die Massen pfeift, die ihm zujubeln. Denn das Volk ist für ihn ebenso dreckig und widerlich wie die Herren. Menschheitsbrut. Möge sie doch krepieren!

Aber Terrorismus allein kann es nicht gewesen sein, was Marats Rolle ausmacht. Zweifellos ist er der mit dem reinsten revolutionären Wasser gewaschene Rhetoriker, der mit seinen radikalen Formulierungen das Volk zwar aufrütteln, aber nie zu dem hinreißen will, was es dann an blutigen Auseinandersetzungen begeht. Nur faßt die Masse, was da täglich im Billigblättchen »L'Ami du peuple« gepredigt wird, wörtlich so auf, wie es schwarz auf weiß zu lesen ist. Und es verehrt Marat als einen Mann, der sagt, was er denkt; zum Beispiel wenn er, »die Sonne des Volkes«, seine Leser auffordert: »... an allen Straßenecken und vor jeder Ladentür Guillotinen aufzustellen, den verdammten Lumpen von Händlern und Spekulanten eines draufzugeben, die Kaufleute alle über die Klinge springen zu lassen, die Straßen mit ihren Köpfen pflastern zu lassen, die Adligen in ihren Häusern zu erwürgen oder an die Laternen zu knüpfen und in Bächen von Blut bis zu den Knöcheln zu waten.«

Nur spricht man solche Sätze nicht ungestraft aus, definiert sie nicht Kritikern gegenüber als antidespotische und jakobinische Rhetorik, die selbst von denen verstanden werde, die in ihrer kleinbürgerlichen Radikalität nichts anderes im Sinn haben, als die feinen Pinkel, dieses Krebsgeschwür, »um Kopf und Kragen zu bringen«; oder lieber noch, nach bester Sansculotten-Art, mit Säbel, Beil oder Pike in Selbstjustiz dahinzumorden. Wie sollen diese Leute, die ihre Felle wegschwimmen sehen, über Ein- oder Zweideutigkeiten einer Rede oder eines Zeitungsartikels diskutieren? Sie wollen klare Gebrauchsanweisungen, und der Marat, der gibt sie ihnen. Das Ergebnis ist die schnelle Reaktion: Mord, Lynchjustiz, Jubel angesichts der Guillotine. Wer Wind sät, erntet Sturm.

Die Rolle des Jean-Paul Marat in dem Revolutionsdrama ist die des rebellischen Kellerkindes. Danton ist der korrupte Genießer, ein schwerer Held; Robespierre der moralinsaure Oberlehrer und miese Intrigant. Ihrer beider Gegenspieler ist dieser Marat – ein dämonischer Schurke, seinen Kopf pittoresk in orientalische Schals hüllend und immer zwei Pistolen im Gürtel; »ein schändlicher Tyrann voll niedriger Ränke und unmenschlicher Entwürfe« – Hölderlin hat ihn so sehr theaterwirksam beschrieben.

Marat und Marie-Anne-Charlotte Corday treiben also im Juli 1793 aufeinander zu. Zwei Menschen aus zwei Welten. Die am

27. Juli 1768 im Calvados-Dorf Saint-Saturnin-des-Ligneries geborene junge Frau mußte ohne Mutter aufwachsen. Ihre Erziehung hatte mehr oder weniger erfolgreich der Vater Jacques-François de Corday d'Armont, »ein utopischer und romantischer Landjunker« (Michelet), Abkömmling dritten Grades der Dichter-Schwester Marie Corneille, übernommen. Obwohl inspiriert von den Umstürzen der Zeit, setzte er sich für den Adel ein, prangerte die Mißstände an, unter denen seinesgleichen zu leben hatte – ein Royalist, den letztlich niemand so recht ernst nahm. Seine zwei Söhne treten 1792 in das Heer des Prinzen von Condé ein. Von der Gedanken- und Traumwelt der Schwester hatten sie nicht die geringste Ahnung. Daß Charlotte, nach Klosterschulbildung und mit den Schriften Raynals und Rousseaus vertraut, von Caen aus, wo sie bei einer Freundin lebte, die Vorgänge in Paris mit Aufmerksamkeit verfolgte, war ihnen auch nicht bekannt. Letzten Anstoß für ihre Tat gab wahrscheinlich der Abgeordnete der Provence im Konvent, Charles-Jean-Marie Barbaroux. Der Advokat, »ein schöner und draufgängerischer Junge« (Michelet) aus Marseille, gehörte zur Truppe der königstreuen Girondisten und entsprach mit seinen mutigen Reden und heldischem Auftreten jenen Helden in Racine- und Corneille-Dramen, die Charlotte mit viel Begeisterung schon als Schülerin verschlungen hatte.

Jules Michelet behauptet, daß Charlotte Corday diesen Barbaroux (er wird am 24. Juli 1794, 27 Jahre alt, guillotiniert) zweimal als Redner gehört und gesehen hat. Nicht beweisbar ist, daß sie sich in ihn verliebte. Man hat ihr viele Liebhaber angedichtet, die sie in ihrer Traumwelt voller Schäferromantik angeblich anhimmelte. So den Mainzer Adam Lux, der mit dem Schriftsteller Forster in Paris die rheinische Convention vertrat und die Corday auf ihrem Weg zur Guillotine sah, ihr folgte und auf diesem Blutweg ihrem »Blick« begegnete und »jene Harmonie entdeckte, die große Herzen in einem Moment auf Ewigkeiten verschwistert« (Forster).

Wie es aussieht, hat Charlotte Corday diesen Verehrer wie auch die anderen wohl nicht gekannt. Nach solchen Erlebnissen steht ihr auch nicht der Sinn, als sie von Caen in einer Kutsche, »in Gesellschaft einiger Montagnards, große Bewunderer Marats, die sich sofort in sie verliebten und um ihre Hand baten« (Michelet), nach Paris reist, wo sie am Donnerstag, dem 11. Juli, mittags ankommt und im Hotel de la Providence in der Rue des Vieux Augustins 17 im Zimmer Nummer sieben absteigt.

»Sie ging um fünf Uhr nachmittags zu Bett... müde, wie sie war, schlief sie bis zum folgenden Morgen den Schlaf der Jugend und eines friedlichen Gewissens. Ihr Opfer war vollbracht, ihre Tat in Gedanken ausgeführt; sie empfand weder Unruhe noch Zweifel.« (Michelet) Sie weiß also, warum sie morden wird. Um weitere Verbrechen zu verhindern, »Verwüstungen, welche die Anarchie in meinem Vaterland anrichtet. Er hat unseren Nationalcharakter verdorben«, wird sie am 17. Juli im Verhör vor dem Revolutionstribunal über Marat sagen, »das Ungeheuer hat uns vier Jahre lang durch seine Verbrechen entehrt. Glücklicherweise war er kein Franzose.«

Aber noch hat die »fünf und zwanzig Jahre weniger drei Monate« (Michelet) alte Charlotte Corday nicht beim Scherenschleifer Badin im Ostflügel des Palais-Egalité in der Arkade 177 für 40 Sous das Mordwerkzeug erstanden, um »denjenigen umzubringen, der die Ursache des Bürgerkrieges« war (Verhörprotokoll). Sie hat einen anderen Plan als den dann ausgeführten, will Marat »auf dem Marsfeld... vor allem Volk, im Angesicht des Himmels niederstoßen, bei der Feier des 14. Juli, am Jahrestag des Untergangs des Königtums wollte sie diesen König der Anarchie bestrafen« (Michelet).

Aber Marat wird an diesem 14. Juli, einem Sonntag, nicht auf dem Marsfeld erscheinen. Das Fest ist ohnehin verlegt worden. Die Corday muß umdisponieren, während ihr Opfer daheim in seiner Wohnung für sein Blatt Artikel und Kommentare schreibt, die meiste Zeit in der mit lauwarmem Wasser gefüllten Wanne liegend, um seine Hautkrankheit (man nimmt eine Dermatitis an) ertragen zu können.

Einmal mehr sei hier Jules Michelet zitiert, der ein sehr plastisches, wenn auch nicht immer objektives Bild dieses Mannes skizzierte und dessen Psyche oft mit der kümmerlichen Physis verglich.

»Sein Körper, klein, mager, knochig, schien von einer inneren Glut zu brennen. Seine Haut war von Gallen- und Blutflecken gezeichnet. Seine Augen schienen, obwohl sie hervortraten und voller Dreistigkeit waren, vom Licht des hellen Tages geblendet zu sein. Sein Mund, breit gespalten, wie um Schimpf zu schleudern, war wie bei den meisten höhnischen Menschen verkniffen. Er kannte die schlechte Meinung, die man von ihm hatte, und schien ihr zu trotzen. Er trug den Kopf hoch und gleichsam herausfordernd etwas nach links geneigt... Alle seine Züge liefen auseinander wie seine Gedanken. Anders als Robespierre, der fast affektiert und elegant ging, kleidete sich Marat gewöhnlich und schmutzig. Schnallenlose Schuhe, genagelte Sohlen, eine lange Hose aus grobem Stoff, fleckig vom Straßenkot, die kurze Weste der Handwerker, das Hemd über der Brust offen, so daß es die Halsmuskulatur sehen ließ, die Hände dick, die Faust geballt, die fettigen Haare unablässig von den Fingern gestrählt: er wollte, daß seine Person ein lebendiges Feldzeichen seiner Vorstellung von der Gesellschaft sei.«

Ein Eindruck von diesem unorganisierten Ungeheuer, der in den Dokumenten der Revolution oft bestätigt wird. Er sei eine »kleine, breite und magere Figur« gewesen (nur 1,50 m groß, d. Verf.), »zwischen deren Gesicht und einer gewissen Gattung englischer Bullenbeißer viel Ähnlichkeit« bestanden habe, »ein Thermometer siedenden Quecksilbers, das in seinen Adern rollt und Kopf und Gliedern die Regsamkeit eines Schwanzes einer Bachstelze gibt« (Michelet).

Ein Typ fürs Volk. Gewiß. Mehr eine Type, die Heiterkeit erregt, aber auch Entrüstung und Ekel zu provozieren weiß. Ein Redner, der sich des Effekts wegen im Konvent auch mal die Pistole an die Stirn setzt und mit Selbstmord droht, falls ihm unehrenhafte Absichten nachgewiesen würden.

Es sei ein kurzer Rückblick auf das Leben dieses Marat gestattet, das ebenso chaotisch war wie die Wirkung, die er als Politiker erzielte. Geboren am 24. Mai 1743 in Boudry im schweizerischen Kanton Neuchâtel als Sohn einer Einheimischen und eines sardischen Calvinisten namens Mara, malt er sich schon früh und sehr überlegt die Zukunft aus. »Mit fünf hätte ich Schulmeister sein wollen«, schreibt er später, »mit 15 Professor, Autor mit 18, schöpferisches Genie mit zwanzig.« Er hatte von allem etwas. Pädagogische Besserwisserei lag ihm ebenso wie professoraler Dünkel, wieselflinker Schreibfleiß wie politischer Instinkt, der ihn selbst über die heikelsten Situationen der Revolution sicher hinwegbrachte.

Geschrieben hat Marat früh. Philosophisches auf der Grundlage der Rousseauschen Lebensthesen. Enzyklopädisches à la Diderot und Kitschiges in Form eines Roman du cœr mit dem Titel »Les aventures du jeune comte Potowski«. Das Werk entsteht in Carlisle, Bernwick, Newcastle und London, wo Marat nach einem Medizinstudium in Bordeaux und Paris elf Jahre lang – von 1767 bis 1778 – als Arzt praktiziert. Die schottische St.-Andrews-Universität verleiht ihm sogar einen akademischen Grad ehrenhalber.

An der Themse hatte Marat neben seiner Vorliebe für Thermodynamik und Spiritismus seine politische Ader entdeckt. In englischer Sprache schrieb er »The Chains of Slavery«. In dem Pamphlet prangert er die Regierungen Europas als Verschwörungen von König, Adel und Klerus gegen die Völker an.

Mehr von sich reden macht Marat als Naturwissenschaftler. Nach Paris zurückgekehrt, tritt er als Arzt in den Dienst des Grafen von Artois und hat als Betreuer von dessen markiger Leibgarde viel Zeit für wissenschaftliche Experimente.

Als Fachmann auf den Gebieten Feuer, Licht, Elektrizität und Optik schreibt er mehrere Bücher mit umstrittenen Fragestellungen und Thesen. Er kennt keinen Schlaf, arbeitet unermüdlich und vernachlässigt sich selbst so sehr, daß Zeitgenossen erstaunt und befremdet feststellen: »Sein Zustand grenzt an Geisteskrankheit; dies beweist seine animalische Exaltation, der ununterbrochen aufgeregte Zustand, die fast fieberhafte Unruhe, der unerschöpflich schriftstellerische Trieb, sein Automatismus des Denkens und der tetanische Zustand der Willenskraft, die ständige Schlaflosigkeit und äußerste Unreinlichkeit.« (Oelsner) Marat selbst: »Ich arbeitete regelmäßig zweiundzwanzig Stunden am Tag und schlief kaum, der exzessive Gebrauch von schwarzem Kaffee, um mich wach zu halten, hat mich fast das Leben gekostet.«

Die standesbewußten Pariser Ärzte halten nichts von dem Kollegen Marat. Als Spezialist für Geschlechtskrankheiten, die sowohl unter den von ihm betreuten Leibgardisten des Grafen von Artois grassieren wie in der feinen Gesellschaft, hat er jedoch großen Zulauf. Und als er gar die Schwindsucht der Marquise de Laubespine mit einem speziell entworfenen Rezept erfolgreich behandelt, ist Marat in Adelskreisen als Modearzt »in«. Eine von ihm erfundene »die Schönheit und Jugend verlängernde Wasserkur« hat großen Erfolg. »Das Aufsehen, das die Kunde von meinen Heilerfolgen machte, führte mir die Kranken in Schwärmen zu.«

Aber dieser Erfolg genügt Marat nicht, ihn strebt er nicht einmal an. Er will als Forscher und Homme de lettres anerkannt sein. Und versucht dies mit Hauruckmethoden, indem er gegen einige Journalisten zu prozessieren beginnt, weil die in ihren Blättern seine vorgeblichen Entdeckungen nicht zur Kenntnis nehmen, geschweige denn würdigen. Für seine Kollegen ein Fall von Marktschreierei. Bei ihnen ist Marat durch lächerliche Methoden berüchtigt, die er, mit List und Gewalt, anerkennen lassen will. Zum Eklat kommt es, als Marat eines Tages beim Verlassen »einer Vorlesung des Professors Charles, der seine physikalischen Abgeschmacktheiten widerlegt hatte, den Degen« gegen diesen zog. »Die Szene fiel in der Straße L'Arbre sec vor; Professor Charles, auf diese Provocation keineswegs gefaßt, hatte von allen physischen Instrumenten nur gerade das simpelste zur Hand – seinen Stock, indes er da an keinen großen Apparat gewöhnt ist

und Marat das Experiment auf der Stelle verlangte, so gab er es ihm zwischen die Ohren mit solcher Kraft und Geschicklichkeit, daß Marat dort wahrscheinlich auf seine neue Theorie des Lichts geriet. Er glaubt, Newton überwunden zu haben.« (Oelsner)
Trotz dieser und ähnlicher Abfuhren erringt Marat Preise. Allerdings auf dubiose Art: Selbst einen solchen der Académie Royale des Sciences, Belles Lettres et Arts in Rouen spendend, beteiligt er sich anonym an der Ausschreibung, beantwortet die von ihm gestellte Preisfrage und gewinnt, »...womit er nicht ermangelte, (das) in allen aus- und inländischen Journalen breitzumachen« (Oelsner).
Marat, ein verkanntes Wissenschaftsgenie? Dieser Stachel sitzt zeitlebens tief in dem dreisten Zyniker, ist wahrscheinlich der Grund für seinen Selbstverrat als Mediziner und die Triebfeder für jenen Radikalismus, mit dem er in den Tagen des großen Terrors das Volk gegen all jene aufwiegelt, die auch nur im entferntesten Zweifel an der neuen Verfassung und Nation aufkommen lassen.
Im Jahr 1789 zieht Marat unter sein Medizinerleben einen Schlußstrich. Nach schwerer Krankheit verliert er seine Stellung beim Grafen von Artois; die Einberufung der Generalstände peitscht seinen Lebensmut erneut hoch: Als Politiker meldet er sich mit einem Traktat zur Steuermisere zu Wort. Im Gürtel ein Schwert und zwei Pistolen, über die Schultern lässig einen Überrock mit vergilbtem Hermelinkragen geworfen und im Hirn viel Überdruck, so deklamiert er am 13. Juli im Garten des Palais-Egalité aus Rousseaus und eigenen Schriften und wird prompt festgenommen. Womit der politische Märtyrer Marat seine erste Weihe bekommt. Diese untermauert er Wochen später in der Rolle des Volkszensors, der die revolutionäre Kampfzeitung »Le Publiciste français« ankündigt, die dann am 12. September als »L'Ami du peuple« in einer Auflage von 2000 Exemplaren auf den Markt kommt.
Marat ist nicht der einzige Zeitungsgründer dieser Zeit. Monats-, Wochen- und Tageszeitungen, Pamphlete, Broschüren und Flug-

blätter bestreuen täglich in Fülle die Szenerie. Bislang erbauliche Hofblättchen wie die »Gazette de France« und »Mercure de France« oder Feierabendlektüre wie das »Journal de Paris« bekommen Konkurrenz von rund 300 Neugründungen, gedruckt oft mit Handpressen und unter primitiven Umständen. Eine politische Pressemacht ohnegleichen.

Im Jahr 1791 erschienen außerhalb der Hauptstadt, in ganz Frankreich also, 280 neue Zeitungen, die täglich von 1000 bis 2000 Lesern gekauft wurden. Aber der Ton macht die Musik. Da wird oft von den Abgeordneten des neuen Konvents Meinung in eigener Sache gemacht; da wird Gift verspritzt und üble Nachrede verbreitet; da wird ungehemmt reaktionär und revolutionär polemisiert. Politik ist der Grundtenor, und die Revolution und ihre Macher sind das Generalthema.

Marats Zeitung wird zum Kampfblatt des Volkes. Der »L'Ami du peuple, ou le Publiciste parisien, journal politique, libre et impartial, par un Société des patriotes et redigé par M. Marat« eckt mit Leidenschaft an. Nach weniger als einem Monat des Erscheinens muß Marat nach einer Attacke gegen den Minister Necker, den er beschuldigt, die Hungersnot zu organisieren, in den Untergrund. Zuerst versteckt er sich im Distrikt der Cordeliers, dann flieht er für ein paar Monate nach England, um von dort in Pamphleten Richtung Frankreich zu polemisieren. Zum erstenmal ist da die Rede von Mord und Totschlag: »Einige rechtzeitig abgeschlagene Köpfe halten für lange Zeit die öffentlichen Feinde zurück und befreien eine große Nation für Jahrhunderte vom Elend und den Schrecken des Bürgertums.«

Nach Marats Rückkehr ist auch »L'Ami du peuple« wieder im Handel. Mit sarkastischen Kommentaren, Beschuldigungen und Kritik an den Volksvertretern. Oft zweimal täglich erscheint die Zeitung, mit einem Umfang von acht bis sechzehn Seiten. Vier Jahre lang wird das Blatt, das gelegentlich auch »Journal de la République française«, »Le Publiciste de la République française«, »Le Junius français« heißen wird, die Volksmeinung prägen. Rund 1000 Nummern und 10000 Seiten, bis auf die Leserzuschriften von Marat verfaßt – eine gewaltige Leistung des kränkelnden Mannes.

Gedruckt wird in einer kleinen Druckerei im 6. Arrondissement, in der Rue Commine Nummer 8 (heute Cour du Commerce-Saint-André), ein doppeltes Gitter versperrt den Eingang. (Nebenan hatte übrigens Tobias Schmidt seine Werkstatt.)

Der Meinungsmacher Marat schlägt selten versöhnliche Töne an. Seine Kritik putscht das Volk zum Siedepunkt hoch. Im Schüren des Volkszorns steht ihm der Führer des ultralinken Jakobinerflügels, Jacques-René Hébert, nicht nach. In seinem populären Hetzblatt »La grande colère du Père Duchesne« läßt er einen Pfeife schmauchenden Ofensetzer radikalste Forderungen propagieren. Im Namen des Volkes extremer Terror, Entchristlichung. Die Paranoia der Revolution tobt sich hier schwarz auf weiß aus. Und wehe dem, der in ihre Mühlen gerät und vor dem Tribunal steht. Meinungshetze übelster Art und Vorverurteilungen sind bei Hébert an der Tagesordnung. Da wird Ludwig als königlicher »Hahnrei« und »Trunkenbold« diffamiert. Und Marie Antoinette als »österreichische Hure«, die mit ihrem Sohn eine inzestuöse Liaison (»plaisirs solitaires«) unterhalte. Da will der »Père Duchesne« alle Aristokraten an den Laternen sehen.

Für die Massen der Großstadt Paris ein Fressen. Héberts Hetzblatt und Marats Volkszeitung sind die einzige Lektüre vieler Menschen. Ihre Botschaften werden auf Anhieb verstanden, würzen sie ihre Attacken doch mit dem Argot der Fischweiber. »Laßt doch sehen, was Marat heute heult«, sagt der Kohlenschlepper, sagt der Sackträger, sagt die Fleischkocherin, wenn sie die Weinschenke betreten. Grünes Licht ist der Pressefreiheit seit August 1791 ohnehin gegeben, Maximilien Robespierre hatte sie in einer Rede vor dem Konvent am 22. August gefordert. »Die Freiheit der Meinungsäußerung als der Weg zur Freiheit schlechthin darf in keiner Weise beschränkt werden, wenn es sich nicht um einen despotischen Staat handeln soll.«

Und Mirabeau hatte zugestimmt: »Die Freiheit der Presse hat denselben Charakter wie alle anderen Freiheiten. Sie ist ein

Naturrecht. Das Gesetz darf sie nur beschützen und nicht verringern.«
Diesen Maximen folgend, verabschiedeten die Abgeordneten den Artikel über die Pressefreiheit: »Die freie Äußerung der Gedanken und Meinungen ist eines der kostbarsten Menschenrechte. Jeder Bürger kann also frei schreiben, reden und drucken unter dem Vorbehalt der Verantwortlichkeit für den Mißbrauch dieser Freiheit in den durch das Gesetz bestimmten Fällen.«
Eine kleine Einschränkung, die damals vor allem »die Herabwürdigung der bestehenden Amtsgewalt« betrifft. Aber dergleichen ist ja von den meisten Redakteuren nicht zu befürchten; verkörpern sie doch selbst diese Institution als Konventsabgeordnete in persona. Wie Camille Desmoulins, der Poet aus Guise. Er publiziert den »Vieux Cordelier« und danach »Les Révolutions de France et Brabant«. Der Romantiker ist als Journalist umstritten, schnüffelt er doch zu gerne und indiskret im Privatleben seiner Zeitgenossen herum. Als »Vater aller freien Journalisten« überschätzt er seine Qualitäten maßlos, wenn er sich einem Mercier mit seinem Blatt »Annales patriotiques et littéraires« und einem Mirabeau mit dem »Journal des Etats généraux« weit überlegen glaubt.
Auch die gegenrevolutionäre Presse hat ihre Leser. Der Abbé Sabbatier de Castres ist mit seinem »Journal politique national« erfolgreich, arbeitet nebenher noch anonym bei marktschreierischen Hetzblättern mit, die auf das Volk setzen, um das Bürgertum zu isolieren.
Mit dieser Art Journalismus wiederum wollen Publikationen wie das »Journal général de la cour et de la ville« oder »Petit Gautier« nichts gemein haben. Und auch der »Ami du roi« hält sich an eine Polemik mit besseren Argumenten. Meinungsmache à la »Père Duchesne« oder »L'Ami du peuple« ist ihren Redakteuren zuwider.
Aber Hébert und Marat haben das Volk auf ihrer Seite. Und sie sind bekannt wie bunte Hunde. Es ist nicht verwunderlich, daß Marat im Konvent schnell in die Rolle des öffentlichen Zensors

schlüpfen kann. Jeden seiner Auftritte gestaltet er zum Bühnensolo, das von größenwahnsinnigen Wutausbrüchen gegen Königtum, Adel und die Kontrahenten unter den Deputierten geprägt ist. So auch am 25. September 1792, als er sich im Nationalkonvent gegen Angriffe der die Mehrheit bildenden Girondisten und Vertreter des Bürgertums effektvoll zur Wehr setzt, in einer furiosen Rede, die er auch dramatisch zu würzen versteht:

»Ich habe in dieser Versammlung sehr viele persönliche Feinde (Zwischenrufe: »Alle, alle!«). Ich habe in dieser Versammlung eine große Anzahl von Feinden: Ich rufe ihr Ehrgefühl an und fordere sie auf, sich nicht mit eitlem Gezeter, mit Zischen und Drohungen einem Mann in den Weg zu stellen, der sich für das Vaterland und ihr eigenes Wohl geopfert hat... Wenn ihr nicht fähig seid, mich zu verstehen, um so schlimmer für euch: Die Stürme sind noch nicht vorüber. Schon sind hunderttausend Patrioten erschlagen worden; hunderttausend andere werden noch erschlagen werden oder sind davon bedroht. Und wenn das Volk schwach wird, dann wird die Anarchie kein Ende nehmen. Ich habe diese Meinung ins Publikum geworfen: Wenn sie gefährlich ist, dann war es die Sache aufgeklärter Männer, sie mit Beweisen zu widerlegen und das Publikum zu unterrichten. Ich wäre der erste gewesen, der ihre Ansichten übernommen und den Beweis dafür geliefert hätte, daß ich den Frieden will, die Ordnung und die Herrschaft der Gesetze, wenn diese nur gerecht sind. – Beschuldigt man mich etwa ehrgeiziger Absichten? Ich werde mich nicht zu einer Rechtfertigung herablassen: Sehet mich an, und urteilt über mich. Hätte ich aus meinem Schweigen Profit schlagen, irgendeine führende Stellung haben wollen, ich hätte Gegenstand der Gunstbezeugungen des Hofes sein können. Aber was war mein Leben? Ich habe in dreckigen Löchern gehaust, mich dem Elend und der Gefahr ausgesetzt. Das Schwert von zwanzigtausend Meuchelmördern hing über mir (Marat wurde als Staatsfeind Nummer eins Anfang 1790 von 6000 Nationalgardisten in Paris gesucht, d. Verf.), und das Haupt auf dem Richtblock, habe ich die Wahrheit verkündet... Es gibt keine

Macht unter der Sonne, die meine Gedanken umzustoßen imstande wäre. Ich kann für die Reinheit meines Herzens einstehen, aber ich kann meine Gedanken nicht ändern. Meine Gedanken sind das, was die Natur der Dinge mir eingibt. Nun zu etwas anderem: Wenn durch eine Nachlässigkeit meines Druckers meine Rechtfertigung nicht heute erschienen wäre, dann hättet ihr mich dem Schwert des Tyrannen ausgeliefert? Diese Raserei ist unwürdig freier Männer, doch ich fürchte nichts unter der Sonne. (Er zieht eine Pistole aus dem Gürtel und setzt sie an die Stirn.) Ich erkläre, daß ich mir am Fuß dieser Tribüne eine Kugel durch den Kopf geschossen hätte, wäre das Anklagedekret gegen mich durchgegangen... Das ist also die Frucht von drei Jahre leben in Kellerverstecken und Qualen, die ich ausgehalten habe, um das Vaterland zu retten...« (»Reden der Französischen Revolution«)
In den letzten Wochen vor seinem gewaltsamen Tod wird der Volksredner nicht mehr in der Öffentlichkeit gesehen: Seine Krankheit hat sich verschlimmert. Linderung findet er, wie bekannt, nur noch im Bad, wo er, im warmen Wasser sitzend, dem Salz und Medikamente beigegeben sind, auf einem Brett vor sich täglich seine Pamphlete für den »L'Ami du peuple« schreibt, die dann seine Schwester oder seine Freundin zur Druckerei tragen.
Bei dieser Schreibarbeit trifft ihn Charlotte Corday am Samstag, dem 13. Juli, gegen sieben Uhr abends an. Ein Fiaker hat sie in die Rue des Cordeliers gebracht. Zweimal an diesem Tag war sie bereits dort gewesen und nicht vorgelassen worden, hatte dann das Billett für Marat hinterlassen, mit der Bitte, sie zu empfangen. Nun öffnet ihr in der ersten Etage Simonne Evraerd die Tür, mustert sie mißtrauisch und will sie wieder abweisen. In diesem Augenblick muß Marat die Stimme der Besucherin gehört haben; er ruft der Freundin zu, den Gast zu ihm zu führen, Simonne tut's, zieht sich zurück.
Rund acht Minuten soll die Unterhaltung der beiden gedauert haben. Dann hören Schwester und Freundin Marats dessen To-

desschreie. Das blutige Ende einer kurzen Szene, über deren Dialog nur spekuliert werden kann. Charlotte Corday wird abgeführt; später kommt der Maler David ins Haus, läßt den Toten noch einmal in die Wanne legen, zeichnet Gesicht und Körper en détail, hält die powere Umgebung fest und komponiert später in seinem Atelier jenes Gemälde, das heute als bemerkenswertestes Bilddokument der Revolution gilt. Marat als hingemeuchelter Cäsar, von der Majestät des Todes innerlich erleuchtet. Ein Bild auch, das den Namen seiner Mörderin berühmter macht als den des Gemordeten.
Es bleibt nicht bei dieser einen Darstellung. Rund einhundert Bilder – Aquarelle, Drucke, Zeichnungen – haben den Tod des Marat zum Motiv.
Der Künstler David wird auch das Begräbnis arrangieren. Als hellenistisches Fest. Die mit dem blutigen Hemd bedeckte Leiche läßt dieser Plagiator der Antike in der Cordeliers-Kirche aufbahren, Wanne und Dolch, Papier und Schreibfeder kunstvoll dem Toten zur Seite drapiert. Das Herz des Volksfreundes wird in einem wertvollen Behältnis konserviert. Dann treten die Vertreter der Stadtsektionen zum fahnenreichen Defilee an; und als Redner der Section Piques preist Citoyen de Sade das Wirken eines großen Einsamen: »Nicht persönlicher Vorteil trieb dich, als du auf die Freuden des Umgangs mit den Menschen und alle Genüsse des Lebens verzichtetest...« Im Klartext heißt die Triebfeder Egomanie.
Die Freuden des Lebens hat Marat wahrhaftig nicht genossen. Diesem Arbeitstier bis zur Selbstaufgabe blieb purer Genuß zeitlebens fremd. Nach seinem Tod hinterließ er nichts als ein paar naturwissenschaftliche Manuskripte und 25 Sous. Und zwei ihn betrauernde Frauen. Schwester und Freundin werden noch einige Monate seine Person glorifizieren, bevor sie – im Zuge der Demontage des Namens Marat – Opfer der Guillotine werden.
Zum zweiten Akt dieser blutig jammervollen Vorstellung, den die Corday beherrscht. Ein starker Auftritt. Ihr Solo beginnt, auch wenn die Heldin auf verlorenem Posten steht. Das Revolutions-

tribunal macht kurzen Prozeß mit ihr. Aufrecht und klaren Blicks steht sie vor Fouquier-Tinville, diesem robusten Menschen mit den schillernden Augen unter buschigen Brauen. Viel kann sie nicht sagen, außer einigen Angaben zur Person und dem Grund ihres Handelns. »Er hat unseren Nationalcharakter verderbt, die Moral des Volkes zerstört. Vier Jahre hat uns das Ungeheuer durch seine Verbrechen entehrt.«
Ihr Verteidiger, der Bürger Chauveau-Lagarde, kann dem nichts Entlastendes hinzufügen. In seinem Plädoyer beschränkt er sich auf Tatsachen: »Die Angeklagte gesteht kaltblütig das furchtbare Attentat, das sie begangen hat; sie gibt kaltblütig zu, es lange vorher geplant zu haben; sie gibt die abscheulichsten Einzelheiten zu; kurz, sie gibt alles zu und macht nicht einmal den Versuch, sich zu rechtfertigen. Das, Bürger Geschworene, ist ihre ganze Verteidigung. Diese unerschütterliche Ruhe und völlige Selberverleugnung, die selbst im Angesicht des Todes keine Reue zu erkennen geben, diese erhabene Ruhe und Selbstverständlichkeit sind eigentlich in der Natur nicht begründet; eine solche Handlung läßt sich nur erklären durch einen übersteigerten politischen Fanatismus, der ihr den Dolch in die Hand drückte. Und an Ihnen, Bürger Geschworene, ist es, zu beurteilen, von welchem Gewicht diese moralischen Überlegungen in der Waagschale der Gerechtigkeit sein sollen. Ich wende mich an Ihre Klugheit.«
Charlotte Corday vernimmt ihr Todesurteil. »Sie empfing es heiter, dankte ihrem Verteidiger für seine mutige Verteidigung und sagte, sie könne ihn nicht belohnen, bitt' ihn aber, als Zeichen ihrer Achtung, den Auftrag anzunehmen, für sie eine kleine Schuld im Gefängnis zu bezahlen.« (Jean Paul)
»Haben Sie einen Beichtvater?« fragt man sie noch. Und sie antwortet: »Keinen.« Und dann führt man sie schon ab, ohne mehr über das Seelenleben der jungen Frau, über ihre Kindheit, ihre Jugend oder ihre revolutionären Vorbilder und Vorstellungen erfahren zu haben. Die, die sie verurteilen, erfahren auch nichts über ihr Wissen, das sich nicht nur auf Rousseaus Schriften be-

schränkt, sondern auch Werke wie Guillaume Thomas Raynals »Histoire philosophique et politique des établissements et du commerce des Européens dans les deux Indes« (dt. Titel: »Die Geschichte beider Indien«) einschließt; und auch die wichtigsten Zeitungen und Zeitschriften der Zeit, einschließlich des »L'Ami du peuple«. Sie hat den Gegner vor der Tat studiert, kannte seine Ansichten, wußte über seine Ziele Bescheid und verabscheute seinen Radikalismus ebenso wie seine Haßpropaganda in ordinärer sansculottischer Sprache. Gewiß, vom Elend des Volkes wußte sie, Tochter aus nobler Familie, nichts. Aber von seinen Verführern hatte sie offensichtlich mehr als nur eine blasse Ahnung.

Vorhang auf zum dritten Akt. Sanson erscheint. Die Corday macht seine oft so verschwommenen Konturen aufs neue sichtbar, macht ihn zum Zeugen ihrer Geschichte... zum Betroffenen. »Monsieur de Paris« hat Charlottes Schicksal vom Tage ihrer Festnahme an verfolgt, hat Verständnis für ihre Tat, empfindet Sympathie. »Marat«, schreibt später der Enkel ganz im Sinne des Großvaters, »erstickte nicht nur die Republik, sondern er entehrte sie auch; es war also Marat, den der Himmel ihrem Dolch zuwies.« Sein Tod sei von Charlotte mit ruhig-sanftem Stoizismus beschlossen worden.

Im Memoirenwerk Sansons nimmt die Verurteilte viel Raum ein. Herkunft und Abstammung des Mädchens werden geschildert, letzte Briefe zitiert, die sie an den Vater und den Abgeordneten Barbaroux schrieb. Auch ist die Gerichtsverhandlung unter dem Präsidenten Montané detailliert wiedergegeben. Die »Judith der Revolution«, so Desmoulins in pathetischer Sympathieaufwallung, ist damals mehr als nur Tagesthema gewesen. Ganz Frankreich spricht über ihre Tat, überall wird sie diskutiert, und der plötzliche Tod des Marat hinterläßt nur bei wenigen Menschen das Gefühl tiefer Trauer.

Charles-Henri Sanson wird für Mittwoch, den 17. Juli, bestellt. Termingerecht findet er sich im Zeugenzimmer der Conciergerie ein. Man führt ihn von dort in die Zelle der Verurteilten, wo wie-

der ein Maler zur Stelle ist, diesmal der Citoyen Hauër, Vizekommandant des Bataillons der Cordeliers, der die junge Frau porträtiert. »Werden Sie immer diese heitere Miene behalten?« fragt er sie. Und die Frau antwortet: »Sagen Sie nicht, ich bin nie anders, als Sie mich jetzt sehen.« (S) Mit dem Porträtieren hatte Hauër während der Gerichtsverhandlung begonnen, war aber nicht fertig geworden. Sie hatte das gesehen und ihn aufgefordert, die Arbeit in ihrer Zelle zu vollenden. Das Bild solle dem Departement Calvados geschenkt werden, verfügte sie als Letzten Willen. Leider existieren keine Aufzeichnungen Hauërs über die eineinhalb Stunden dauernde Schlußsitzung.
Als Sanson die Zelle betritt, sitzt Charlotte Corday auf einem Stuhl und schreibt die erwähnten Briefe an Barbaroux und ihren Vater.
»Vergeben Sie mir«, heißt es da, »daß ich, ohne Sie zu fragen, über mein Leben verfügte und daß ich Sie hinterging, indem ich, unter dem Vorwand, nach London zu reisen, den ruchlosen Marat ermordete. Ich habe mein Vaterland von diesem Ungeheuer befreit. Sie wissen, daß nur das Verbrechen, nicht aber das Schafott beschimpft. O ihr unglückseligen Republikaner! Muß Euch ein Weib den Weg zu erhabenen Handlungen zeigen. Ich danke Ihnen für alle Wohltaten. Freuen Sie sich, daß Sie einer Tochter das Leben gaben, die edel zu sterben weiß. Ich umarme Sie, mein bester Vater, aufs zärtlichste, so wie auch meine Schwester und alle meine Freunde, wozu ich meinen Wunsch füge, daß Sie allerseits mich nicht bedauern mögen; denn Ihre Tränen würden mein Andenken beflecken, und ich sterbe glücklich. Leben Sie wohl auf ewig. Ch. Corday.« (Blanc)
Den Bürger Monet, der Sanson begleitet und das Gerichtsurteil noch einmal verliest, bittet Charlotte, ihre Briefe zu befördern. Dann rückt sie den Stuhl in die Mitte des kleinen Raumes, nimmt die Haube ab und löst ihr aschblondes Haar, »welches sehr lang und schön war« (S).
Tief bewegt schneidet der Bourreau ihr die Locken ab. Einige gibt sie dem Maler, den Rest dem ebenfalls anwesenden Bürger

Richard für seine Gattin als Geschenk. Dann reicht ihr Sanson das rote Hemd, das sie sich selbst überstreift und in der Taille bindet. »Als ich mich anschickte, sie zu binden, fragte sie mich, ob sie ihre Handschuhe behalten könne, denn bei ihrer Verhaftung häte man sie so stark geschnürt, daß sie noch die Narben davon am Handgelenk davontrüge. Ich sagte ihr, sie könne es nach Belieben halten: diese Vorsicht sei aber unnütz, denn ich würde sie fesseln, ohne ihr weh zu tun. Lächelnd sagte sie: ›In der Tat, jene Männer waren nicht so geübt wie Ihr‹, und reichte mir ihre Hände.« (S)

Der Historiker Michelet hat diese Szenen sehr ausführlich beschrieben. Und wie viele Historiker ist er der Meinung, daß die gefaßte Haltung der Corday angesichts des nahen Todes Bewunderung verdient. Schon vor der »Toilette« sei sie sehr beherrscht gewesen. »Sie lächelte ihren Mitgefangenen zu, die sie vorübergehen sahen, und entschuldigte sich bei dem Wärter Richard und seiner Frau, denen sie versprochen hatte, mit ihnen zu frühstükken. Sie empfing den Besuch eines Priesters, der ihr seinen Beistand anbot, und führte ihn höflich hinaus mit den Worten: ›Sprechen Sie den Leuten meinen Dank aus, die Sie geschickt haben.‹«

Charlotte Corday, »das schöne liebliche Opfer in seinem roten Mantel«, tritt »freundlich und ruhig« ihre letzte Fahrt an (Michelet). »Zwei lange Stunden... angezischt und angeheult vom Volk, für das sie sterben sollte. Sie war bitter-allein, ohne irgendeinen Verwandten ihres Herzens oder ihres Schicksals.« (Jean Paul) Der »sehr bewegte Henker« (Michelet) stellt ihr einen Sitz hin, um sie vor den Wagenstößen ein wenig zu schützen, und sie lächelt ihm ein Dankeschön zu. Aber sie bleibt stehen und stützt nur ein Knie darauf. Hinter ihr steht Sanson. Er leidet. »Es regnete und donnerte in dem Augenblick, als wir auf dem Quai de la Mégisserie ankamen; aber das Volk, welches in großer Zahl auf unserem Weg versammelt war, zerstreute sich nicht wie gewöhnlich. Als wir die Arkade verließen, schrie man laut; je weiter wir aber kamen, desto schwächer und seltener wurde dieses Ge-

schrei. Fast nur diejenigen, die uns umgaben, beleidigten die Verurteilte und machten ihr Marats Tod zum Vorwurf.« (S)
Unter den Zuschauern befindet sich auch der bereits erwähnte Deutsche Adam Lux, ein weicher Mann, stupsnäsig, verträumt und voller Enthusiasmus für die Klassiker der Antike. »Ein Glaubensgenosse und Verteidiger ihres Herzens. Unwissend begegnete sie in der Straße St. Honoré dem, der das eine war, und das andere wurde, dem Adam Lux aus Mainz. Oh, warum mußte ihr Blick, der die anhöhnende Menge vergeblich nach einem gleichflammenden Herzen durchsuchte, diesen Bruder ihres Inneren nicht finden und kennen? ... Und er war ihr so nahe, und sah ihre letzte Minute! Aber er hatte das Glück verdient, sie sterben zu sehen. Die ganze Frühlingswelt in des Republikaners Herz blühte wieder auf, da er diese Ruhe der Verklärung auf der jugendlichen Gestalt im roten Sterbekleid, diese auf dem langen Todesweg unverrückte Unerschrockenheit in den stolzen und durchdringenden Augen und wieder diese unter dem ewig Verhöhnen zärtlichen, mitleidigen und feuchten Blicke sah, deren Engelhuld seinem so männlichen Herzen ebenso bitter war als süß. – Nein, wer ein solches Wesen leben und leiden sah, kann es nicht beweinen, nur nachahmen; das vom Wetterstrahle der Begeisterung getroffene Herz duldet nichts Irdisches mehr an sich; so, wie bei den Alten die vom heiligen Blitz des Himmels getroffene Stelle nicht mehr betreten oder überbaut werden konnte.« (Jean Paul)
Der verzückte Lux sah ein Mädchen sterben, »das ihm größer als Brutus, größer als die bekannte Größte schien«.
»Diese so milden und durchdringenden Blicke, die ihren schönen Augen entstrahlten und aus denen eine ebenso zärtliche als unerschrockene Seele sprach... ihre entzückenden Augen, welche Felsen hätten rühren müssen! Eine Erinnerung, die einzig in ihrer Art und unauslöschlich ist! Der bloße Gedanke an diesen Engel, der zum Tode ging, wird mir Verachtung gegen die Macht ihrer Henkersknechte einflößen... Dein Andenken reizt und feuert mich an zu allen republikanischen Tugenden und daher zu

unversöhnlichem Haß gegen die Feinde der Freiheit, gegen die Schurken, die Anarchisten und die Henkersknechte...
... Wenn sie mir auch die Ehre der Guillotine antun wollen, die künftig in meinen Augen nicht mehr als ein Altar ist, worauf man unschuldige Opfer schlachtet und womit – seit dem reinen Blute, das am 17. Juli darauf vergossen wurde – keine Schande mehr verbunden sein kann: wenn sie dies tun wollen... so bitte ich sie, diese Henkersknechte, meinem abgeschlagenen Kopf ebensoviele Maulschellen geben zu lassen, als sie dem der Charlotte Corday geben ließen. Ich bitte sie, diesem Tigerschauspiel durch ihren kannibalischen Pöbel ebenfalls Beifall zuklatschen zu lassen...« So Adam Lux' Hymne auf die Corday. Er ließ sie in Paris sogar drucken. Das hatte Folgen, der Deutsche aus Mainz wurde arretiert. »Der gute Mensch hat ganz den Kopf über das Mädchen verloren«, schrieb sein Freund und Begleiter Forster an die Ehefrau in Mainz. Er »kennt nichts Seligeres, als für sie sterben zu müssen«. Und so geschah es dann am 10. November 1793: »... der unglückliche Lux ist, nach seinem Wunsch, ein Freiheitsmärtyrer auf der Guillotine geworden... trunken von einer fast religiösen Begeisterung sprang er aufs Schafott.« (Forster)
Sanson nimmt den jungen Eiferer auf dem Weg zur Guillotine natürlich nicht wahr, der sich, immer in Höhe des Karrens, einen Weg durch die Menge bahnt, die Corday fest im Blick. (Der Henker wird den Namen Lux auch nicht mit der Corday in Verbindung bringen, wenn er ihn am 10. November auf seiner Liste durchstreicht.)
Charlotte im Blick haben, hinter Gardinen verborgen, auch die Bürger Desmoulins, Danton und Robespierre. In der Rue Saint-Honoré sollen sie an einem Fenster gestanden haben (wahrscheinlich in Robespierres Wohnung). Und der Anwalt aus Arras habe sehr aufgeregt mit den anderen diskutiert. »Aber diese, und namentlich der Bürger Danton, schienen nicht auf ihn zu hören und blickten aufmerksam auf die Verurteilte.« Er, Sanson, habe sich just in diesem Augenblick umgewandt und die Corday ebenfalls angeschaut, und er habe es noch öfter getan und immer

»größere Lust« empfunden, sie zu betrachten. »Es war nicht wegen ihrer Schönheit, so groß diese auch war; es schien mir unmöglich, daß sie bis zum Ende so sanft und mutig bleiben könnte, wie ich sie sah!« (S)
Jene Schwächen, unter denen andere Verurteilte auf ihrer letzten Fahrt litten, Zusammenbrüche und Weinkrämpfe, konnte der Henker an diesem Opfer wahrhaftig nicht erkennen. Nicht einmal ihre Augenwimpern haben verräterisch gezuckt. Statt dessen habe sie mit unaussprechlicher Sanftmut die Zuschauer betrachtet, »darunter Gruppen von Rasenden, die sich als Weiber verkleidet hatten und die sie mit Geschrei empfingen... und oft genügte ein Blick ihrer schönen Augen, sie zum Schweigen zu bringen. Ihr Lächeln war das einzige Zeichen, das nach außen hin ihre Eindrücke verriet.« Als Sanson sie einmal seufzen hört und sie fragt: »Nicht wahr, Sie finden den Weg sehr lang?«, antwortet sie: »Pah! Wir können immer sicher sein, anzukommen!« (S)
Endlich auf die Place de la Révolution einbiegend, stellt sich Sanson vor Charlotte, um ihr den schrecklichen Anblick des roten Schafotts zu ersparen. Aber sie schiebt ihn zur Seite: »Ich habe wohl das Recht, neugierig zu sein, denn ich habe die Guillotine noch nie gesehen.« (S)
Und dann geht alles sehr schnell. Der Wagen hält, rasch hat Charlotte Corday die Stufen hinauf zum Gerüst zurückgelegt, der Gehilfe Firmin reißt ihr »in roher Weise« (S) das Halstuch ab und entblößt ihren Hals.
»Ihr edles Haupt, ihre nackten Schultern, der ruhige Blick, den sie umherschweifen ließ, machten den tiefsten Eindruck. Freundlich grüßte sie das Volk, das um das Schafott herumstand, und wollte das Wort an die Menge richten. Man hinderte sie daran. Da trat sie an die Todesmaschine und legte den Kopf selber an den dafür vorgesehenen Platz.« (S)
Und Sanson gibt das Zeichen, das Beil fällt. Es folgt das blamable, makabre Zwischenspiel des vom Gehilfen Legros geohrfeigten Kopfes.

»Die in diesem Augenblick verwirrte Menge hatte die roten Strahlen der Sonne im Gesicht, die durch die Bäume der Champs-Elysées drang... Eine Religion erwächst aus dem Blut Charlotte Cordays: die Religion des Dolches.« So Michelet in dunklen Worten.

Der unter den Zuschauern weilende Georg Forster aus Mainz schrieb tief beeindruckt über Charlotte und ihre Haltung: »Sie war blühend vor Gesundheit, reizend schön, am meisten durch den Reiz der Unverdorbenheit, die sie umschwebte. Ihr kurzgeschnittenes Haar machte einen antiken Kopf auf der schönsten Büste. Ihre Heiterkeit blieb bis auf den letzten Augenblick auf dem Blutgerüst, wo ich sie schnell hinrichten sah. Ihr Tod tat mir wohl für sie. Du hast schnell gelitten, dachte ich.«

Bleich und verstört wie nie zuvor kehrt Charles-Henri Sanson an diesem Tag nach Hause zurück.

XIII

Frauen unter dem Fallbeil: Jeanne-Manon Roland, Lucile Desmoulins, Olympe de Gouges, die Du Barry, Madame Elisabeth und eine Königin, die ihren Mann becircte, aber nicht das Volk

Täglich vierzig, fünfzig, sechzig Menschen zur Guillotine zu fahren, unter ihnen Frauen und Kinder, kann Charles-Henri Sanson immer weniger verkraften. »Er war bleich und aufgeregt. Bei jedem unerwarteten Geräusch zitterte er; zu Hause war er verschlossen, verlor vor den Hinrichtungen und seinen Opfern nicht ein Wort. Die Stimmung, die ihn ständig belastete, war, wenn nicht gerade Abscheu, so doch ein Haß auf jene, die ihm die Befehle erteilten, und auf sich selber, der er sie ausführte. Immer häufiger vernachlässigte er seine Notizen, schrieb kaum noch ein Wort in sein Tagebuch, geschweige denn die Namen der Opfer.« (S)
Aber der Tod bleibt auch in diesen Tagen des Terrors sein Buchhalter. Desmoret, der Enkel des Scharfrichters von Bordeaux, ist dessen Arm, er führt die Listen der Hingerichteten gewissenhaft weiter und überträgt Namen und Kleidungsstücke der Geköpften exakt ins Register. Somit kann Henri-Clément später in den Memoiren alle Opfer benennen.
»Es liegt etwas Lehrreiches in diesen abgelegten Rechnungen... Diese Notizen sind kurz und knapp, wie damals die Bilanz der Guillotine sein mußte. Die Hand, die vom Töten ermüdet war, konnte zuletzt kaum noch Kraft zum Schreiben haben...« (S)
Besonders die weiblichen Opfer belasten Charles-Henris Psyche. Frauen begleitet er, die weder der Norm entsprechen noch der Vorstellung, die man gemeinhin von zum Tode Verurteilten hat. Das unausweichliche Schicksal zu akzeptieren, sich nach wochenlanger Haft auf engstem Raum in den Gefängnissen stolz und ungebrochen zu geben, das rührt nicht nur an. Im Gegenteil: So viel Seelenstärke verblüfft die Umwelt. Daß sie »das Vater-

land zur Herzensfreundin, das ewige Recht zum Liebhaber« (Michelet) haben, bestärkt diese Frauen in ihrer unerschütterlichen Haltung.
Jeanne-Manon Roland ist eine von ihnen. Von Fouquier-Tinville »rücksichtsvoll« als erste auf die Liste gesetzt, um ihr den Anblick bereits abgeschlagener Köpfe im Korb zu ersparen, läßt sie, wie schon erwähnt, einem anderen den Vortritt. Diese Frau, »aufgeklärt und mit wahrhaft energischem Charakter«, hatte in ihrem Haus am Quai des Orfèvres ein Zentrum der republikanischen Bewegung geschaffen, um den Despotismus zu verfolgen und niederzuwerfen. Gemeinsam mit den Freunden aus der Gironde hatte sie die Klasse der Reichen angegriffen, den Tod des Königs jedoch abgelehnt. Die Herrschaft des Volkes stand für sie nie zur Diskussion. Sie wollte einem Bundesstaat aus weithin autonomen Provinzen politische Kraft geben.
Die Roland, blauäugig und blondhaarig, imponiert bis zuletzt als Frau mit Biß und von verblüffender Ehrlichkeit. Aus ihrem Abscheu vor dem Pöbel der Straße macht sie kein Hehl. Den Girondisten und ihren Zielen unverbrüchlich verbunden, isoliert sie sich letztlich gemeinsam mit ihrem Mann und wenigen Freunden zu einem sektiererischen Kern, der den Machthabern auffallen muß. Und so kommt, was kommen muß: Eine Woche nach der Hinrichtung der maßgeblichen Männer dieser Gruppe – Vergniaud, Sillery, Fauchet, Brissot, Lehardy – am 31. Oktober 1793 wird Madame Roland, am 8. November, geköpft. Mit großen Worten verabschiedet sie sich von dieser Welt: »Ich danke Ihnen«, sagt sie zum Revolutionstribunal, »daß Sie mich würdig befunden haben, das Schicksal der großen Männer zu teilen, die Sie ermordet haben!« Und sie fügt hinzu: »Wenn die Unschuld zum Tod geht, zu dem der Irrtum und die Niederträchtigkeit sie verurteilten, so gelangt sie zum Triumph!«
Während der »Toilette« in der Conciergerie bittet sie Sanson beim Haarabschneiden: »Laßt mir bitte so viel, daß ich meinen Kopf dem Volk zeigen kann, wenn es denselben sehen will.« Als »Monsieur de Paris« ihr den Sinn der Prozedur erklärt, hört sie

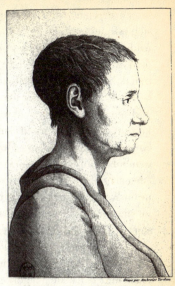

links oben: Madame Roland von F. Bonneville; *rechts oben:* Théroigne de Méricourt, nach einer Zeichnung von Gabriel; *links unten:* Cécile Renault, anonym; *rechts unten:* Olympe de Gouges von Pierre Vidal

interessiert zu, zitiert Molière: »Wohin hat die Menschlichkeit sich nur geflüchtet...«

Anders geartet ist die somnambule Lucile Desmoulins. Außerdem, was aus den wenigen Briefen hervorgeht, die der junge Poet und politische Hitzkopf Desmoulins ihr schrieb, ist wenig über sie bekannt. Georg Büchner hat ihr in seinem Schauspiel »Dantons Tod« ein larmoyantes Denkmal gesetzt. Auch bei den Historikern kommt die junge Frau als ständig weinende Gattin, die vor den Gittern des Luxembourg-Gefängnisses mit dem gerade geborenen Sohn Horace im Arm wie eine Ophelia agiert, nicht gut weg. Aber sie zeigt in den letzten Stunden mehr Mut als ihr Camille, der unter Weinausbrüchen und »Lucile!«-Rufen seine Fahrt zur Guillotine antritt. »Er war nur ein großer Schriftsteller, wollte ein Held sein.« (Michelet) Das gelingt ihm nicht. Während der Fahrt ständig von Danton ermahnt, sich endlich wie ein Mann zu halten, macht er sich zum Gespött des Publikums.

Ganz anders Lucile. Heiterkeit zeichnet sie bis zum letzten Atemzug aus. Die wenigen Augenblicke, die ihr nach der Urteilsverkündung noch bleiben, nutzt sie, um sich zu schmücken, »als ob dieser Tag ihr Hochzeitstag wäre« (S).

Die mit ihr zum Tod verurteilte Witwe des bereits geköpften Journalisten Hébert weint und schreit. Lucile tröstet die Frau, die wahrhaftig nicht ihre Freundin ist. Im zweiten Karren sitzen die zwei, und während der Fahrt scherzt Lucile mit den jungen Männern Lapalu und Lassalle. Dann steigt sie mutig auf das Schafott und geht, so meint Sanson, wohl mit der Überzeugung in den Tod, daß im Jenseits die Seele des Geliebten auf sie wartet. »Sie war keine Politikerin, keine Corday, keine Roland, sie war einfach eine Frau, sie sah auf den ersten Blick wie ein junges Mädchen, beinah wie ein Kind aus. Was hatte sie denn getan?« (Michelet)

Charles-Henri Sanson übergibt ihre abgeschnittenen Haare anderntags den Eltern – eine Geste, die wieder einmal die Schuldgefühle ausdrückt, die den Henker wie ein Alpdruck heimsuchen.

Eine Frau mit Haltung angesichts der Guillotine ist auch Olympe de Gouges. Die Stegreifdichterin aus Montauban, die von vielen für eine uneheliche Tochter Ludwigs XV. gehalten wurde, diktierte trotz ihres Analphabetismus jeden Tag ein Trauerspiel, wollte den Frauen der Revolution politisches Mitspracherecht erkämpfen.

1791 hatte sie ihre Schrift »Déclaration des droits de la femme et de la citoyenne« publiziert. Mit bemerkenswerten Forderungen. »Mann, bist du fähig, gerecht zu sein?« fragt sie da. »Sag mir, wer hat dir die selbstherrliche Macht verliehen, mein Geschlecht zu unterdrücken?« Und dann formuliert sie in 17 Artikeln neue Rechte für sich und ihre Schwestern. »Die Frau ist frei geboren und bleibt dem Manne gleich in allen Rechten. Die sozialen Unterschiede können nur im allgemeinen Nutzen begründet sein.«

Die Frauen in diesen Tagen wollen nicht nur willenlose Geschöpfe und Wachs in den Händen der Männer sein. Von den Aufklärern des Ancien régime – Diderot, Voltaire, Rousseau – inspiriert, lehnen sie die Rolle des Opferlamms ab, das auf dem Altar des Vaterlands dem neuen Gott der Freiheit geopfert wird.

»Wenn sie Genie besitzen, ist es bei ihnen urwüchsiger als bei uns!« hatte schon Diderot erkannt. Und so wird die Emanzipation in jenen Tagen durchaus ein Thema. Unzählige Frauen sind bei allen Ereignissen dabei. Am 14. Juli ebenso wie während der Schreckenstage. Frauen stehen schon morgens vor den Bäckerläden an um Brot; Frauen besetzen die Tribünen der Nationalversammlung und des Revolutionstribunals, Frauen vermehren das Heer der Neugierigen bei den Hinrichtungen.

Und die Frauen haben ihre Idole, verrückte, überspannte und auch sehr progressive Heroinen wie Théroigne de Méricourt, Olympe de Gouges. Oder die Holländerin Etta Palm, die 1790 eine »Patriotische Gesellschaft für Wohltätigkeit und Wahrheit« gründet: »Die Natur hat uns geschaffen als Begleiter ihrer (der Männer, d. Verf.) Arbeit und ihres Ruhms. Wenn sie uns einen kräftigeren Arm gibt, schaltet sie uns euch gleich in moralischer Kraft, mehr noch, an Einbildungskraft, Empfindsamkeit und Patriotismus.« (Petersen)

Große Worte, die beim Publikum, den Geschlechtsgenossinnen, ankommen. Zumal jene Frauen, die am politischen Leben teilnehmen wollen, oft auf so lächerliche männliche Exemplare treffen, wie sie Olympe de Gouges immer wieder porträtiert: »... bizarr, blind, aufgebläht von Wissen ... er will befehlen in dem Bewußtsein, intellektuell überlegen zu sein, er reklamiert seine Revolutionsrechte.« Fazit: »Bürger und Bürgerinnen müssen gemeinsame Sache machen, sie sind gleich an Würde ...«

Ein Frauenbild in satten Farben entsteht in diesen Tagen. Konturen gewinnt es ebenso in den Salons der Madames Tallien und Roland, der Condorcet und der aufmüpfigen Necker-Tochter de Staël wie auch am Schafott, wo Markt- und Fischweiber und Huren den Ton angeben. Romantisch verherrlichter Mutterschaft stellt sich politischer Mündigkeitsdrang in den Weg. Mit Teilerfolgen in der Gesetzgebung. Eine Ehefrau kann ihren untreuen Mann auf Scheidung und Unterhaltskosten verklagen; sie muß für die Heirat minderjähriger Kinder ebenso die Erlaubnis geben wie der Vater. Und unter der sich der Revolution anschließenden Direktoriumsregierung werden Frauen sogar zu Ministern und Generälen ernannt und demonstrieren ihre gewonnene Freiheit sehr entschlossen auch äußerlich in Kleidung und Benehmen.

Aber diese Emanzipationswelle verebbt bald wieder. Im Code civil läßt Napoleon später den Frauen wenig Luft zur Freiheit. Das Stimmrecht bleibt ihnen versagt, der Platz am Herd und die Rolle der Mutter und Gattin werden ihnen wieder zugewiesen. (Erst am 21. April 1944 erteilt ihnen General de Gaulle uneingeschränktes aktives und passives Wahlrecht.)

Olympe de Gouges und ihre Mitstreiterinnen haben wacker gekämpft. Doch das traditionelle Frauenbild läßt sich nicht übermalen. »Die Frau setzt uns vor allem durch die Leidenschaftlichkeit der Liebe, die Aufwallung der Eifersucht, die Anfälle von mütterlicher Zärtlichkeit, den Aberglauben und die Art, in der sie die oberflächlichen und populären Emotionen empfindet, in Erstaunen.«

Der Emanzipationsdrang kommt über die Anfangsphase nicht wesentlich hinaus. Und wie andere muß auch Olympe de Gouges den letzten Gang antreten. Vom Prozeß gegen die Majestät Ludwigs erschüttert, tritt sie im Rahmen einer antirevolutionären Veranstaltung als Muse auf und bietet sich in einer Streitschrift mit dem Titel »Der Stolz der Unschuld« dem König als Verteidigerin an.

Die Strafe folgt unmittelbar: Olympe wird vor das Revolutionstribunal gestellt und verurteilt. Die Folge ist ein Zusammenbruch. Die engagierte Frauenrechtlerin und Majestätsverteidigerin verwandelt sich in ein Häufchen Elend, versucht sogar in letzter Minute schwanger zu werden, um einen Aufschub der Hinrichtung zu erreichen. Erst auf dem Schafott wird sie wieder die alte Kämpferin, findet die passenden Worte und schwört Frankreichs neuer Regierung furchtbare Rache.

Die Namen der Frauen zu nennen, die unter dem Fallbeil ihr Leben lassen müssen, heißt, auch Marktweiber und Straßendirnen Revue passieren zu lassen, die bis zuletzt – selbst auf die »Schaukel« geschnallt – den grölenden Zuschauern zu ihren Füßen keine Antwort schuldig blieben. Und jene Aristokratinnen gehören ebenso dazu, deren Abgang von dieser Welt nicht gerade ruhmvoll war. So wie der der Du Barry. Als Sanson sie in der Conciergerie in Empfang nahm, »stützte sie sich beim Gehen gegen die Wand, denn ihre Knie zitterten« (S).

Vor zwanzig Jahren, erinnert sich Henri-Clément genußvoll, habe sein Großvater sie als junges Mädchen kennengelernt, eine Begegnung, die mehr ins Reich kitschiger Legendenbildung paßt als in das der Wahrheit und sich in dem Memoirenwerk wohl als Beispiel der Zeitgalanterie findet. Das Wiedersehen – wenn es denn an diesem 7. Dezember ein solches ist – gestaltet sich für die verblühte Kokotte höchst tragisch. Als sie den Bourreau erblickt, verbirgt sie ihr Gesicht in einem Taschentuch, wirft sich auf die Knie und schreit: »Ich will nicht, ich will nicht!« Erbarmungswürdiger Anblick einer Frau, die in ihrer Maienblüte in prunkvollen Karossen fuhr und mit Schmuckstücken behängt wurde, deren teuerstes, ein vierreihiges Collier mit einem elfkarätigen Stein, die Halsbandaffäre ins Rollen gebracht hatte. Nun gerät sie in den letzten Stunden ihres Lebens völlig aus der Fasson. »Als ob ihr Hirn vom Fieber befallen wäre«, diagnostiziert Sanson und läßt die Frau von zwei Gehilfen binden, damit er ihr die Haare schneiden kann.

Und dann die Fahrt auf dem Karren. Von einer Ohnmacht in die andere fallend, muß sie von den Gehilfen ständig gehalten werden... Immer wieder habe sie gerufen: »Bürger, befreit mich, ich bin unschuldig. Ich gehöre dem Volk an wie ihr, gute Bürger. Laßt mich nicht sterben!«

Die Hilferufe erzielen Wirkung, der Wagen mit dem Opfer durchfährt ein schweigendes Spalier. »Niemals habe ich das Volk so sanftmütig gesehen.« (S) Aber diese Fahrt ist lang, zehnmal sei die Lebedame ohnmächtig geworden, immer wieder habe sie Sansons Sohn Henri aufgefangen, und stets aufs neue habe sie den jungen Mann beschworen: »Nicht wahr, Ihr werdet mich nicht töten?« Ihre Zähne hätten geklappert, ihre Stimme sei rauh und heiser gewesen. Und wieder einmal sei er, Sanson, ins Grübeln gekommen angesichts dieses Sturzes von der gloriosen Höhe einer königlichen Bettgefährtin hinunter auf die harten Bretter des Schafotts.

»Monsieur de Paris« läßt Gnade walten und die Du Barry als erste aufs Schafott schleppen. Drei starke Gehilfen brauchen dazu einige Minuten, und ihr Schreien sei in einen schrillen Diskant übergegangen, sei jenseits der Seine zu hören gewesen, und die ganze Persönlichkeit habe keinen guten Eindruck gemacht. Aber dann ist es auch schon vorbei gewesen mit dem galanten Leben der Dame.

Ganz anders reagiert die Schwester Ludwigs XVI., Elisabeth de France, genannt Madame Elisabeth. Bleich und mager ist sie in die Conciergerie eingeliefert worden, wo sie Wochen in einer Zelle der Frauenabteilung verbringen muß. Der erbitterte Royalistenhasser Fouquier-Tinville klagt sie der Beihilfe zur Flucht des Königs nach Varennes an und beschimpft sie in übler Manier. Als ihr auch noch vorgeworfen wird, in den blutigen Septembertagen verwundete Soldaten auf dem Marsfeld verbunden zu haben, platzt der beherrscht auftretenden Dame die Geduld. »Ich rechne mir dies nicht zum Verdienst an«, faucht sie den öffentlichen Ankläger an, »aber ich kann mir auch nicht denken, daß man es mir zum Verbrechen auslegen wird.«

Mit Madame Elisabeth werden 23 Republikfeinde nach nur 25minütiger Verhandlung zum Tod verurteilt. Sanson bekommt den Befehl, unverzüglich die Hinrichtung zu vollziehen. Als er zur Schwester des Königs vorgelassen wird, erwartet sie ihn schon mit gelöstem Haar. Ihr Gesicht ist blaß, die Augen sind sehr klar.

Um 16 Uhr verläßt der Zug die Conciergerie. Madame Elisabeth sitzt im ersten Karren, neben ihr Bischof Loménie. Alle Verurteilten halten sich auf dem klapprigen Gefährt sehr gerade, bilden einen lebenden Schutzwall um die königliche Verwandte, der die Zuschauer Beleidigungen und Obszönitäten zurufen.

Als Haupt der kontrarevolutionären Verschwörung wird sie zuletzt hingerichtet, sieht also 23 Menschen vor sich in den Tod gehen.

»Sie bleibt unbeweglich, wie jene Statuen des Glaubens, die man früher unter den Hallen der Kirchen sah und deren steinerne Gesichter keinen anderen Ausdruck zu haben schienen als den der Liebe zu Gott.« (S) Ein wenig zitternd steigt sie dann hinauf, zaghaft protestierend, als ihr ein Gehilfe das Tuch von den Schultern nimmt.

370 Frauen haben Charles-Henri Sanson, sein Sohn Henri und ihre Gehilfen während der Revolution hingerichtet. Freudenmädchen und königliche Mätressen, Näherinnen, Marquisen und eine Königin.

Die Frage, ob Frauen überhaupt hingerichtet werden sollten, ist in jenen Tagen nie klar beantwortet worden. Olympe de Gouges hatte das Problem in ihrer bereits zitierten Streitschrift zuerst zur

Diskussion gestellt, als sie schrieb: »Für Frauen gibt es keine Sonderrechte; sie werden verklagt, in Haft genommen und gehalten, wo immer es das Gesetz vorsieht. Frauen unterstehen wie Männer den gleichen Strafgesetzen.« Und: »Die Frau hat das Recht, das Schafott zu besteigen. Sie muß auch das Recht haben, die Rednerbühne zu besteigen, vorausgesetzt, daß ihre Handlungen und Äußerungen die vom Gesetz gewahrte öffentliche Ordnung nicht stören.«

Für den Historiker Michelet eine unannehmbare Forderung. Ein Fall von politischer Ignoranz. Sowohl die Rednerbühne wie das Schafott sollten für Frauen Tabuzonen sein. Idealisierung durch das Beil? »Das tötet die Republik!«

Seine Gedanken zu diesem Problem sind es wert, in Auszügen zitiert zu werden. Verherrlichen sie doch ein Frauenbild, das von einer Olympe de Gouges und ihren Adeptinnen aufs schärfste attackiert wurde. Michelet hatte andere Beispiele im Kopf, abschreckende. Charlotte Corday: »Ihr Tod war der Beginn einer Revolution!« Und Lucile Desmoulins: »...der fürchterlichste Schlag; keine ließ so viel klagende Wut zurück.« Und dann fährt er fort:

»Man merkt wohl, daß eine Gesellschaft, die sich nicht um die Erziehung der Frauen kümmert und darin nicht Meisterin ist, als verloren gelten kann. Die vorbeugende Arznei ist hier um so nötiger, als die heilende tatsächlich unmöglich ist. Es gibt kein ernsthaftes Strafmittel gegen Frauen. Schon allein das Gefängnis ist eine schwierige Sache... Aber sie auf dem Schafott zur Schau stellen... Großer Gott! Eine Regierung, die diese Dummheiten macht, guillotiniert sich selbst. Die Natur, die über alle Gesetze die Liebe stellt und die Erhaltung der Art, hat gerade darum dieses Geheimnis (das auf den ersten Blick absurd erscheint) in die Frauen gelegt: Sie sind verantwortlich, und sie sind nicht strafbar. Während der ganzen Revolution sind sie zur Gewalttat geneigt, intrigant und oft schuldiger als die Männer. Aber wenn man sie schlägt, schlägt man sich selbst. Wer sie straft, straft sich selbst. Was sie auch getan haben mögen und welchen Eindruck sie immer machen: sie stürzen die Gerechtigkeit, zerstören völlig deren Begriff, machen, daß man sie verneint und schmäht. Wenn sie jung sind, kann man sie nicht bestrafen. Warum? Weil sie jung sind, weil sie die Liebe, das Glück, die Fruchtbarkeit bedeuten. Wenn sie alt sind, kann man sie nicht bestrafen. Warum? Weil sie alt sind, das heißt, sie waren Mütter. Und wenn sie noch gar schwanger sind! Ach, da wagt die arme Gerechtigkeit nicht ein Wort mehr zu sagen; die ist es, die sich wandeln, sich demütigen und, wenn nötig, selbst ungerecht werden muß. Hier ist eine Macht, die dem Gesetz trotzt: Wenn das Gesetz hartnäckig bleibt, um so schlimmer! Dann schadet es sich ungemein, es erscheint fürchterlich, mutlos, als ein Feind Gottes.

Vielleicht werden Frauen gegen all das Einspruch erheben; vielleicht werden sie fragen, ob es für sie nicht immer minderwertig machen heißt, wenn man ihnen das Schafott verweigert; sie werden sagen, daß sie handeln und auch die Folgen ihrer Taten tragen wollen. Und dennoch! Was soll man tun? Es ist nicht unsere Schuld, daß die Natur sie zwar nicht, wie man behauptet, schwach, aber sehr anfällig macht und zeitweise krank; daß sie ebensosehr der Natur unterworfen sind wie selbständige Menschen, daß sie abhängig sind vom Lauf der Gestirne und also durch die Ungleichmäßigkeiten von manchen bedeutsamen Funktionen des politischen Lebens ausgeschlossen. Gleichsam haben sie hier oft einen ungeheuren und bis heute meistens verhängnisvollen Einfluß. Es ist in unserer Revolution zutage getreten. In der Hauptsache sind Frauen an ihrem Mißlingen schuld; ihre Ränke haben sie unterwühlt, und ihre (oft verdiente, politisch immer unkluge) Hinrichtung hat der Gegenrevolution vorzüglich genützt.«

Michelets Frauenbild in allen Ehren, politisch klug oder unklug: Die Revolutionäre scheren sich nicht einen Deut um solch warnende Sätze. Und schicken so wie Männer auch Frauen aufs Schafott. Daß sich manche dieser Opfer, sozusagen in letzter Sekunde, auch noch angesichts des nahen Todes emanzipieren und über die Grenzen Frankreichs hinaus die Diskussion pro und contra diese Guillotinierungen, entfachen, ist von den Drahtziehern des Massenmordens nicht beabsichtigt. Der Tod durch das Fallbeil, er soll sie ja alle gleich machen. Aber eine Königin läßt sich mit einem Freudenmädchen aus dem Palais-Egalité nicht über einen Kamm scheren.

Die Aufmerksamkeit der Franzosen hatte Ludwigs Gemahlin Marie Antoinette schon als 16jährige erregt, als sie, die Tochter Maria Theresias, an der Grenze splitternackt der Gräfin von Noailles übergeben wurde. Eine geschmacklose Transaktion, mit der man Frankreichs zukünftige Königin mit Leib und Seele für alle Zeiten ihrem Herrn und Gebieter auslieferte. Ein Geschöpf zum Spielen und Gebären.

Diesen Zielen wird das junge Mädchen aus Wien gerecht. Durch die Gärten turtelnd, unbekümmert, gedankenlos, gibt sie wie ihre Vorgängerinnen das Geld mit vollen Händen aus. Jährlich 170 Kleider kauft sie und jede Menge Diamanten. Der Staatsetat wird geschröpft. Das Volk mokiert sich über »Madame Defizit« und singt Spottlieder auf sie. Dieses miserable Image ändert sich auch nicht, als sie sich in späteren Jahren der Natur zuwendet, auf königlichem Gelände einen Bauernhof errichtet und dort, als schöne Gärtnerin verkleidet, kunstvoll in die Perücke Artischokken, Kohlköpfe und Karotten geflochten, der Naturschwärmerei erliegt.

Die Österreicherin, als lebendes Pfand der Allianz zwischen ihrer neuen und ihrer alten Heimat mit dem Enkel Ludwigs XV. verheiratet, erringt die Liebe der Franzosen nie. Man umrankt sie mit Gerüchten, verfolgt sie mit übler Nachrede. Mit wem hatte diese Bienenkönigin kein Verhältnis? Ihre Untertanen verunglimpfen sie sogar als Lesbierin. Und noch schlimmer, als Verführerin des eigenen Sohnes.

Vier Kinder gebiert Marie Antoinette dem königlichen Gemahl. Zwei von ihnen – Louis Joseph und Sophie-Hélèn-Beatrix – sterben im Alter von sieben Jahren beziehungsweise elf Monaten. Der Sohn Louis Charles, vorgesehen als Ludwig XVII., wird nicht älter als zehn. Nur die Tochter Marie Thérèse Charlotte erlebt das neue Jahrhundert. Gegen gefangene Konventmitglieder nach Österreich ausgetauscht, heiratet »Madame Royale« ihren Vetter, den Herzog von Angoulème, und kehrt 1814 mit ihrem Onkel, Ludwig XVIII., dem Grafen von Provence, nach Paris zurück. Ihr Leben endet 1851 im Bett.

Als 15jährige hat sie den Leidensweg ihrer Mutter aus der Nähe miterleben müssen und in einem erschütternden Tagebuch festgehalten. Die letzten Wochen einer Frau, die am Ende zu einer echten Majestät geworden war, nachdem sie so vieles über sich hatte ergehen lassen müssen: die Stürmung des königlichen Schlosses in Versailles durch den Pöbel, den Umzug der Familie in offener Kutsche nach Paris in die Tuilerien, den Einbruch des Mobs dort, der ihren Mann, degradiert zum Bürger Capet, zum Weinumtrunk aus einer Flasche zwang; die verhängnisvolle Flucht bei Nacht und Nebel nach Varennes, initiiert durch den schwedischen Freund und Grafen Axel von Fersen; und letztlich nach der Rückführung in die Hauptstadt die Einkerkerung in Tuilerien und Temple, aus dem man Ludwig auf die Guillotine brachte.

Als die Witwe Capet, die seit August im Gefängnis sitzt, im Oktober 1793 zum erstenmal vor dem Revolutionstribunal verhört wird, ist sie 38 Jahre alt und bereits eine alte Frau. Zwei Verteidiger hat man ihr zugeteilt, die Bürger Tronson-du Coudray und Chauveau-Lagarde, der auch die Corday verteidigte. Letzterer begibt sich sofort in die Conciergerie, um mit seiner Klientin Kontakt aufzunehmen. »Sie empfing mich mit hoheitsvoller Sanftmut, und das Vertrauen, mit dem sie mich, wie ich bald bemerkte, beehrte ... flößte mir Mut ein und gab mir Sicherheit ... Ich las mit ihr die Anklageschrift, die ganz Europa inzwischen kennengelernt hat und deren abscheuliche Einzelheiten ich hier keineswegs in Erinnerung bringen möchte.« (Chauveau-Lagarde)

Antoine-Quentin Fouquier-Tinville hatte die Anklageschrift formuliert, ein Beispiel unverhüllten Hasses und eindeutiger Parteilichkeit.

»Marie Antoinette, Witwe Louis Capets, ist infolge eines Konventsdekrets vom vergangenen 1. August vor das Revolutionstribunal gestellt und der Verschwörung gegen Frankreich angeklagt; ein anderes Dekret vom 3. Oktober bestimmt, das Tribunal solle sich unverzüglich und ohne Unterbrechung mit der Untersuchung befassen; der öffentliche Ankläger erhielt die Schriftstücke, welche die Witwe Capet betreffen, am 19. und 20. des ersten Monats des II. Jahres, in gewöhnlicher Sprache am 11. und 13. Oktober; ein Richter des Tribunals ist unverzüglich zum Verhör der Witwe Capet geschritten; die Untersuchung aller Schriftstücke durch den öffentlichen Ankläger hat ergeben, daß gleich den Messalinen Brunhild, Fredegunde und Medici, welche man früher Königinnen von Frankreich nannte und deren gehässige Namen niemals aus der Geschichte ausgelöscht werden können, die Witwe Louis Capets, Marie Antoinette, während ihres Aufenthaltes in Frankreich die Geißel und der Blutsauger der Franzosen gewesen ist und bis zu der glücklichen Revolution, welche dem französischen Volke seine Souveränität wiedergab, mit dem Manne, den man König von Böhmen und Ungarn tituliert, im Einverständnis gestanden hat (gemeint ist Joseph II. von Österreich, d. Verf.), einem Einverständnis, welches dem Interesse Frankreichs widersprach. In Verbindung mit den Brüdern Louis Capets und dem schändlichen und verabscheuungswürdigen Calonne, damals Finanzminister, hat sie die Finanzen Frankreichs, den Schweiß des Volkes, in abscheulicher Weise vergeudet, um ihre Ausschweifungen zu bestreiten und die Agenten ihrer verbrecherischen Ränke zu besolden. Es steht fest, daß sie zu verschiedenen Zeiten dem Kaiser Millionen zukommen ließ, um Krieg gegen die Republik zu nähren, und daß sie durch diese außerordentlichen Verschwendungen den Nationalschatz erschöpft hat. Seit der Revolution hat die Witwe Capet nicht einen einzigen Augenblick aufgehört, Einverständnisse und verbrecherische Briefwechsel zum Nachteil Frankreichs zu unterhalten, sowohl mit den fremden Mächten als auch im Interesse der Republik durch ihre ergebenen Agenten, welche sie durch den ehemaligen Schatzmeister der Zivilliste besoldete. Zu verschiedenen Zeiten hat sie alle Kunstgriffe angewendet, die sie für ihre schändlichen Pläne, eine Konterrevolution ins Werk zu setzen, geeignet hielt. Unter dem Vorwand einer nötigen Vereinigung der ehemaligen Garde du Corps und der Offiziere und Soldaten des Regiments von Flandern ließ sie im Oktober 1789 für die beiden Korps eine Mahlzeit herrichten, welche nach ihrem Wunsche in eine wahrhafte Orgie ausartete; unmerklich wußte sie die Gäste dahin zu bringen, die weiße Kokarde anzustecken und die Nationalkokarde mit den Füßen zu treten.

Ferner hat sie im Einverständnis mit Louis Capet in dem ganzen Bereich der Republik konterrevolutionäre Werke drucken und in großer Zahl verbreiten lassen. Durch ihre Gehilfen ließ sie in den ersten Tagen des Monats Oktober 1789 in Paris und der Umgebung eine Hungersnot erzeugen, welche einen neuen Aufstand hervorrief, infolge dessen eine unzählige Menge von Bürgern und Bürgerinnen sich am 5. desselben Monats nach Versailles begaben.

Diese Tatsache ist unwiderlegbar bewiesen durch den Überfluß, welcher am Tage nach der Ankunft der Capet in Paris herrschte.

Die Witwe Capet hat nach ihrer Rückkehr von Varennes ihre verdächtigen Zusammenkünfte wiederaufgenommen, in denen sie selbst den Vorsitz führte. Im Einverständnis mit ihrem Günstling Lafayette wurden die Tuilerien geschlossen und die Bürger dadurch gehindert, die Höfe des ehemaligen Schlosses der Tuilerien frei zu passieren.

In denselben verdächtigen Zusammenkünften wurde das schreckliche Gemetzel beschlossen, das am 17. Juli 1791 stattfand, bei welcher Gelegenheit die eifrigsten Patrioten auf dem Marsfeld niedergemacht wurden.

Die Witwe Capet ließ nichtswürdige Minister und für die Stellen in der Armee und bei den Behörden solche Männer ernennen, welche der ganzen Nation als Verschwörer gegen die Freiheit bekannt waren.

Im Einverständnis mit der freiheitsmörderischen Partei, welche die Gesetzgebende Versammlung und eine Zeitlang auch den Konvent beherrschte (die Girondisten, d. Verf.), hat die Witwe Capet dem König von Böhmen und Ungarn, ihrem Bruder, den Krieg erklären lassen; durch diese Kunstgriffe und schändlichen Ränke wurde der erste Rückzug der Franzosen von belgischem Gebiet veranlaßt.

Mit ihren nichtswürdigen Gehilfen hat die Witwe Capet die schreckliche Verschwörung zustande gebracht, welche am 1. August ausbrach und nur durch die vereinten Anstrengungen der mutigen Patrioten vereitelt wurde.

In der Besorgnis, daß diese Verschwörung nicht den erwünschten Erfolg haben könnte, ist die Witwe Capet am 7. August gegen halb zehn Uhr abends im Saal erschienen, wo die ihr ergebenen Schweizer und andere Personen damit beschäftigt waren, Patronen anzufertigen; während sie die Männer zur Beschleunigung der Arbeit anfeuerte, nahm sie selber daran teil und half Kugeln gießen.

Endlich hat die über alle Begriffe entsittlichte Witwe Capet, eine neue Agrippina, welche mit allen Verbrechen vertraut ist, ihre Eigenschaft als Mutter und die Grenzen, welche die Naturgesetze vorschreiben, außer acht gelassen und sich nicht gescheut, sich mit ihrem Sohn Louis Charles Capet, nach dem eigenen Geständnis dieses letzteren, Unsittlichkeiten hinzugeben, bei deren Namen allein man schon vor Abscheu schaudert.

Nach den bevorstehenden Auseinandersetzungen erhebt der öffentliche Ankläger hiermit Anklage gegen Marie Antoinette, welche sich in dem Verhör ›von Lothringen-Österreich‹ nannte, die Witwe Louis Capets, wegen folgender absichtlicher Verbrechen:

1. Im Einverständnis mit den Brüdern Louis Capets und dem nicht würdigen Exminister Calonne in schändlicher Weise die Finanzen Frankreichs vergeudet, unzählige Summen dem Kaiser überliefert und auf diese Weise den Nationalschatz erschöpft zu haben;

2. sowohl selbst als auch durch ihre konterrevolutionären Gehilfen einen lebhaften Briefwechsel mit den Feinden der Republik unterhalten und dieselben Feinde mit den im Rat beschlossenen Kriegs- und Angriffsplänen bekannt gemacht zu haben;
3. durch ihre Ränke und die Kunstgriffe ihrer Agenten Verschwörungen und Komplotte gegen die innere und äußere Sicherheit Frankreichs angezettelt, zu diesem Zweck den Bürgerkrieg in verschiedenen Gegenden der Republik entzündet, die Bürger gegeneinander bewaffnet und durch diese Mittel das Blut einer unzähligen Menge vergossen zu haben. Gegen den Artikel IV, Sektion I, Titel II des II. Teils des Strafgesetzes und gegen Artikel XI, Sektion XI, Titel II desselben Gesetzbuches.
gez. Fouquier«
Unterschrieben wurde diese Anklage außerdem von weiteren Richtern des Tribunals.
Massive Vorwürfe sind das, von denen einige zweifellos berechtigt sind. Marie Antoinette hat in der Tat nie aufgehört, die Freunde im Ausland in Briefen und Botschaften zu beschwören, das Königtum in Frankreich zu retten. Und unter den 15 000 Bediensteten in Versailles hat es genug ihr ergebene Anhänger gegeben, die in ihrem Namen im Untergrund gegen die neue Republik tätig sind. Auch ist reichlich Geld nach Österreich geflossen, um Truppen für eine Invasion zu mobilisieren.
Um die Volksstimmung gegen die Witwe Capet zu beeinflussen, ist Fouquier-Tinvilles Anklage schon Tage vor dem Prozeß als Flugblatt an den Wänden öffentlicher Gebäude publiziert worden. Die zahlreichen Presseorgane überschlagen sich mit Vorberichten und Kommentaren. Besonders der Vorwurf des sexuellen Mißbrauchs des Dauphin empört die Bevölkerung. Der Journalist Hébert, der als Vertreter der Kommune an der Verhandlung teilnimmt, läßt seinen »Père Duchesne« das Thema weidlich ausschlachten.
Obszöne Schriften und Spottlieder über die Königin waren schon immer erschienen. Angebliche Verhältnisse der Majestät mit dem Herzog von Chartres und dem Herzog von Lamballe, den dann

später seine Frau, Marie Antoinettes Freundin und erste Hofdame, im Bett vertreten haben soll, wurden ausgestreut. Dann löste der Halsbandskandal eine neue Pressekampagne aus, die Marie Antoinette als sexuell unersättlich darstellte. Genährt wurden solche Gerüchte von Jeanne de la Motte, die in London ihre Memoiren publizierte. Ludwig XVI. wollte sie aufkaufen. Vergeblich. Die Schmutzschriften häuften sich. 1789 werden dann die »Essais historiques sur la vie de Marie Antoinette d'Autriche« publiziert. Ihr Verfasser, wahrscheinlich Brissot, stellt in ihnen nicht nur die Königin als restlos verdorben, sondern ganz Versailles als Hurenhaus dar. Grobe Attacken ähnlicher Art folgen in regelmäßigen Abständen und dekuvrieren das königliche Ehepaar als sexuelle Ungeheuer, die keine sittlichen Schranken mehr kennen.

Die Auswirkungen dieser Haßpropaganda auf die Bevölkerung der Hauptstadt sind vorstellbar: Die Witwe Capet findet kaum noch Fürsprecher, als ihr Prozeß ins Rollen kommt. Und wie gesagt, wichtiger als der Vorwurf der konspirativen Verschwörung ist für die Franzosen jener Anklagepunkt, der der Königin vorwirft, ihren kleinen Sohn zu unsittlichen Taten verführt zu haben. Die Majestät als bête féroce, als wildes Tier. An dieser Vorstellung berauscht sich »Père Duchesne«. Für das Kampfblatt der Proletarier war Marie Antoinette immer schon ein sittenloses Frauenzimmer. »Ich habe meinen Lesern Antoinettes Kopf versprochen«, leitartikelt Hébert, »und wenn man ihn mir noch länger verweigert, werde ich ihn selbst abschneiden!«

Am 14. Oktober, um zehn Uhr morgens, führt man die Frau zur Verhandlung. Zwei Dutzend Gardisten begleiten sie auf ihrem Weg in den Gerichtssaal, hinter dessen Zuschauerbarrieren sich die Menschenmenge drängt. Langsamen Schrittes kommt sie durch die Tür, mit majestätischer Würde. Kalt, sehr gefaßt, fast gleichgültig, läßt sie die Verlesung der Anklage über sich ergehen, trommelt nur gelegentlich nervös mit den Fingern auf die Stuhllehne. Noch darf sie zu den Anklagepunkten keine Stellung beziehen, vierzig Zeugen müssen vernommen werden. Und einer

der ersten, der stellvertretende Kommandant der Nationalgarde, Lecointre, bestätigt dann auch prompt Fouquier-Tinville das, was der hören will: Ja, die Bürgerin Capet hat an der Orgie der zwei Korps teilgenommen. Ja, ihr Weinkonsum sei damals, wie übrigens immer, groß gewesen. Und es sei ihr nicht schwergefallen, die Offiziere auch dazu zu verführen.
Als vierter Zeuge ist Jacques-René Hébert geladen. Und endlich – umgehend bringt er das Thema zur Sprache, auf das das Publikum mit Spannung wartet, das »plaisir d'amour« mit dem eigenen Sohn. Dieser sei vom Gefängniswärter und Kommunekommissar – eigentlich ist er Schuhmacher – Antoine Simon beim Onanieren erwischt worden. Zur Rede gestellt, wer ihm das Laster beigebracht habe, habe der Junge hintereinander die Namen seiner Tante, Madame Elisabeth, und seiner Mutter genannt. Wer wolle da noch zweifeln, daß es zwischen dem Zehnjährigen und den zwei Frauen zu den wüstesten Ausschweifungen gekommen sei. Für Simon ein klarer Fall: Der Junge sei von Natur verdorben. Die Mutter habe diese Charakterschwäche ausgenutzt, um das Kind moralisch zu beherrschen und abhängig zu machen.
Ob er, Simon, nicht befangen sei? – Keineswegs. Er habe es doch abgelehnt, vor dem Prozeß noch einmal die Mutter zu sehen. Außerdem sei ihm die Umerziehung des kleinen Prinzen zu einem Sansculotten wichtiger gewesen. Diese geschah, wie sich später herausstellte, mit viel Schnaps und übler Literatur.
Es ist eine wüste Anklage, die an Infamie nicht zu überbieten ist. Robespierre soll getobt haben, als er am Abend von dieser Aussage hörte.
Die Königin steht auf verlorenem Posten. Und auch die weiteren Zeugen nach Hébert mit ihren Aussagen über Konspiration und Landesverrat können oder wollen nicht verhindern, daß die königliche Witwe dem Beispiel ihres Mannes folgen und ihren Kopf verlieren muß. Zuvor aber soll sie dem Gericht Rede und Antwort stehen, auch wenn sie sich entrüstet bei den Zeugenaussagen Héberts »auf alle Mütter, die hier anwesend sind« beruft. Aber die im Saal Anwesenden antworten ihr mit Hohngelächter.

Der Prozeß gegen Marie Antoinette, Illustration von Pierre Bouillon

Die Tortur der Verhandlung läßt Marie Antoinette in Gelassenheit über sich ergehen. Fouquier-Tinvilles Angriffe erträgt sie immer beherrschter. Sie weiß, was auf sie zukommt.

Und erwartungsgemäß fällt einen Tag später das Urteil aus. »Indem der Gerichtshof nach einstimmiger Erklärung der Geschworenen dem Strafantrag des öffentlichen Anklägers zustimmt, verurteilt derselbe, den bereits angeführten Gesetzen gemäß, die besagte Marie Antoinette, genannt von Lothringen-Österreich, Witwe Louis Capets, zur Todesstrafe und erklärt, laut dem Gesetz vom 19. März vorigen Jahres, ihre Güter, wenn sie solche auf französischem Boden besitzt, für gerichtlich eingezogen.«

»Bei der Urteilsverkündigung erlaubte sie sich nicht die geringste Erregung. Sie ging aus dem Saal, ohne ein Wort an die Richter und das Publikum zu richten.« (Moniteur, 27. 10. 1793)

Es ist der 25. des ersten Monats (also der 16. Oktober), halb fünf Uhr morgens. Marie Antoinette wird in das Arrestgebäude der Conciergerie gebracht, in eine Zelle für zum Tode Verurteilte.

Zur selben Zeit wird in allen Sektionen zum Sammeln getrommelt. Um sieben Uhr ist die gesamte bewaffnete Streitmacht auf den Beinen. An den Brücken, auf den Plätzen und an den Straßenecken, von den Tuilerien bis zur Place de la Révolution, werden Kanonen in Stellung gebracht.

In ihrer Zelle schreibt die Königin einen letzten Brief. Er ist gerichtet an Madame Elisabeth, die Schwägerin. Hier Auszüge:

»Ich bin ruhig, wie man es ist, wenn das Gewissen dem Menschen keine Vorwürfe macht. Ich bedaure tief, meine armen Kinder zu verlassen. Du weißt, ich habe nur für sie gelebt... Möge mein Sohn niemals die letzten Worte seines Vaters vergessen, die ich ihm mit Vorbedacht wiederhole: Möge er niemals danach trachten, unseren Tod zu rächen...

Ich muß zu Dir von einer Sache sprechen, die meinem Herzen sehr weh tut. Ich weiß, wie dieses Kind Dir Qual bereitet haben muß, verzeihe ihm, liebe Schwester, denk an seine große Jugend und wie leicht es ist, ein Kind das sagen zu lassen, was man will, und sogar das, was es selber nicht versteht...

Ich sterbe im apostolischen, römisch-katholischen Glauben, der Religion meiner Väter, in der ich erzogen wurde und zu der ich mich bekannt habe. Da ich keinerlei geistliche Tröstung zu erwarten habe, da ich nicht weiß, ob es hier noch Priester dieser Religion gibt, und da auch der Ort, an dem ich mich befinde, sie allzu großen Gefahren aussetzen würde, wenn sie zu mir kämen, bitte ich Gott von Herzen um Vergebung für all meine Sünden, die ich begangen habe, seit ich lebe. Ich hoffe, daß er in seiner Güte meine letzten Gebete erhören wird so wie all jene, die ich seit langem an ihn richte, damit meine Seele seines Erbarmens und seiner Güte teilhaftig wird...«
Der Priester, den die Regierung der Königin in die Zelle schickt, wird von ihr nicht akzeptiert. Gehört er doch zu jenen, die den Eid auf die neue Verfassung geschworen haben.
Die Kammerzofe Rosalie Lamorlière hat die letzten Minuten Marie Antoinettes in der Conciergerie aufgezeichnet: ein authentisches Bild aus dem Vorzimmer des Todes, ohne falsches Pathos und Sentimentalitäten.
»Als es Tag geworden war, das heißt ungefähr gegen acht Uhr morgens, ging ich zu Madame zurück, um ihr beim Ankleiden zu helfen, wie sie es mir nahegelegt hatte... Ihre Majestät stellte sich in den kleinen Zwischenraum, den ich gewöhnlich zwischen dem Gurtbett und der kleinen Mauer freiließ. Sie selbst faltete ein Hemd auseinander, das wahrscheinlich in meiner Abwesenheit gebracht worden war, und nachdem sie mir bedeutet hatte, mich vor ihr Bett zu stellen, um dem Gendarmen den Anblick ihres Körpers zu entziehen, duckte sie sich und streifte das Kleid ab, um zum letztenmal die Wäsche zu wechseln. Sofort aber näherte sich der Gendarmerieoffizier, stellte sich an das Kopfende des Bettes und sah der Königin beim Umkleiden zu. Ihre Majestät legte sogleich ihr Tuch wieder über die Schultern und sagte mit großer Sanftmut zu dem jungen Mann: ›Im Namen des Anstands, Monsieur, erlauben Sie, daß ich die Wäsche ohne Zeugen wechsele.‹
›Das kann ich nicht zulassen‹, antwortete der Gendarm schroff,

›meine Befehle gehen dahin, jede Ihrer Bewegungen im Auge zu behalten.‹

Die Königin seufzte, zog ihre Wäsche mit aller nur möglichen Vorsicht und Schamhaftigkeit über und nahm dann nicht die lange Trauerrobe, die sie vor den Richtern getragen hatte, sondern das weiße Hauskleid, das ihr gewöhnlich als Morgenkleid gedient hatte, schlang ihr großes Musselintuch um und kreuzte es unter dem Kinn.

Ich war durch die Roheit des Gendarmen so verwirrt, daß ich nicht darauf achtete, ob die Königin noch das Medaillon des Königs besaß; aber ohne Schwierigkeiten konnte ich sehen, daß sie das blutige, armselige Hemd sorgfältig zusammenrollte, in einen seiner Ärmel ein Futteral steckte und es dann in einen Riß zwängte, den sie zwischen der alten Wandbespannung und der Mauer bemerkt hatte.

Am Tag vorher, als sie wußte, daß sie vor dem Publikum und den Richtern erscheinen sollte, hatte sie sich der Schicklichkeit wegen die Haare etwas höher frisiert. Sie hatte auch ihrer Linonhaube, die mit einer kleinen Plisseegarnitur besetzt war, die beiden losen Bandenden hinzugefügt, die sie in dem Karton aufbewahrte; unter diesen Trauerbändern hatte sie einen schwarzen Kreppflor sauber angebracht, der ihr einen hübschen Witwenkopfputz machte.

Als sie in den Tod ging, behielt sie nur die einfache Linonhaube ohne Bänder oder Trauerflor auf; da die schlehenfarbenen Schuhe das einzige Paar war, das sie hatte, trug sie ihre schwarzen Strümpfe und diese Schuhe, die in den sechsundsiebzig Tagen, die sie bei uns gewesen war, weder die Form verloren hatten noch verdorben waren.

Als ich sie verließ, wagte ich nicht, Abschied von ihr zu nehmen oder auch nur eine Verbeugung zu machen, aus Furcht, sie in Verlegenheit zu bringen und zu betrüben. Ich ging fort, weinte in meiner Kammer und betete zu Gott für sie.«

Ein Bericht aus dem Dunkel einer Zelle, ergreifend in seiner schmucklosen Nüchternheit, sprachlos vor Entsetzen. Auch Sanson hat so empfunden, als er mit dem Bürger Gerichtsdiener, den Offizieren, Wachen und seinem Sohn die Königin trifft. Sie sitzt bereits im »Saal der Toten« auf der Bank, den Kopf müde an die schmutzig-graue Mauer gelehnt. Zwei Gendarmen und der Schließer bewachen sie.

Marie Antoinette ist also weiß gekleidet, ein weißes Umschlagtuch bedeckt die Schultern, und auf dem Kopf trägt sie eine weiße Haube. Bleich ist sie, und die Augen sind schwarz umrändert von »den vielen schlaflosen Nächten« (S).

Sie erwartet den Henker, der auch an ihr seine traurige Pflicht erfüllen muß. »Sie kommen früh«, sagt sie zu ihm, »können Sie noch etwas warten?« – »Nein, Madame, ich komme auf Befehl«, lautet die Antwort des Mannes, der ihr allerdings die »Toilette« ersparen kann. Sie hatte sich die Haare bereits von ihrer Zofe am Nacken entfernen lassen und reicht Sanson diese Reste. (Später wird er dem Enkel erzählen, daß er sie nach der Hinrichtung daheim verbrannt habe.) Die Königin erhebt sich von ihrem Stuhl. »Ich bin fertig, Messieurs, wir können aufbrechen.« (S) Sanson bindet ihr die Arme auf dem Rücken.

Es ist gegen elf Uhr, als sich die schweren Türen der Conciergerie zum Cour de Mai hin öffnen, wo der Schinderkarren mit einem großen schwarzen Pferd im Geschirr wartet. War ihr Mann in einer Kutsche standesgemäß zur Guillotine gefahren worden, so muß Sanson die Witwe wie eine normale Citoyenne behandeln. Die Gleichheit für jeden, im Leben wie im Tod, ist inzwischen zur Selbstverständlichkeit geworden. Ihr muß sich nun Marie Antoinette beugen, als sie auf einem Brett ohne Polster und Decke Platz nimmt.

Die Temperatur beträgt zehn Grad. Paris liegt noch im herbstlichen Morgennebel. Die Fahrt geht durch ein dichtes Spalier gaffender Menschen. 30 000 sollen an der Route gestanden haben. Die Fenster der Häuser sind dicht besetzt. Von überallher hageln Schmähungen und Beschimpfungen auf die Frau herab. Vor allem vor der Kirche Saint-Roche gebärden sich dort versammelte Marktweiber wie toll.

Und als auch noch der Schauspieler Grammont als Nationalgardist kostümiert vor dem Karren reitet und, eine Pike schwenkend, brüllt: »Jetzt ist sie bald hin, die infame Marie Antoinette! Sie hat alle meine Freunde gefickt!«, jubelt der Pöbel.
In der Rue Saint-Honoré, vor dem Haus Robespierres, schreit eine Frau: »Du kannst heulen, soviel du willst. Du wirst doch geköpft!« Eine andere kreischt hysterisch: »Du hattest 2000 Liebhaber, Madame, nun wartet auf dich der letzte, die Guillotine!« – Die Königin bleibt gefaßt.
»Es war ihr aber leicht anzumerken, daß diese scheinbare Gefaßtheit sie viel kostete. Ihre Gesichtszüge waren von diesem Augenblick an verfallen... Auf dem ganzen Weg bewahrte sie durchaus dieselbe Gefaßtheit, ausgenommen jedoch angesichts des ehemaligen Palais-Royal. Dieses Gebäude rief wahrscheinlich Erinnerungen in ihr wach, die sie erregten. Sie sah es mit bewegtem Blick an...« (Prudhomme)
Aber dann, näher am Hinrichtungsplatz, beruhigt sich die Menge. »Das Volk verhielt sich ziemlich friedlich. An manchen Stellen wurde in die Hände geklatscht; aber im allgemeinen schien für einen Augenblick alles Unheil vergessen zu sein, das Frankreich durch diese Frau widerfahren ist, man schien nur an ihre gegenwärtige Lage zu denken. Es wurde Gerechtigkeit geübt, das war alles, was das Volk verlangt hatte.« (Prudhomme)
Aktiv ist an diesem Morgen auch wieder einmal das Mitglied des Sicherheitsausschusses, der Maler David. In einem Fenster in der Rue Saint-Honoré sitzend, bringt er in schnellen Strichen mit Kohlestift eines der ergreifendsten Porträts der Revolution zu Papier: die Königin auf dem Karren: eine alte Frau mit hageren Zügen und herausfordernd durchgedrücktem Rücken. Kalte Einsamkeit umgibt sie auf diesem Blatt und entrückt sie allen Angriffen des Pöbels. Es ist ein Bild, das wie sein Gemälde vom toten Marat in der Wanne den Namen dieses undurchsichtigen und politisch so opportunistischen Malers über die Tagesereignisse hinaus retten wird.
Endstation Place de la Révolution... Hier erwarten Zehntau-

sende das prominente Opfer, wollen miterleben, wie das »nationale Rasiermesser« die Bürgerin Capet »halbiert«.
Der Karren ist gegenüber der Allee der Tuilerien zum Halten gekommen. Marie Antoinettes Blicke gehen weit über die Menge hinaus, nehmen nicht mehr wahr, was um sie herum geschieht. Weder das Blitzen der Oktobersonne auf den Uniformen und Säbeln der Gardisten noch die Mordlust in den Augen der »Guillotineabschleckerinnen« dringen in ihr Bewußtsein.
Sie sieht nicht die verwegen herausgeputzten Nouveaux Riches auf den Balkonen, Frauen mit hoher Taille in der Antike nachempfundenen Gewändern; und ihre Galane in Seidenhemden mit flatternden Schmetterlingskrawatten und farbigen Westen, den hohen Dreispitz auf gepuderten Locken.
Sie hört nicht mehr die Zeitungsverkäufer, die laut schreiend Karikaturen des königlichen Opfers verkaufen und Broschüren mit den Titeln »Les Adieux de la Reine à ses mignons et mignonnes« und »Grandes fureurs de la ci-devant Reine«. Und auch die Straßenhändler nimmt sie nicht wahr mit ihren Bauchläden voller Nüsse, Brötchen und erfrischender Säfte.
Wie viele Opfer vor ihr, ist auch Marie Antoinette auf dieser »Charrette«-Fahrt in eine eisige Ruhe hineingeglitten. Allein mit sich und der schlanken, roten Guillotine vor Augen, angesichts des blitzenden Beils ist sie, so will es Sanson gesehen haben, bleicher geworden, hat immer wieder »mit dumpfer Stimme die Worte gemurmelt: ›Meine Tochter! Meine Kinder!‹«.
Ist es wirklich so gewesen? Wer weiß. Die Legendenbildung wuchert besonders nach dieser Hinrichtung in ganz Europa mächtig; der Tod dieser Königlichen Hoheit wird karikiert oder glorifiziert. Sicherlich ist sie, die Österreicherin, verstört und stumm in diesem Augenblick und wird von Sanson und seinem Sohn gestützt, als sie die Stufen zum Schafott hochsteigt.
»Mut, Madame!« kann Sanson noch sagen, die rechte Hand an ihrem Rücken; dann wendet er sich ab, steigt die Stufen hinunter. Die Gehilfen haben das Opfer übernommen. Einem von ihnen soll die Königin auf den Fuß getreten und sich dafür ent-

schuldigt haben. Dann liegt sie auch schon auf dem Brett, unter dem Beil.
Hat sie wirklich gerufen: »Es lebe die Republik!«? Das muß ins Reich der Legenden verwiesen werden. Warum soll sie die hochleben lassen, die sie hierhergebracht hat?
Das Beil fällt, als »Monsieur de Paris« am Fuß der Treppe ankommt. Er sieht nicht mehr, wie ein Gehilfe den blutenden Kopf an den weißen Haaren ergreift und mit ihm unter Applaus die Guillotine umrundet.
Er sieht nicht mehr, wie die Gendarmen unter dem Gerüst einen Mann hervorzerren, dessen Schultern mit Blut bedeckt sind und der eine weiße Nelke zwischen den Zähnen hält – Auswuchs eines Kults, der nach diesem königlichen Tod zu blühen beginnt.
Sanson dreht sich nicht mehr um – schaut nicht mehr zurück. Er hat seine Pflicht getan. Tausend Leichen oder eine, namenlose und namhafte Opfer, mein Gott, wo liegt der Unterschied? Welche Rolle spielen Rang und Namen auf diesem blutigen Podest? Hier ist nichts mehr übrig als der Mensch, entkleidet aller nationalen und gesellschaftlichen Embleme – und am Ende: kopflos.
Charles-Henri Sanson mögen solche Gedanken oft durch den Kopf geschossen sein, wenn er seine Opfer unter dem Gejohle der Zuschauer und Hundegekläff begleitete. In Sekundenschnelle war der einzelne, in wenigen Minuten waren ganze Wagenladungen getötet. Ein großes Verbrechen wurde da inszeniert, von den Großen der neuen Nation mit dem Mantel der Tugend und des Rechts zugedeckt. Mord und Totschlag im Namen einer neuen Ordnung. Ein Horrorstück mit vielen Opfern, die von den feroziden Instinkten der Machthaber verschlungen wurden, von einer Rotte von Wahnsinnigen, die theatralisch und pathetisch ihren Sitz im Pantheon der Weltgeschichte einnehmen wollten und dabei oft nur in rührseliger Melodramatik versumpften.
Freiheit, Gleichheit und Brüderlichkeit – das sollen die neuen Ideale der Männer um Robespierre und Danton sein? Sie sind an diesem Morgen nicht Zeugen des Mordes an Marie Antoinette!

Wie in weißen Marmor gehauen, eine schmale Figur, aus der Entfernung nur ein Strich, steht da eine Königin auf dem Schafott – anwesend auch dann noch, als ihr Kopf gefallen ist.
Seinen Haß auf »Madame Veto« kann Hébert auch nach dem Tod der Majestät nicht zähmen. Tagelang läßt er seinen »Père Duchesne« Beleidigungen in die Öffentlichkeit posaunen. »... Ihr verfluchter Kopf wurde endlich von ihrem Hurennacken getrennt, und die Luft donnert, verdammt von den Schreien: Es lebe die Republik...«
Eine blutige Spur kennzeichnet den Weg, den der Karren mit der Enthaupteten zum Madeleine-Friedhof nimmt. Sansons Gehilfen finden dort keine ausgehobene Grube vor. So werfen sie Körper und Kopf der Königin einfach ins Gras. Der Totengräber Joly wird's schon richten.
Am 1. November 1793 präsentiert er dem zuständigen Kommissar Dardoise seine Rechnung:

Witwe Capet, für den Sarg   6 Livres
Für das Grab und die Totengräber   15 Livres, 35 Sous

Mit der Bezahlung läßt sich die Verwaltung fast vier Jahre Zeit. Die Kleider Marie Antoinettes sind inzwischen längst von den Ärmsten eines Hospitals aufgetragen worden. Auch ist ihr Schmuck, den sie noch im Temple besaß, wie fast alles andere inzwischen gestohlen. Als das Tribunal ihren Nachlaß zur Versteigerung freigibt, finden sich nur noch die kleine Porzellanfigur eines marokkanischen Dieners und drei Porträts im Samtrahmen. Jedes bringt 14,40 Franc.
Die Akte wird geschlossen. Sie war ohnehin unvollständig. Keiner hatte im Rathaus den Tod der Tochter Maria Theresias, Kaiserin von Österreich, gemeldet. So bleibt die Todesurkunde ein Fragment: »Akte vom Ableben Marie Antoinettes, Lorraine d'Autriche, vom 25. letzten Monats, 38 Jahre alt, Witwe von Louis Capet. Auf Erklärung der Kommune gegenüber von ... Alter ... Jahre ... Beruf ... wohnhaft ... gemachte Erklärung bestätigt ... Am ...«

XIV

**Danton: der schwere Held auf der Bühne der Guillotine.
»Meine Wohnung wird bald das Nichts sein!«**

Seinen Weg durch die Revolution markieren große Worte. Seine Rolle ist die des pathetischen Drahtziehers, der die Kunstgriffe des Theaters kennt, die Bühne beherrscht und mit einem Vokabular aus der Gosse mal komisch, dann wieder erschreckend, immer aber überzeugend Blitz und Donner zu beschwören versteht. Ein unbestrittener Meister der Rednertribüne – eine Autorität mit magischer Stimme, die überall Applaus provoziert. Georges-Jacques Danton, geboren als d'Anton am 26. Oktober 1759 im Champagnerstädtchen Arcis-sur-Aube, ist wie geschaffen für dieses politische Spektakel.

Seinem athletischen Körper mit dem Löwenkopf entströmt in wilden Schüben der Atem, der sie alle in Schwung bringt – die rund 200 Junganwälte in seinem Sog, Gesinnungsgenossen alle und Freunde wie Desmoulins und Lacroix, Couthon und Delaunay, Hérault de Séchelles und Robespierre. Exakt 212 Advokaten repräsentierten schon in der Versammlung der Generalstände als Volksvertreter den dritten Stand. Viele von ihnen sollten sich zu Persönlichkeiten entwickeln, die das Rad der Revolution mächtig zum Rotieren bringen. Danton, fleischfressender, pockennarbiger Bauernsproß aus der »Läusechampagne« (Champagne pouilleuse), gibt unter ihnen den Ton an: schlagfertig, impulsiv, überzeugend. Die Abgeordneten zieht er mühelos in seinen Bann, nie gibt er sich geschlagen und verfolgt seine Ziele mit einer Hartnäckigkeit, die kein Mißerfolg erschüttern kann.

»Die zügellose Revolution war das einzige Theater, das einem Mann angemessen war, dessen Leidenschaften und Phantasie keinerlei Schranken ertragen konnten«, wird d'Allonville später urteilen. Und auch der Zeitgenosse Lameth hat ähnlich argumentiert, als er schrieb: »Er hatte eine hemmungslose Vorliebe für Effekte und Berühmtheit.«

Wo immer Danton auftritt, tut er dies mit der routinierten Würde des Heldendarstellers. So wird ihn Georg Büchner in seinem Revolutionsdrama später ins Scheinwerferlicht stellen: der Prototyp des Revolutionärs, der sogar angesichts des Todes und seines Werkzeugs, der Guillotine, nicht zu bändigen ist.

»Ehe ein paar Monate vorüber sind, wird das Volk meine Feinde in Stücke reißen!« ruft er am Ende den Zuschauern vom Henkerskarren herab zu. Denen dringt die dröhnende Stimme ins Mark, wird nagen, wühlen und für immer Wunden hinterlassen.

Danton ist ein kolossaler Apostel der Freiheit. Einer, der weiß, was Sache ist. Der keineswegs ideologisch handelt, sondern immer impulsiv und gerade so manche Situation mit historischer Bedeutung auflädt. Der Vorteile schafft für sich und andere. Als junger Jurist kauft er sich 1787 den erlauchten Titel »Avocat aux Conseils du Roi« plus Kanzlei für 78 000 Livres; Ludwig XVI. unterschreibt die Urkunde »für unseren lieben und geliebten Georges-Jacques d'Anton...«; und getreu dem Motto »Motus populorum, ira gentium, salus populi suprema lex« scheut sich der junge Anwalt nicht, als Revolutionär im Gegenzug Geld aus der Schatulle des Königs zu kassieren. Mirabeau hat das in einem Brief an den Grafen de la Marck bezeugt: »Danton hat gestern 30 000 Livres bekommen.« Das Geheimnis von Dantons Käuflichkeit ist auch zum Herzog von Orléans gedrungen.

Der Paraderevoluzzer kennt alle Schliche. Als Justizminister entnimmt er einem Geheimfonds einige Tausende. Wie sonst hätte er sich im idyllischen Arcis für 48 200 Livres ein großes Haus direkt am Brückenplatz und dazu 73 Hektar Land von der Abtei von Annecy kaufen können? Woher hatte er das Geld, um seine kostspielige Vorliebe für Spiel und schöne Frauen im Palais-Egalité befriedigen zu können? Wie ist er zu jener Bibliothek gekommen, in der 72 Bücher in englischer, 52 in italienischer Sprache standen sowie 91 Bände Voltaire, 16 Rousseau und Diderots gesamte Enzyklopädie? Und außerdem 23 Bände Adam Smith, sieben Samuel Johnson und sechs Pope?

Das Image der Bestechlichkeit klebt an ihm, zieht einen Rattenschwanz von Gerüchten über seine Käuflichkeit hinter sich her. Ist Danton nicht auch in den Raub der Kronjuwelen verwickelt, deren schönstes Stück, ein blauer Diamant von 115 Karat, sich später im Besitz des Herzogs von Braunschweig wiederfindet? Und hat dieser Danton dafür nicht zwei Millionen Livres auf ein Londoner Konto überwiesen? Chateaubriand wird später urteilen: »Er hat sich den revolutionären Mantel nur angezogen, um zu Geld zu kommen.«

Natürlich weist Danton diese Vorwürfe empört von sich. »Ich soll gekauft sein? Leute meines Schlages sind unbezahlbar. Der Beweis? Ihrer Stirn ist in unauslöschlichen Zügen das Siegel der Freiheit, der Genius der Republik aufgeprägt.« Aber so ganz ohne ist er nicht, dieser Danton.

Man betrachte nur sein Privatleben. Moralisch ist es nicht. Hat er nicht noch in der Trauerzeit, erst drei Monate nach dem Tod seiner Frau Antoinette-Gabrielle Charpentier, Mutter seiner zwei Kinder, die 16jährige Louise Gély geheiratet? Welch lasterhafter Mensch, an dessen »Prahlerei und furchtbarem Ruf« (Michelet) die erste Madame Danton zerbrach! War er wirklich »vom Löwen zum Stier ... zum Wildschein herabgesunken, ein düsteres, gedrücktes, in seiner wilden Sinnlichkeit unleidliches Geschöpf«?

Die Historiker haben viel gemutmaßt, wenn es um Danton ging. Zumal seine Biographie hergibt, was sie brauchten: eine schillernde Persönlichkeit, arrogant und volksnah zugleich. Er leitet den Sturz der Monarchie ein, ist mitverantwortlich für das Septembermassaker, schlägt den Einsatz eines Revolutionstribunals vor; er verkündet als Außenminister die Invasion ausländischer Truppen, die er in die junge Republik gerufen hat!

In der Tat: Ein Kerl ist das, mit breiten Schultern und physischer Kraft; ein Mann, der gerne lacht und andere zum Lachen bringt, aber auch zum Staunen und Erschrecken. Er pfeift auf Anstand und Sitte, »... ein Sanguiniker, aufbrausend ... korrupt ... faul, zerstreut, vergnügungssüchtig, ohne Bildung, ohne politische

oder moralische Prinzipien, ohne Logik, ohne Dialektik, aber nicht ohne Beredsamkeit« (Roederer). Danton beschimpft die öffentliche Meinung als Hure. Der Hieb sitzt. Und trifft vor allem jene, die sich so total mit dem Volk identifizieren. Robespierre fühlt sich attackiert; ihm stinkt dieser Danton. »Bei einer Revolution sind immer die größten Schurken an der Macht«, behauptet der und gibt dem »Unbestechlichen« aus dem Gefängnis heraus keine Überlebenschance. »Ja, wenn ich Robespierre meine Eier hinterlasse, könnte der Wohlfahrtsausschuß noch eine Weile existieren...« Dann, zum Tode verurteilt, brüllt er in des Widersachers Richtung: »Das Schafott fordert auch dich, und du wirst mir folgen, schändlicher Robespierre!«
Aber auch er resigniert: »Ich lasse ein völliges Chaos zurück. Nicht ein einziger von ihnen allen hat eine Ahnung vom Regieren. Ach, lieber ein armer Fischer sein, als sich mit der Regierung von Menschen zu befassen.« Und dann Minuten vor dem Finale: »Ich will lieber guillotiniert werden, als andere zu guillotinieren. Und außerdem: Das Menschengeschlecht widert mich an.«
Danton geht seinen Weg bis zum bitteren Ende, er, der während der Schreckenstage wie eine Lichtfigur aus dem blutroten Chaos wetterleuchtete: Da steht auch er mit den Füßen im Blut und akzeptiert die Mordgier des Pöbels, als dieser in den Gefängnissen wütet. »Was interessieren mich die Gefangenen, sollen sie sehen, wo sie bleiben.«
Später rät er zur Mäßigung, als Robespierre & Co. Mord und Totschlag schüren und die Diktatur des Proletariats auf die Spitze treiben. Danton, endlich zur Besinnung gekommen, lehnt nun brutale Willkür ab: Er will das bürgerliche Eigentum gegen absolutistische Willkür sichern, das bäuerliche Eigentum von feudalen Lasten befreien, dem Industrie- und Handelseigentum durch Vernichten mittelalterlicher Schranken die Bahn ebnen und letztlich das Grundeigentum durch Verstaatlichung des Kirchen- und Emigrantenbesitzes mehren. Dies alles soll ohne Blutvergießen geschehen. Um Frankreich vor ausländischen Eingriffen zu bewahren, hätte er, so Danton, sogar mit dem König, mit

dem Adel und selbst mit dem Intimfeind Robespierre kooperiert; mit dem blies er nur anfangs in ein Horn. Die Herrschaft des Pöbels lehnte in den ersten Tagen der Revolution der eine wie der andere ab. Auch den von den Hébertisten propagierten Atheismus. Überhaupt: In Sachen Religion unterstützte Danton den Gegner: »Jeder Philosoph und jedes Individuum mag über den Atheismus denken, wie es ihm beliebt. Wer aber eine solche Meinungsbildung zum Verbrechen stempeln möchte, macht sich lächerlich; doch der Staatsmann oder Gesetzgeber, der sich eine derartige Meinung zu eigen machte, wäre noch hundertmal törichter...«

Als dann im Oktober 1793 Hébertisten und gleichgesinnte Sansculotten in der Kathedrale Saint-Denis die Särge der dort beigesetzten französischen Könige auslagern und in Notre-Dame, dem neuen Tempel der Vernunft, auf den Bänken das Ritual der Liebe zelebrieren, ist diese Karte ausgereizt. Danton und Robespierre bringen die Bande vor das Tribunal, weil sie das Ansehen Frankreichs durch ihren antichristlichen Feldzug mit Staatsstreichabsichten beschädigt hat. Am 24. März 1794 werden Hébert und seine Ultras – Chaumette, Ronsin und Anarchasis Cloots, ein Baron von Schloß Gnadenthal im niederrheinischen Kleve – geköpft. Robespierre und Danton atmen gemeinsam auf.

Aber die Widersprüche bleiben. Auch die persönliche Abneigung. Der animalische Volkstribun und der anämische Revolutionstheoretiker stoßen einander ab. Dantons Lebenslust und Sinnlichkeit und das ihn umwehende rauhe Äußere der Freiheit erregen in Robespierre Übelkeit. Nährt der auch in seiner Seele die Gier nach Macht und Unsterblichkeit, so wird ihm speiübel, wenn Danton dröhnend verkündet: »Die Natur hat mir eine athletische Gestalt gegeben. Ich bin nicht belastet mit dem Unglück, von jenen Kasten abzustammen, die unseren alten Einrichtungen gemäß privilegiert und deshalb stets fast entartet waren. Ich habe... mir meine ursprüngliche Kraft bewahrt und... habe bewiesen, daß ich die Kaltblütigkeit der Vernunft mit der Glut der Seele und der Festigkeit des Charakters zu verbinden weiß.«

Diesen Stolz wird Danton auch wenige Stunden vor seinem Tod nicht ablegen, wenn er seinen Richtern dröhnend entgegenschleudert: »Mein Alter ist 35, mein Name befindet sich im Pantheon der Weltgeschichte, und meine Wohnung wird bald das Nichts sein!«

Zunächst wird er einen gewaltigen Abgang haben. Robespierre kann da nicht mithalten. Der Tod ein Kinderspiel? Vielleicht ist er das für Danton, der schon früh wußte, wie er enden würde. Als Solist der Revolution. Als Star. In dieser Rolle brilliert er als Lebender, warum soll er sie auf dem Blutgerüst nicht ebenso perfekt ausfüllen...

Danton ist auf das Ende vorbereitet, als man ihm am 30. März zuflüstert, daß seine Verhaftung bevorstehe. Da grinst er: »Sie werden es nicht wagen. Wenn Robespierre einen solchen Plan hegt, wird ihm das Volk die Eingeweide herausreißen.« (Wendel)

Einige Tage später sitzt er im Luxembourg-Gefängnis.

Sein Gegner Robespierre hat im Konvent den zierlichen Ideologen Saint-Just scharfgemacht. Der hat das Denkmal Danton in seiner furiosen Rede als »letzten Anhänger des Königtums« angeklagt, als falschen Fuffziger, der sein Gewissen der Partei des Herzogs von Orléans verkaufte, sich und seine Freunde als Justizminister aus der Kasse des Ministeriums bereicherte und geheime Verhandlungen mit ausländischen Feinden führte. Der Konvent stimmt der Verhaftung zu. Wild fluchend muß sich das Idol der Massen abführen lassen.

Danton ist nicht allein, begleitet wird er ins Gefängnis von den Freunden Marie-Jean Hérault de Séchelles (34, geboren in Paris, Anwalt, Tribunalrichter, Deputierter der Nationalversammlung, wohnhaft Rue Basse-du-Rampart 14), Philippe-François-Nazaire Fabre d'Eglantine (39, geboren in Carcassonne, Dichter und Deputierter in der Nationalversammlung, wohnhaft Rue Ville-L'Evêque), Lucie Simplice Benoît Camille Desmoulins (33, geboren in Guise, Journalist und Dichter, wohnhaft Place du Théâtre Français), François Chabot (37, geboren in Saint-Geniez, Volksvertreter, wohnhaft Rue d'Anjou 19) und Claude Basire (29, geboren in Dijon, Militär, wohnhaft Rue Saint-Pierre-Montmartre).

Zu dieser Gruppe stoßen einige Tage später Joseph Delaunay (39, geboren in Angers, Volksvertreter und Anwalt, wohnhaft Boulevard Montmartre 144), Jean-François Lacroix (40, geboren in Pont-Audemer, Kapitän der Miliz, Anwalt und Deputierter, wohnhaft Rue Saint-Lazare 6), Pierre Nicolas Philippeaux (35, geboren in Ferrières, Anwalt und Deputierter, wohnhaft Rue de l'Echelle 3), Marc-René Sahuguet d'Espagnac (34, geboren in Brie, Patriot, wohnhaft Rue Marat), Siegmund Gottlob Frey (29, geboren in Brünn/Mähren, Armeelieferant, wohnhaft Rue d'Anjou-Saint-Honoré 19), sein Bruder Emmanuel (27, geboren in Brünn/Mähren, ohne Beruf), Andres Maria de Guzman (41, geboren in Granada/Spanien, naturalisierter Franzose, Offizier), Jean-Frédéric Diedericksen (51, geboren in Dänemark, Anwalt des Königs von Dänemark, wohnhaft Rue des Petits-Augustins), François-Joseph Westermann (38, geboren in Molsen/Niederrhein, Divisionsgeneral) und Louis-Marie Lullier (47, geboren in Paris, Anwalt, Präsident der Kommune, wohnhaft Rue de la Grande-Truanderie).

Es ist eine Männerclique, die nicht glauben mag, was auf sie zukommt.

Noch lachen sie über Ankläger und Richter, reißen Witze. Nur Camille Desmoulins blickt tiefer; er hat nicht nur regelmäßig in seiner Eigenschaft als Redakteur die Hinrichtungen auf der Place de la Révolution besucht, sondern sich bereits vor fünf Jahren, als die Guillotine noch gar nicht existierte, mit dem Henker und seinen Gehilfen beschäftigt. Damals verfaßte er einen Beschwerdebrief im Namen Sansons als bissige Satire, nachdem das Volk den Kommandanten der Bastille und drei seiner Soldaten im ersten Blutrausch getötet und dem Bourreau die Arbeit abgenommen hatte:

»...macht unseren Mitbürgern klar, daß sie mir Ersatz dafür schulden, daß sie mich um meine Hinrichtung gebracht haben.

Jeder der Köpfe der vier Verbrecher hätte mir 20 Ecu eingebracht, hätte ich sie zu Fall gebracht. Macht ihnen weiterhin klar, daß die Arbeit wesentlich sauberer ausgeführt worden wäre und daß sich eine große Zahl von Zuschauern am Spektakel der Hinrichtung erfreut hätte... Schließlich bin ich es, der die Schuldigen tötet... Mich hat die Justiz zum Rächer der Gesellschaft gemacht...« (Le Vieux Cordelier)

Diesen Rächer der Justiz erwartet Camille Desmoulins dann in der Zelle. Und bekommt bei diesem Gedanken das heulende Elend. Weinend beklagt er sein Schicksal; und oft muß ihn Danton zurechtweisen, ihn anfahren, Haltung zu bewahren. Letztlich bleiben dem sensiblen Poeten, wie wir wissen, nur noch Papier und Feder, um sich von seiner Frau Lucile zu verabschieden: »Adieu, ma Lolotte, mon bon loup!«

Aber noch läuft der Prozeß in der Conciergerie, ganz nach Plan. Fouquier-Tinville waltet wie stets aufbrausend und rachsüchtig seines Amtes. Von Saint-Just an die Kandare gelegt, greift er in die juristische Trickkiste, als Danton Richter, Geschworene und Zuschauer geschickt für sich einzunehmen droht: Die Angeklagten werden wegen Störung des öffentlichen Rechts und Hemmung des Ganges der Gerechtigkeit und unbotmäßigen Verhaltens von der Verhandlung ausgeschlossen. Man bringt sie in die Zellen zurück.

Dort herrscht Empörung. Camille springt vor Wut auf, geht mit großen Schritten in der Zelle auf und ab; Philippeaux faltet aufgewühlt die Hände und blickt zur Decke; Danton lacht höhnisch, wendet sich an Lacroix: »Was sagst du dazu?« – »Ich will mir das Haar abschneiden, daß es Sanson nicht berührt«, sagt der und bekommt die Antwort: »Es wird noch ganz anders sein, wenn uns Sanson die Halswirbel ausrenkt.«

Am 5. April 1794, dem 16. Germinal des II. Jahres im Revolutionskalender, frühmorgens, werden die Angeklagten in Abwesenheit zum Tod durch die Guillotine verurteilt. Sanson ist im Gerichtssaal. Der öffentliche Ankläger hat ihn dort hinbeordert, damit er das Urteil umgehend vollstreckt. In der Kanzlei Fouquier-Tinvilles holt sich der Bourreau die Liste der Opfer ab. Die warten nebenan, nehmen eine letzte Mahlzeit zu sich, brüten vor sich hin, auf Matratzen zusammengesunken, oder geben ihrer Wut in lautstarken Verwünschungen Ausdruck.

Sanson und seine Gehilfen sollen zu ihnen hineingeschickt werden; dann entschließt man sich, sie dem Henker einzeln zu übergeben. Man fürchtet, sie würden sich nicht willenlos in ihr Schicksal fügen.

Und so treten sie durch ein Spalier von Gendarmen in den Raum der »Toilette«: Chabot zuerst, dann Basire, die Brüder Frey und Delaunay, Hérault de Séchelles, Desmoulins und die anderen. Zuletzt Danton. Jedem wird noch einmal das Urteil vorgelesen. Dann tritt Sanson in Aktion, entfernt die Hemdkragen, schneidet ihnen die Haare ab. Auch jetzt noch kommen Danton die Sätze druckreif von den Lippen. »Uns Revolutionäre richtet die Nachwelt, sie wird meinen Namen ins Pantheon und die eurigen auf ein Hochgericht setzen!« brüllt er. Dann fordert er mit »kalter Miene« Sanson auf: »›Verrichte dein Geschäft, Bürger Sanson.‹« (S)

»Ich vollzog es selber. Er hatte ungewöhnlich dickes Haar, fast Pferdehaar. Während dieser Zeit sprach er ununterbrochen und wandte sich an seine Freunde mit den Worten: ›Das ist der Anfang vom Ende, jetzt wollen sie die Volksvertreter schubweise guillotinieren, aber Vereinzelung ist nicht Stärke... Komitees, die von Robespierre und dem lahmen Couthon geleitet werden... Wenn ich ihnen noch Beine hinterlassen könnte, so möchten sie es noch einige Zeit aushalten... aber nein... und Frankreich wird in einer Pfütze von Blut und Schmutz erwachen.‹«

Ein wenig später ruft er noch: »›Wir haben unsere Aufgabe vollendet, nun wollen wir schlafen gehen!‹« (S)

Der so desparat wirkende Demoulins wehrt sich wild. Seine Kleidung ist zerfetzt. Gehilfen und Gendarmen müssen ihn halten. Erst dann kann Sanson ihm die Haare abschneiden. »Und er schmäht uns; seine Freunde versuchen ihn zu beruhigen, Fabre mit sehr sanften Worten, Danton mit dem Nachdruck der Autori-

tät. Letzterer sagte zu ihm: ›Laß doch die Männer! Weswegen willst du dich an diesen Knechten der Guillotine vergreifen, sie verrichten ihr Handwerk, tue du deine Schuldigkeit!‹« (S)
Dann sind alle Verurteilten für die Abfahrt fertig. Je einen stellt man zwischen zwei Gendarmen, andere Uniformierte bilden eine Eskorte, und es geht zu den drei Karren, die im Cour de Mai stehen. Danton besteigt den ersten, hinter ihm steht Sanson, dann de Séchelles, d'Eglantine und Desmoulins. Und Chabot. Er erbricht sich unterwegs. Danton bleibt überlebensgroß. Er lebt noch in der Wirklichkeit.» ›Die verdammten Schafsköpfe werden rufen, wenn sie uns vorbeifahren sehen: Es lebe die Republik! – Binnen zwei Stunden wird die Republik ohne Kopf sein!‹« (S)
Wieder ein markiger Spruch von dem, der Hauptdarsteller dieser Exekutionsgala ist und den Zuschauern bietet, was sie sehen wollen: Schmiere und Tragödie in einem. Kein bittersüßes Melodram wie jenes mit dem Titel »La Guillotine d'Amour« im Théâtre Lycée, wo die Schauspieler Abend für Abend ihren Kopf unter ein Pappbeil legen und den Tod zelebrieren.
Für Danton ist das Ganze zum Lachen. Er steht breitbeinig hinter dem Bourreau auf der rot angemalten »Charrette« in diesem letzten Akt von »Dantons Tod«. Die Klepper traben langsam durch die Rue Saint-Honoré, und der Zug bekommt am Palais-Egalité erwartungsgemäß den größten Beifall. Beim ersten Lärm der Holzräder auf dem holprigen Pflaster sind sie dort an die Fenster, auf die Balkone gestürzt, beugen sich hinunter und beäugen mit unverhohlener Neugier einen der Größten dieser Revolution.
»Da ist Danton, der Pompeius Robespierres, das große Opfer des Tages. Sein enormes Haupt betrachtet hochmütig die blöde Menge. Schamlosigkeit zeichnet sich auf seinem Gesicht ab, und von seinen Lippen grinsen Wut und Empörung. Der neben ihm ist Hérault de Séchelles, bleich, abgekämpft, Scham und Verzweiflung im Gesicht, auf die Knie gesunken, die schwarzen Haare kurz und strähnig, der Hemdkragen herausgerissen, eine ärmliche braune Jacke übergeworfen. Er hat keine Ähnlichkeit

mehr mit jenem Advokaten aus dem Parlament, der einst so schön, jung, elegant, aristokratisch frisiert und gekleidet Aufsehen erregte.«

Danton wäre nicht der Held dieser Stunde, wenn er noch in den letzten Minuten seines Lebens die Fassung verlöre. Einen solchen Triumph wird er seinen Gegnern, diesen Hunden, nicht gönnen. Er schmäht sie lieber bis zum letzten Atemzug. So, wie er auch die gaffende Menge mit Verachtung straft.

Das krasse Gegenteil nach wie vor der verzweifelt seine Ängste herausstotternde Desmoulins. Vom Karren herab beschwört er die Zuschauer: »Wie könnt ihr mich morden? Ich bin der erste Apostel eurer Freiheit gewesen. Mir zu Hilfe, Volk des 14. Juli!« Rüde erteilt ihm Danton einen Verweis: »Halt's Maul! Wie kannst du hoffen, diese blöden Ficker zu rühren!«

Im Menschengewimmel beim Palais-Egalité erkennt Danton einen der getreuesten Anhänger Robespierres, den Maler David. Auf einem der Balkone zeichnet er den Zug, wie gehabt. Danton ruft ihm zu: »Lakai, sag deinem Herrn, wie Soldaten der Freiheit sterben!«

Charles-Henri Sanson hat diese letzten Worte des großen Revolutionsführers später notiert. Und er hat die Angst der anderen hinter sich im Wagen beschrieben, die ihm wie ein Alp im Nacken gesessen haben müssen. Fabre d'Eglantines Jammern hing ihm noch lange in den Ohren; der klagte, daß nun seine letzte Komödie unvollendet bleiben würde. »Du heulst über deine Verse«, antwortete ihm Danton, »ehe acht Tage vergangen sind, wirst du mehr Würmer (Wortspiel: Würmer und Verse frz. vers, d. Verf.) bilden, als dir lieb ist.«

Solch formvollendete Rhetorik könnte ohne Änderung in jedes Regiebuch übernommen werden. So wie auch die romantische Rührseligkeit der wehleidigen Feingeister Fabre d'Eglantine und Desmoulins, einst wilde Terroristen, die da hinter Sanson mit den Zähnen klappern. Danton beherrscht die Straße auf dieser Fahrt – er ist jeder Situation gewachsen. Als Partner der Freiheitsstatue mit der phrygischen Mütze auf dem Kopf wird dieser Mann auch auf der Place de la Révolution jene Vorstellung bieten, die man von ihm erwartet. So, wie er es auch im Leben verstand, jeder Situation in passendem Habitus und idealer Formulierung zu entsprechen. Der drohende Tod lädt ihn an diesem Tag mit noch mehr Energie auf.

Und so steht er, ein Vorbild für die jammernden Freunde, fest auf dem Karren und läßt die Beleidigungen nur so von seinen Lippen fliegen. Vor dem Haus Nummer 398 in der Rue Saint-Honoré ist er nicht zu halten. Robespierre hat dort seine Wohnung, als Untermieter des Tischlermeisters Duplay. Steht »der Unbestechliche« etwa hinter den Gardinen im ersten Stock, späht er, mit frischgepuderter Perücke, durch seine getönte Nickelbrille auf die Straße hinunter, sieht er Danton vorbeifahren? Der ist davon überzeugt und schickt ein Bombardement von Kraftausdrücken zu den Fenstern hoch: »Du versteckst dich vergebens! Du bist auch bald an der Reihe! Und Dantons Schatten wird im Grab vor Freude brüllen, wenn du auf diesem Karren sitzt!« Sogar Camille Desmoulins vergißt für Minuten den Schmerz und schreit: »Ungeheuer, wirst du nicht von meinem Blut gesättigt sein? Weshalb lechzt du noch nach dem Blut meiner Frau?«

Prophetische Worte, bald werden sie sich erfüllen. Genugtuung für Danton? In diesem Moment eher die Beschämung darüber, daß er, rhetorisch so beschlagen, von dem aalglatten Gegenspieler ausgepunktet wurde. Aber er bleibt äußerlich standhaft, »daß, wer ihn gesehen hat, das traurige Gefährt, in welchem ich ihn führte, für den Wagen eines Siegers hätte halten können« (S). Erst beim Einbiegen auf die Place de la Révolution will Sanson Wirkung an diesem starken Mann bemerken. Er sieht ihn erbleichen, erkennt Tränen in seinen Augen. Den Blick des Scharfrichters bemerkend, fragt Danton: »Hast du nicht auch Frau und Kinder?«

»Ich antwortete bejahend; darauf fuhr er fort: ›Ich auch. Nun, als ich an sie dachte, wurde ich wieder Mensch.‹

Und dann murmelt er: ›Mein geliebtes Weib, ich werde dich nicht wiedersehen; mein Kind, ich werde dich nicht sehen.‹« (S)

»Es ist die Stunde, die die Sonne die Stadt in Schatten hüllt, die Stunde eines roten Himmels, wo unter dem Geklapper von Säbeln und galoppierenden Pferden auf der Place de la Révolution ein großes Blutbad stattfindet.
Auf diesem Platz, rund um die hoch aufgerichtete Guillotine, vor der Freiheitsstatue, bereits gebräunt vom Geruch des Bluts, wogen Tausende frisierter Häupter im gewellten Rot eines Mohnblumenfeldes. Alle diese Köpfe gaffen in eine Richtung, betrachten den Sockel der ehemaligen Statue Ludwigs XV., von den Tuilerien und den Champs-Elysées aus das Vergnügen, lehnen überall aus den Fenstern heraus.« So eindrucksvoll hatte Camille Desmoulins in seinem »Vieux Cordelier« die Szene beschrieben, noch nicht ahnend, daß er einmal der Begaffte sein würde.
Die Protagonisten steigen von den Karren herab, betreten die Bühne, nehmen, einer neben dem anderen, vor dem Schafott Aufstellung.
Der Scharfrichter betritt als erster – allein – über die Holzleiter das Podest, überprüft den ordnungsgemäßen Zustand der Maschine und beordert dann, mit knappen Gesten, die zuverlässigsten Gehilfen rechts und links neben das Fallbrett. Dann steigt er wieder hinab, nimmt neben der Treppe Aufstellung, die Namensliste in der Hand; es geht streng nach der vom öffentlichen Ankläger festgelegten Reihenfolge.
»Es ist aber nicht die Liebe zur Republik, die uns täglich auf die Place de la Révolution trieb, sondern die Neugier auf das alte Stück, das uns jedesmal in neuer Besetzung vorgespielt wurde« – auch diesen Satz hat der Redakteur Desmoulins wenige Wochen zuvor formuliert. Jetzt als Mitspieler der Horrorshow ist er allerdings nur ein Stichwortträger wie die anderen, die hier den Tod des einen garnieren helfen, der, sie alle dominierend, wie ein Standbild auf dem Schafott steht. Er soll der letzte sein, der an diesem Tag seinen Kopf lassen muß.
Einer nach dem anderen steigen sie hinauf, werden ergriffen, gegen das Brett gedrückt und festgeschnallt. Das kippt, und schon fällt das Beil. Und wieder ist es Desmoulins, der die Fassung ver-

liert, als er Sanson bittet, ihm nach der Enthauptung das Medaillon mit einer Haarlocke Luciles aus der Hand zu nehmen, die er umklammert. »In diesem Augenblick zog man das Beil, welches Chabot enthauptet hatte, in die Höhe; er sah das Eisen mit Blut befleckt und sagt halblaut: ›Das ist meine Belohnung!‹« (S)

Nach ihm sind Fabre d'Eglantine, Lacroix, Westermann und Philippeaux an der Reihe. »Wir werden zu sterben wissen!« ruft einer von ihnen. »Es lebe die Republik!« schreit ein anderer. Danton sieht ihrem Sterben mit einer Kaltblütigkeit zu, »die dem menschlichen Geschlecht nicht eigen ist, nicht ein Muskel seines Gesichtes zuckte« (S).

Dann drängt er selbst aufs Schafott, Sanson muß ihn zurückhalten, das Gerät ist noch nicht vom Blut seiner Vorgänger gesäubert. »Was macht es schon, ob ein wenig mehr oder weniger Blut an deiner Maschine klebt«, sagt der Riese.

»Danton erschien als letzter auf dieser Bühne, die vom Blut seiner Freunde überschwemmt war. Der Tag ging zur Neige. Zu Füßen der schrecklichen Statue, die sich als kolossale Silhouette gegen den Himmel abhob, sah ich ihn, diesen Tribun, sah ihn gekleidet wie einen Schatten von Dante beim Verlassen des Grabes, das er aber nun im Halblicht der untergehenden Sonne zu betreten schien. Nichts war größer als die Beherrschung dieses Helden der Revolution, nichts bewundernswerter als dieses Profil mit dem Ausdruck eines Hauptes, das, zum Fall bereit, immer noch Gesetze zu diktieren schien. Eine furchterregende Pantomime. Die Zeit kann sie nicht aus meiner Erinnerung tilgen.« (Arnaud)

Und selbst in diesen allerletzten Sekunden hinterläßt der Mann der Nachwelt noch ein großes Wort. »Vergiß nicht, meinen Kopf dem Volk zu zeigen. Solche Köpfe bekommt man nicht alle Tage zu sehen«, befiehlt er Sanson.

In späteren Jahren und mit fortschreitender Glorifizierung des Revolutionärs wird dieser Ausspruch verknappt: »Zeig meinen Kopf dem Volk, er ist es wert.« Zitat Ende!

Es folgen drei schnelle, weithin hörbare Takte: das Kippen des Bretts, das Zusammenklappen der »lunette« um den Hals, das

Aufschlagen des Messers. Und dann dringt aus dem Dunkel der Geschichte nur noch der Aufschrei der Zuschauer, als ein Arm den Schädel des Danton über ihren Köpfen schwenkt.
Für Charles-Henri Sanson endet der Tag mit einer Shakespearschen Rüpelszene. Auf dem Heimweg begegnen ihm vier Geschworene, Kommunemitglieder. Sie wollen wissen, wie er gestorben ist, dieser Danton. »Ich erzählte, was ich gesehen hatte. Langlois unterbrach mich mit den Worten: ›Das glaube ich wohl, er war besoffen wie ein Preuße.‹« (S)
Am 9. April meldet die »Vossische Zeitung« in Berlin, in ihrer Nummer 48, Dantons Tod lakonisch-knapp:
»...Danton behielt bis auf den letzten Augenblick seine freche Standhaftigkeit, die er bei mehreren Gelegenheiten gezeigt hat. Ehe er noch den Karren bestieg, ließ er seiner achtzehnjährigen Frau sagen, sie möchte seinen neunzehnjährigen Bruder heiraten: Er sei ein Herzensjunge, der sie und seine Kinder lieben würde. Auf dem Karren affektierte er Lustigkeit. Unter anderem sagte er zu Fabre d'Eglantine, der als Dichter bekannt ist: ›Bald werden wir auch Dichter sein wie du: Wir werden Würmer von unseren Leichen machen.‹ Auf dem Weg nach dem Gerichtsplatz, wohin sie unter einer starken Bedeckung fuhren, sprach Desmoulins ununterbrochen zu dem Volk, welches ganz ruhig blieb. Die übrigen unterhielten sich untereinander. Auf dem Revolutionsplatz umarmten sich die Brüder Frey. Der Däne Diedericksen legte zuerst das Haupt unter die Guillotine, und Danton wurde, als der Strafbarste, zuletzt hingerichtet. Als er das Blutgerüst bestiegen hatte, grüßte er erst das umherstehende Volk, näherte sich hierauf der Guillotine, verbeugte sich gegen sie und erhielt den Todesstreich. Die Hinrichtung dauerte überhaupt nur 18 Minuten.«
Auf dem Friedhof Errancis im Vorort La Petite Pologne werden die Leichen der Dantonisten in eine frisch ausgehobene Grube geworfen. Fanden sich ihre Hinterbliebenen dort zum Trauern ein? Wie überlebten sie die Tragödie?
Die gerade 18 Jahre alt gewordene Sébastienne-Louise Danton

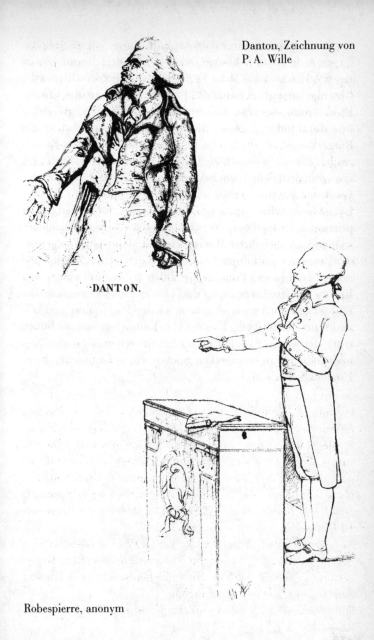

Danton, Zeichnung von P. A. Wille

DANTON.

Robespierre, anonym

macht das Beste aus ihrer Witwenschaft: Kurze Zeit später heiratet sie nicht ihren Schwager, sondern Claude-François Dupin, einen Advokaten aus Metz. Er wird unter Napoleon Offizier der Ehrenlegion und ein Baron de l'Empire. Seine Frau überlebt das Direktorium, das erste Kaiserreich, die Rückkehr der Bourbonen, die Hundert Tage, die Restauration, die Julirevolution, das Bürgerkönigtum, die zweite Republik und das zweite Kaiserreich. 1856 stirbt sie, achtzig Jahre alt, geehrt und ohne sich auch nur einmal zu dem Mann bekannt zu haben, der in der Revolution von 1789 eine so entscheidende Rolle gespielt hat.

Lucile Desmoulins, geborene Duplessis, wird als Mitglied der sogenannten Luxembourg-Verschwörung, wie bereits geschildert, wenige Tage nach ihrem Mann geköpft. 23 Jahre alt ist sie geworden. Sanson erfüllt ihrem Camille noch den letzten Wunsch und übergibt der jungen Frau das Medaillon in ihrer Wohnung in der Rue du Théâtre Français. Er darf Horace, den kleinen Sohn des Dichters, in den Armen schaukeln, während sie, in Zorn und Verzweiflung, die Büste der Freiheit vom Kamin fegt und mit Füßen tritt. »Ich entfloh, als hätte ich ein Verbrechen begangen. Niemals habe ich so schmerzlich gelitten wie in Gegenwart dieser Unglücklichen.« (S)

XV

Robespierre: der ehrgeizige Intrigant und »die Ordnung der Dinge«. Die Guillotine zieht um. Begegnung mit Sanson

Pfingstsonntag 1794. Paris feiert. Der Kult der Freiheit und der Vernunft wird zelebriert. Mit Robespierre an der Spitze, dem Vorsitzenden des Wohlfahrtsausschusses. Auf dem Marsfeld hat man einen Berg Erde aufgeschüttet: der Altar des Vaterlandes. 2500 Abgeordnete und Ehrenbürger, Musiker und Gäste finden dort Platz, um sich zur Unsterblichkeit der Seele zu bekennen und dem Atheismus abzuschwören. Sie tun das mit jener Feierlichkeit, die der Maler David dem »Fest des Höchsten Wesens und der Natur« verordnet hat.

»Die einzige Grundlage der Gesellschaft ist die Moral«, hatte Robespierre wenige Tage vorher im Konvent doziert. »Amoralität ist die Basis des Despotismus, so, wie die Tugend das Wesen der Republik ist. Befestigt öffentliche Moral, aber schleudert vor allem das Laster in das Nichts zurück. In den Augen des Gesetzgebers ist alles, was den Menschen nützlich ist, Wahrheit.« Und weiter: »Das Schlechte gehört zum verderbten Menschen, der seinen Nächsten unterdrückt oder unterdrücken läßt.« Wahrhaft Worte der Vernunft, des Festes würdig.

Ein Meer von Blumen überschwemmt an diesem Junitag Paris. Rosen schmücken Häuser und Menschen. Die Männer tragen Eichenlaub, die Alten grüne Weinranken.

Robespierre hat sich in Gala geworden. Zum himmelblauen Frack trägt er weiße Kniehosen. Unter den linken Arm hat er einen Hut mit blauweißroten Straußenfedern geklemmt, und in der rechten Hand hält er ein Gebinde aus Ähren, Mohn- und Kornblumen. Das »Fest des Höchsten Wesens« ist sein Tag. Und als er mit einer Fackel die Symbole des Atheismus, den Egoismus und das Nichts, in Brand steckt und aus diesen Flammen die Statue der Weisheit hervortritt, scheinen für den Unbestechlichen utopische Träume Realität geworden zu sein. Träume von jener Republik, die dem Volk endlich wie angegossen paßt ... mit »Männern jeglicher Herkunft, die eine reine und erhabene Seele haben, menschenfreundliche Philosophen, und Sansculotten, die in Frankreich voller Stolz diesen Titel angenommen haben, mit dem La Fayette und der damalige Hof sie brandmarken wollten«. Für Robespierre ist eine Republik entstanden, »in der die Freiheit ihre Grenzen in den Rechten des Nächsten hat ... in der das Eigentum Recht eines jeden Bürgers ist, über den Teil der Güter frei zu verfügen, der ihm durch das Gesetz garantiert wird«, in der die »vornehmsten Rechte des Menschen die Erhaltung seiner Existenz und Freiheit sind«, in der »alle Bürger gleiche Rechte haben, bei der Benennung der Beauftragten des Volkes und bei der Gestaltung ihrer Gesetze mitwirken«, in der eine »nationale Erziehung ... den Gemeinschaftssinn, den Charakter, eine verfeinerte Sprache, die Haltung und das Benehmen der jungen Staatsbürger formt«.

Und immer höher reißt es ihn in seinen Reden:

»Wir wollen in unserem Land die Moral gegen den Egoismus, die Rechtschaffenheit gegen die Ehre, die Grundsätze gegen die Gewohnheiten, die Pflicht gegen die Höflichkeit, die Herrschaft der Vernunft gegen die Tyrannei der Morde, die Verachtung des Lasters gegen die Verachtung des Unglücks, den Stolz gegen die Unverschämtheit, die Seelengröße gegen die Eitelkeit, die Liebe zum Ruhm gegen die Liebe zum Geld, die guten Menschen gegen die gute Gesellschaft, den Verdienst gegen die Intrige, die Wahrheit gegen den Schein, den Reiz des Glücks gegen die Langeweile der Wollust, die Größe des Menschen gegen die Kleinmütigkeit der Großen, ein großherziges, mächtiges und glückliches Volk gegen ein bloß liebenswürdiges, leichtfertiges und beklagenswertes Volk eintauschen, das heißt alle Tugenden und alle Wunder der Republik gegen alle Laster und Lächerlichkeiten der Monarchie.«

Welch ein Programm! Der es dem Konvent immer wieder einbleut, ist am Tag zu Ehren des »Höchsten Wesens« auf dem Gipfel angekommen. Durch eine Machtpolitik, die letztlich nur Ausdruck innerer Leere ist und von nun an den Mann selbst und seine Anhänger bergab treiben wird. Er persönlich wird in wenigen Tagen dafür bezahlen, daß er und die »Robespierresche Faktion ... alles auf solche Extremitäten getrieben und zur Durchsetzung ihres Zwecks sich so ungeheurer Verbrechen schuldig gemacht (haben), kurz, durch alle ihre Maßregeln und Handlungen sich selbst in eine so verzweifelte Lage versetzt, daß ihr schlechterdings keine andere Wahl übrig ist, als zu unterdrücken oder unterdrückt zu werden, zu triumphieren oder zu Grunde zu gehen. Wer nicht für sie ist, ist wider sie; und wer wider sie ist, muß vertilgt werden. Die kaltblütigste Grausamkeit ist daher l'ordre du jour; die Guillotine darf keinen Augenblick ruhen, und das Comité du Salut Public, mit allen seinen durch ganz Frankreich ausgeschickten und in jedem Winkel lauernden Spürhunden, darf keinen Augenblick einschlummern ...

... Unstreitig sind die Jakobiner, von denen das souveräne Volk von Frankreich seither despotisiert wird, eine höchst verruchte Art Menschen, wenn sie auch gleich keine wirklichen Teufel sind – was sie doch sein müßten, wenn sie nur alles mögliche Böse bloß deswegen über die ganze Menschheit bringen wollen, weil es Böse ist, und weil es nun einmal ihre Natur wäre, Böses und nichts als Böses zu tun.« Er, Robespierre, vereinige »alle hassenswürdigen Züge der Sinnesart und des Charakters eines Marius, Sylla, Kaligula, Nero, Kommodus und zwanzig anderer Ungeheuer dieser Art in sich« (Wieland).

Tatsächlich hat auch ein Großteil der Franzosen und ganz speziell der Pariser Bevölkerung an diesem Festtag bereits erfaßt, daß Robespierre keiner von ihnen ist. Zu ungehemmt schielt er nach der ersten Staatswürde der neuen Republik, fordert zu häufig mit einem »Ich will!« im Wohlfahrtsausschuß die Durchsetzung seiner Ziele. Zügellose Gier nach Macht bricht sich da Bahn, die ihn am 28. Juli den Kopf kosten wird. Seine Hinrichtung wird das umjubelte Finale jener Terrorperiode sein, der die brillantesten Köpfe der Revolution zum Opfer fielen.

Aber noch steht Robespierre an diesem 8. Juni im Mittelpunkt. Sie schauen auf ihn. Mit Distanz die meisten, mit Bewunderung einige wenige, mit Zorn sehr viele. Solidarisch mit ihm fühlt sich keiner. Von seiner Umwelt verdächtigt, eine Machtpolitik zu eigenen Gunsten zu betreiben, ist es dem von despotischen Träumen geplagten Anwalt unmöglich, sich ehrlichen Gewissens mit dem Volk zu verbrüdern. Er hält auch an diesem Tag auf Abstand zur Masse. Hat nicht viel gemein mit jenen, die hinter Soldaten- und Gendarmenketten der Göttin der Vernunft, einer jungen Frau in griechischem Gewand, zujubeln. Nur selten hört man: »Es lebe Robespierre!« Häufiger pfeift man den »lieben Gott« der Revolution aus. Einer schreit sogar: »Du Lump!« Der »erwartete Messias« hört, schweigt und verläßt, kaum ist die Veranstaltung zu Ende, die Tribüne auf dem Champ-de-Mars. Er weiß: Keiner dieser Klassen, deren Gegensätzlichkeit er jahrelang anprangerte, gehört er an. Er kennt nicht seinesgleichen. Sein Weg nach oben beweist das.

Maximilien-François-Marie-Isidore de Robespierre, 1769 aus seiner Geburtsstadt Arras als elfjähriger Stipendiat auf das Pariser Internat Louis-le-Grand geschickt, ist nach Abschluß des Studiums ein Advokat mit großer Zukunft. Den Prinzipien seines Vorbildes Rousseau zur sozialen Ordnung verpflichtet, nimmt er 1789 als Vertreter seiner Geburtsstadt in der Versammlung der Generalstände seinen Platz ein als Abgeordneter des dritten Standes.

Er war »klein von Wuchs, seine Glieder waren dünn und eckig, sein Gang ruckartig, seine Haltung affektiert, seine Bewegungen unausgeglichen und ohne Grazie. Seine Stirn war schön, aber niedrig, stark gewölbt über den Schläfen, als hätten die Fülle und die wirre Bewegung seiner Gedanken sie unter gewaltigen Anstregungen vergrößert.

Sein Mund war groß, die Lippen dünn und in den Winkeln unangenehm verkniffen, sein Kinn war kurz und spitz, sein Teint blaßgelb wie bei einem Kranken.« (Lamartine)

Kein Mann zum Lieben, keiner zum Vergöttern. Aber zum

Fürchten. Und darauf arbeitet er hin, feilt an sich als Redner, der in brillanten Auftritten bei den Jakobinern letztlich die Revolution vorantreibt. Als ihr Sprachrohr zieht er am 21. September 1792 in den Konvent ein, wird Ende 1793 eines der zwölf Mitglieder des Wohlfahrtsausschusses, verkündet dort seine Thesen von der Tugendhaftigkeit jener Besitzlosen, die »allein weise und zur Regierung geeignet sind«.

Und sie glauben ihm, die Gesinnungsfreunde, wenn er da auf der Rednertribüne in der Reithalle mit schriller Stimme seine Reden zu den rotgepolsterten Bänken bis zur Galerie hinaufschreit. Zwei riesige Kachelöfen heizen dieses Amphitheater an kalten Tagen nur ungenügend, und dampfend im Schweißdunst des Auditoriums wächst da dieser Redner zur Überlebensgröße. An den langen Abenden der dunklen Jahreszeit von vier verstaubten Lüstern in gespensterhaftes Licht getaucht.

Diesem Robespierre hören sie immer zu, während sie viele seiner Vorgänger und Nachfolger auf dem Rednerpult einfach ignorieren. Die miserable Akustik tut ein übriges. Für Robespierre kein Problem: Seine Stimme wird gehört, der Nationalkonvent ist seine geistige Heimat. Hier wird er zum »Unbestechlichen« und »Tugendhaften«, der wider »die Reichen, die Revolutionsfeinde und die Lasterhaften« wettert. Hier ernennt er sich selbst zum Oberpriester des »être suprême«, des »Höchsten Wesens«. Und hier wird er schließlich, die Krone Frankreichs fest im Blick, doch noch der Guillotine überantwortet.

Am 7. Juni haben »Monsieur de Paris« und seine Gehilfen das Gerät an der Barrière du Trône-Renversé abgebaut und für eine Nacht »bis auf das letzte Stück in den Schuppen« (S) gebracht. Wieder einmal kommt das Gerücht von einer Generalamnestie in Umlauf, schöpfen die Menschen Hoffnung, daß das Köpfen nun endlich ein Ende hat.

Aber dann, am Tag nach dem Fest, erhebt sich das Mordinstrument wieder auf der Place Antoine (heute Place de la Bastille) im äußersten Westen der Stadt. Das Fest ist vorüber, der Alltag beginnt mit den gewohnten Schreckensszenen.

»Wir begannen um Mitternacht das Schafott wiederaufzurichten, als noch die Girlanden vom Unionsplatz vorübergetragen wurden, und nach vier Uhr nachmittags fiel das Messer wieder zweiundzwanzigmal.« (S)

Der Zustand der Ruhe, des Glücks und der Harmonie hatte für Paris, für ganz Frankreich nur 24 Stunden gewährt. Dann trat Fouquier-Tinville erneut auf den Plan, der einzig und allein bestimmen konnte, wann und wo die Guillotine zu arbeiten hatte. Kreuz und quer durch die Stadt hatten Sanson und seine Gehilfen das Instrument während der Revolution fahren müssen. War es zuerst die Place de Grève gewesen, wo man am 25. April 1792 den Straßenräuber Pelletier hingerichtet hatte, so begann die erste Serie politischer Hinrichtungen am 21. August 1792 auf der Place du Carrousel. Dort sollte die Mordmaschine fest installiert werden. Aber achteinhalb Monate später, am 17. Mai 1793, wechselte sie zur Place de la Révolution. Dort verblieb sie bis zum 9. Juni 1794. Getestet hatte man diesen Standort ja bereits am 21. Januar 1793 bei der Hinrichtung Ludwigs. Danach entschieden die Revolutionäre: Kein anderer Platz in Paris faßt so viele Zuschauer; nirgendwo nimmt man so begeistert an den Hinrichtungen der Konterrevolutionäre Anteil wie hier.

Übrigens war die Umsiedlung der Guillotine auf die Place de la Révolution konform gegangen mit dem Umzug der Deputierten in den Maschinensaal des Tuilerienschlosses. Am ersten Tag bereits waren diese gezwungen gewesen, einer Enthauptung vor den Fenstern ihres Saales beizuwohnen. Eine degoutante Begleiterscheinung, wie Robespierre befand; und so schlug er noch einmal einen kleinen Wechsel vor, um die Guillotine den Blicken des Konvents zu entziehen und zwischen das Tuilerienschloß und den Exekutionsplatz die gesamte Distanz des Tuileriengartens zu legen. In unmittelbarer Nachbarschaft des Blutgerüsts nationale Würde zu verkörpern schien den Volksvertretern weder angebracht noch möglich.

Im Juni 1794 steht die Guillotine also an der Place Antoine, dann an der Barrière du Trône-Renversé, um später von hier noch einmal auf die Place de la Révolution zurückzukehren. Der Anlaß ist ein Großereignis, das ganz Paris feiert: die Hinrichtung des unbestechlichen Robespierre und seiner Helfershelfer.

Aber noch ist es nicht soweit, noch bewegt der Paraderevolutionär im Wohlfahrtsausschuß die Kollegen wie Marionetten nach seinem Willen. Diese elf Mitstreiter, unter ihnen acht Advokaten, lassen sich von dem 36jährigen mühelos gängeln. Kein Wunder, haben sie doch selbst wenig Parlaments- und Regierungserfahrung. Robert Lindet ist mit 47 Jahren der älteste, Louis-Antoine Saint-Just mit 26 Jahren der jüngste. Aber auch der gefährlichste.

Das Motto »Die Exaltation ist Tugend« hat sich dieser blonde Jüngling mit den quellblauen Augen zur Maxime gemacht. Der Sohn eines Rittmeisters reißt als Jugendlicher von zu Hause, Decize an der Loire, aus und läßt das Familiensilber mitgehen, um es in Paris zu verhökern und den Erlös mit Prostituierten durchzubringen. Dann hält er sich als Pornoschriftsteller über Wasser, bis ihn die Politik anfliegt. Angefeuert von dem Umschwung, entwickelt er, parallel zu Robespierre, Reflexionen über eine neue Nation. Gedanken, die sich mit den Ideen seines großen Vorbildes zu einer explosiven Mischung verbinden. So werden die zwei zu unzertrennlichen Gesinnungsbrüdern »in der familiären Vertrautheit, wie sie Lehrer und Schüler verbindet« (Lamartine). Kaltblütig machen sie die Revolution zu ihrer persönlichen Sache.

Saint-Just, blaß und schmallippig, übernimmt die exekutiven, Robespierre die legislativen Aufgaben. Was der Ältere für richtig und unabänderlich hält, führt der Jüngere aus. »Die Ordnung der Dinge, wo der Bürger dem Hüter des Gesetzes, der Hüter des Gesetzes dem Volk und das Volk der Gerechtigkeit unterworfen ist«, ist das Ziel des Duos. Nur: Gerechtigkeit verkörpern sie allein. Der eine bei seinen Auftritten mit schaukelnden Ohrringen und im schwarzen Frack die Deputierten mit Eiseskälte erschreckend, der andere geheimnisvoll im Hintergrund die Fäden ziehend.

Immer seltener läßt Robespierre sich in der Öffentlichkeit sehen, immer häufiger meidet er Sitzungen im Konvent und Beratungen im Wohlfahrtsausschuß. In den drei niedrigen Zimmern, die er im Haus des wohlhabenden Tischlermeisters Duplay bewohnt, gehen die Spione, die Agenten und der androgyne Todesengel Saint-Just aus und ein. Hier, in seinem kleinen blauen Arbeitszimmer, stapelt Robespierre in zwei rohen Holzregalen die Geheimdossiers über alle Konventsmitglieder, die ihm auf der Karriereleiter im Weg sind. Hier steht er hinter den mit Holzläden verriegelten Fenstern und späht durch einen Schlitz hinunter auf die Straße, wenn die Leiterwagen mit den zum Tode Verurteilten über das Kopfsteinpflaster poltern.

Seine Schwester Charlotte hat bei ihm die Funktion der Haushälterin übernommen. Später wird sie in ihren Memoiren »Présence de la Révolution« über das Leben mit dem »Unbestechlichen« berichten:

»Er arbeitete viel, stand morgens um sechs oder sieben Uhr auf, arbeitete bis acht, ließ sich vom Perückenmacher die Frisur machen, nahm ein kleines Frühstück zu sich, meistens eine Milchspeise, und arbeitete weiter bis zehn Uhr, um sich dann anzukleiden, und begab sich in den Justizpalast. Nach den Verhandlungen speiste er zu Mittag, wenig, trank dazu mit viel Wasser verdünnten Rotwein. Er aß auch gern Früchte, trank anschließend Kaffee. Dann machte er einen kleinen Spaziergang, besuchte Freunde. Nach Hause zurückgekehrt, schloß er sich in sein Arbeitszimmer ein, bis sieben oder acht Uhr abends... Manchmal beteiligte er sich auch an einem Kartenspielchen mit den Duplays, öfter jedoch saß er abseits in einem Lehnstuhl und las.« – Kaum zu glauben: Im kleinen Kreis soll Robespierre gelacht haben, bis ihm die Tränen kamen.

Im Haus der Duplays ist Robespierre mehr als nur ein Untermieter. So gut wie verlobt mit der ältesten Tochter Eléonore, behandelt man ihn wie einen Schwiegersohn. Madame Duplay verwöhnt ihn mit Kräutersuppen und stellt ihm jeden Morgen frische Butter und Milch auf den Frühstückstisch. Für sein Him-

melbett hat sie ihm blaue Damastvorhänge genäht, und die Stores vor den Fenstern werden von ihr oder den Töchtern – außer Eléonore gibt es noch Henriette, Elisabeth und Sophie – jeden Morgen zu harmonischen Faltenwürfen dekoriert.
Robespierre genießt dieses Leben als Schwiegersohn in spe, die Aufmerksamkeit der Frauen schmeichelt ihm. So kann er bei den Duplays, im trauten Familienkreis, seine kleine Eitelkeiten pflegen. Er liest den Mädchen Gedichte vor und lädt Eléonore zum Picknick in den Wald von Meudon ein. Als Revanche schanzt er ihrem Vater, einem überzeugten Jakobiner, hin und wieder Aufträge zu, für dieses Fest Tribünen und jene Parade Absperrungen und Emporen zu zimmern. Mehr noch: Die jüngste Tochter Elisabeth, auch Babet genannt, verkuppelt er mit dem Deputierten und Saint-Just-Vertrauten Philippe Le Bas.
Die rote Mütze der Sansculotten ebenso verschmähend wie die kumpelhafte Anrede »Citoyen«, entwickelt sich Robespierre im gutbürgerlichen Haus der Duplays zu einem Dandy par excellence. Adrett in einen gelb-braunen oder rot-schwarzen Frack gekleidet, darunter eine Weste in oft gewagten Farben, mit blütenweißer Halsbinde und unterm Arm den Hut, tritt er mit silbrig gepuderter Perücke wie ein Comte von Seiner Majestät Gnaden auf. Und so erreicht er auch als Redner im Konvent mühelos das Herz und die Bewunderung mancher Pariserin, die es nicht stört, wenn seine Botschaften, er bezeichnet den »Tod als die vollständigste Form der Ausschließung der Gesellschaft«, nicht immer angenehm sind. Dafür können sich die Damen auf den Tribünen an einem ernsten und sehr würdigen Herrn sattsehen, der Vertrauen einflößt. Und wenn der dann noch, die Nickelbrille vor den Augen, sich gezielt an sie wendet, dann verzeihen sie ihm sogar jene abstrusen Äußerungen, in denen er – auf Vorschlag Saint-Justs – pro Monat neun fleischlose Tage fordert oder für zukünftige Generationen vom fünften bis zum zwölften Lebensjahr eine Erziehung nach spartanischem Vorbild empfiehlt.
Wie leicht können die Zuhörerinnen das vergessen, denn sie wissen von ihm, daß er sich eines Tages ganz aus der Politik zurück-

ziehen werde, um »nur noch dem Wunsch zu leben, sein Leben in den Wonnen einer heiligen, zarten, innigen Freundschaft zu verbringen. Da kamen von den Tribünen herab die Rufe zahlreicher Frauen: ›Wir wollen Ihnen folgen! Wir wollen Ihnen folgen!‹« (Michelet)

Aber vorerst darf das nur seine unmittelbare Umgebung: die Duplays und seine Geschwister, der jüngere Bruder Augustin-Bon-Joseph und die Schwester Charlotte, eine »harte und unbeugsame« (Michelet) Person, verwittert wie eine alte Jungfer und dem älteren Bruder treu ergeben. Sie »wäre so gerne eine große Dame gewesen«, schreibt Michelet. Aber das adelnde »de« mußte sie wie die Brüder ablegen, um revolutionären Thesen zu gehorchen. Zu ihren Aufgaben gehört auch, gelegentlich dem jüngeren auf die Finger zu schauen, der dem flotten Leben mit leichten Mädchen nicht abhold ist. Als dann die Amaranthe-Affäre seinen Namen publik macht, zieht sich auch Charlotte noch mehr zurück, verläßt kaum die Wohnung, ist nur für Maximilien da – eine nützliche Hilfe, die auf der Revolutionsbühne als Komparsin nur Kulissentüren auf- und zuklappen läßt.

Diese Scheinwelt im Duplay-Haus wird der Untermieter Robespierre in seinem Leben nicht mehr gegen eine eigene, noblere, Wohnung eintauschen. Denn die Dreizimmerwohnung gilt »viel in seinem revolutionären Leben« (Michelet). Sie manifestiert das Image der Genügsamkeit und Bescheidenheit. Auch bei Marat war das ja so. Als der in Paris von 6000 Gendarmen gesucht wurde, »hätte er auch bequem auf dem Speicher des Schlächters Legendre bleiben können; er zog den finsteren Keller der Cordeliers vor, aus dem jeden Morgen seine glühenden Worte hervorbrachen wie aus einem unbekannten Vulkan. Marat, der ein großer Nachahmer war, wußte sehr gut, daß im Jahre 1788 der belgische Marat, der Jesuit Feller, aus der Wahl seines Wohnsitzes, der hundert Fuß unter der Erde, tief unten in einer Kohlengrube war, großen Vorteil für seine Volkstümlichkeit gezogen hatte.«

Auch Robespierre ist ein »Nachahmer«. Sein großes Vorbild ist

Rousseau; das Buch, das er unaufhörlich im Munde führt, ist »Emile«. Dessen Inhalte und Ideen in die Tat umzusetzen und »mit möglichster Treue zu kopieren« (Michelet) ist sein erklärtes Ziel.

Deshalb wohnt er in dem niedrigen Haus der Duplays, »dessen grünliche Ziegel von Feuchtigkeit zeugten, mit einem luftlosen Dachgärtchen. Wie erstickt steht das zwischen den riesigen Häusern der Rue Saint-Honoré, wo um diese Zeit in buntem Gemisch Bankleute und Adlige wohnten.« (Michelet) Aber der äußere Schein trügt. Seinen Bewohnern geht es gut.

In seiner kanpp bemessenen Freizeit wandert Robespierre manchmal allein mit seiner dänischen Dogge »Bount« durch die Wälder von Boulogne und Montmorency. Mehr laufend als gehend, die Augen hinter der grüngetönten Brille verborgen, hängt er da seinen Gedanken nach.

Auf einem dieser Spaziergänge soll ihm eines Tages auch ein würdiger alter Herr begegnet sein, ganz in Schwarz gekleidet und weißhaarig: Charles-Henri Sanson. Robespierre kennt den Mann nicht, der an diesem Nachmittag mit seinen zwei kleinen Nichten durch die Wälder promeniert.

Die Geschichte, die der Enkel des »Monsieur de Paris« da erzählt, ist rührend. Dichtung oder Wahrheit? Sie paßt vorzüglich ins romantisch eingefärbte Bild der Revolution, die auch so viele Sentimentalitäten aufblühen ließ. Und so soll sie sich abgespielt haben, diese Begegnung zwischen dem Henker und seinem prominentesten Opfer, zwischen dem einst vom König ernannten Vollstrecker »der hohen Werke« und dem vom Volk erwählten Vertreter der Tugend und Moral. Am Rande eines Waldstückes, dessen moosiger Boden mit wilden Hyazinthen bedeckt ist, ein zu Herzen gehendes Rendezvous, das da, wie in einem Kitschfilm mit Weichzeichner aufgenommen, abläuft:

»In diesem Augenblick sah ich einen Bürger des Weges kommen, von einem großen Hund gefolgt. Dieser Bürger betrachtete die Kinder und half ihnen bereitwillig. Er pflückte die Blumen, nach denen sie Verlangen hatten, teilte sie zur Hälfte und gab jedem der Kinder seinen Teil. Ich sah, wie die Kleinen den Bürger küßten. Plaudernd und lachend näherten sich alle drei meinem Platz. Da erkannte ich ihn. Er trug einen blauen Rock, ein gelbes Beinkleid und eine weiße Weste. Sein Haar war mit einer gewissen Zierlichkeit aufgebunden und gepudert. Den Hut hatte er auf ein Stöckchen gesteckt, das er über der Schulter trug; er hielt den Kopf ein wenig nach hinten über; seine Gesichtszüge aber hatten einen Ausdruck von Heiterkeit, der mich in Erstaunen setzte. Er fragte mich, ob dies meine Kinder seien. Ich antwortete, sie wären meine Nichten; er wünschte mir Glück über diese artigen Kinder und richtete nach diesem Kompliment wieder Fragen an die Kleinen. Marie machte einen kleinen Blumenstrauß und überreichte ihm denselben; er nahm ihn, steckte ihn in ein Knopfloch und fragte sie nach ihrem Namen, um sich, wie er sagte, daran erinnern zu können, wenn die Blumen verwelkt sein würden. Das arme Kind begnügte sich nicht mit seinem Taufnamen, sondern sagte ihm auch den anderen. Ich habe nie eine auffallendere Veränderung in einem menschlichen Gesicht gesehen. Er fuhr auf, als wäre er auf eine Schlange getreten, und seine Stirn wurde von tausend Runzeln verdüstert. Er richtete unter seinen zuckenden Augenlidern einen starren Blick auf mich; seine blasse Gesichtsfarbe wurde erdfahl; er lächelte nicht mehr, eine schmale, fast unsichtbare Linie kennzeichnete nur die Stelle seines Mundes und verlieh seinem Antlitz den Ausdruck unbeschreiblicher Härte. In barschem Ton und mit einem Hochmut, den ich bei dem Apostel der Gleichheit nicht erwartet hatte, begann er:

›Du bist ein ...‹

Ich verbeugte mich, und er sprach seinen Satz nicht zu Ende. Einen Augenblick blieb er in tiefes Nachsinnen versunken; ich glaubte mehrmals, daß er sprechen wollte; er kämpfte sichtlich mit seinem Widerwillen, den er nicht zu beherrschen vermochte. Endlich bückte er sich zu den Kindern nieder, umarmte sie mit großer Zärtlichkeit, rief seinen Hund und entfernte sich schnellen Schrittes, ohne mich anzusehen. Ich kehrte grübelnd heim, indem ich mich fragte, ob man über den Schrecken eines Menschen, der sich vor dem Beil, mit dem er tötet, entsetzt, lachen oder weinen müsse. Vielleicht dachte er auch, als er mich sah, an Dantons Verwünschungen...«

Ein symbolträchtiges Zusammentreffen. Es wird ein Nachspiel haben, wenn Robespierre und seine Gesinnungsgenossen am 27. Juli vom Konvent entmachtet und verhaftet worden sind. In jeweils verschiedene Gefängnisse eingeliefert, gelingt es den gefangenen Revolutionären, sich noch einmal kurzfristig der Bewachung zu entziehen und im Hôtel de Ville Zuflucht zu finden.

»An der Spitze von 50 Füselieren drangen die Volksvertreter in das Rathaus ein. Just in diesem Augenblick fiel ein Bürger, der neben Léonard Boudon schritt, unter der Last des Körpers Robespierres des Jüngeren, der sich aus dem Fenster gestürzt hatte, zu Boden. Wir durcheilen den großen Saal, aus dem die Verschwörer geflohen waren, und betreten den Raum des Sekretariats. Der Tyrann (Robespierre, d. Verf.) stürzt zu Boden und schwimmt in seinem Blut. Ein Sansculotte geht auf ihn zu und sagt ihm kaltblütig folgende Worte: ›Es gibt ein Höchstes Wesen.‹ Alle anderen Verschwörer waren angesichts ihres nahenden Endes ebenso feige, wie sie davor unverschämt gewesen waren, und hatten sich in den dunkelsten Ecken verborgen. Einer wurde aus dem Kamin gezogen, ein anderer hatte sich in einen Schrank geflüchtet. Le Bas befand sich in einem Holzverschlag, von Schüssen durchbohrt. Couthon wurde am Fuß eines Schreibtisches gefunden, von mehreren Stichen verwundet, die er sich selbst beigebracht hatte. Kurzum, alle Verschwörer, die sich im Rathaus aufhielten, sind verhaftet worden, und das geschah vollkommen ruhig; die Menschlichkeit hatte keinen Grund, über den Triumph der nationalen Gerechtigkeit zu seufzen. In der Kanzlei wurde ein mit weißen Lilien versehener Prägestempel gefunden: er wurde sofort im Nationalkonvent hinterlegt als einwandfreies Beweisstück der freiheitsmörderischen Absichten dieser als Volksmänner getarnten Royalisten. Die Bürger haben selbst über die Sicherheit und Erhaltung der im Rathaus aufbewahrten

Wertpapiere und Depositen gewacht gleich Hauswirten, die in ihre Wohnungen zurückkehren, nachdem sie die Räuber vertrieben, die sich ihrer bemächtigt hatten.
Der Tyrann und seine hauptsächlichsten Helfershelfer sind bereits nicht mehr...« (Journal de Sablier, 4. 8. 1794)
Robespierres Rückkehr in den Konvent vollzieht sich auf einer Tragbahre. In einem der Säle bettet man ihn auf einen Tisch. Die Schmerzen des Mannes, dessen Unterkiefer von einem Schuß zerschmettert wurde, müssen gräßlich sein. Ein Chirurg kommt und verbindet ihn.
Inzwischen rotiert Fouquier-Tinville. Der Prozeß gegen die namhaften Jakobiner soll nur Formsache sein, die Anklage hat Tallien bereits im Konvent formuliert. Sie wirft Robespierre Tyrannei vor. Nicht nur das, den halben Konvent habe er verhaften wollen, um als Diktator an die Macht zu kommen.
Saint-Just startet eine Verteidigungsrede, wird abgewürgt. »Nieder mit dem Tyrannen!« ruft man. Und: »Das Blut Dantons ersticke dich!« schreit man Robespierre entgegen, als der auf einer Bahre hereingetragen wird.
Was hatte er getan? Wie konnte es dazu kommen?
Der größte Fehler Robespierres war wohl die Spaltung der Montagnards, jener im Konvent »auf dem Berg«, einer Balustrade, sitzenden Abgeordneten: der Dantonisten, Hébertisten und Jakobiner. Sie, die sich als Hüter der revolutionären Ordnung aufspielten und die völlige Gleichheit aller Menschen vor dem Gesetz vertraten, kontrollierten den Konvent; mit Robespierre an der Spitze des Wohlfahrtsausschusses wurden schließlich die Jakobiner das treibende Element dieser Revolution und letztlich verantwortlich für jene Massenhinrichtungen, die in der Terrorzeit vom 10. Juni 1794 an in grausamsten Exzessen kulminierten.
Der abstrakte Tugendbegriff à la Rousseau war das erklärte Ideal dieser Radikalen; Robespierre versuchte es im Namen seiner Gesinnungsgenossen mit Gewalt in die Realität umzusetzen. Dabei schossen die Dantonisten mit ihrer lebensprallen Volksphilosophie nach Voltaire ebenso quer wie die Hébertisten mit ihren

atheistischen Prinzipien. Die Führer beider Fraktionen mußten ihr Leben lassen.
Robespierre wird über Nacht zum ersten Mann der Republik. Er gerät in diktatorisches Fahrwasser. Mit Saint-Just und Couthon beherrscht er den Wohlfahrtsausschuß, drückt über diesen dem Konvent seine Beschlüsse auf. Auch das Revolutionstribunal besteht letztlich nur noch aus Robespierre-Anhängern. Ebenso zählen die Kommunevertreter zu ihnen: Fleuriot, der Bürgermeister von Paris, Payan, der Nationalagent, und Hanriot, der Kommandant der Nationalgarde.
Für die Ministerien übernehmen zwölf Büros die Leitung der Staatsgeschäfte. Als Club und anerkannte Volksgesellschaft existieren nur noch die Jakobiner. Anfangs Hauptstütze der »außerparlamentarischen Bewegung«, sind sie nun die maßgeblichen Aktivisten der Regierung; Einfluß im ganzen Land wird über die Filialen ausgeübt.
Sie sind Machtzentren des politischen Lebens und tragen zur Ausbreitung eines anfangs egalitären, nun elitären Geistes bei. Auf ihren Podien hat nur einer das Sagen: Robespierre.
Die Diktatur Robespierres wird bei dieser Zentralisierung der öffentlichen Gewalten allmächtig; seine Tugend-Theorie von Bescheidenheit, Ehrsamkeit und Rechtschaffenheit gerät dann durch den von ihm initiierten und von Saint-Just durchexerzierten Schrecken ins Wanken und bringt das politische Traumgespinst zum Einsturz. Robespierre wird von den Trümmern als erster getroffen.
Tallien und Fouché revoltieren im Konvent. Erfolgreich. Sie bringen das prominente Wild zur Strecke. »Außerhalb des Gesetzes« gestellt, ist der Prozeß gegen Robespierre und seine Gesinnungsfreunde nur eine Formsache. Nachdem die Identität dieser Gefangenen festgestellt ist, schließen Richter und öffentlicher Ankläger auch schon die Akten. Zum Tode verurteilt durch die Guillotine, lautet das Urteil.
Am 26. Juli wird Sanson von Fouquier-Tinville aufgefordert, die Guillotine von der Place du Trône-Renversé zur Place de Grève

zu transportieren. Einen Tag später ändert man diesen Plan und entscheidet sich für die Place de la Révolution.
Trotz ihrer Pro-Robespierre-Einstellung behindern die Anwohner der Place du Trône-Renversé die Sanson-Mannschaft nicht beim Abbau der Guillotine. Im Gegenteil. »Glückliche Reise!« rufen sie den Karren nach. Und: »Kommt niemals wieder!« Als das Blutgerüst Stunden später auf der Place de la Révolution errichtet wird, hat sich dort bereits eine große Menschenmenge eingefunden. »Es bedurfte des Einschreitens der bewaffneten Macht, um den Platz, wo das Schafott aufgestellt wurde, zu räumen.« (S) Um zwei Uhr nachts ist diese Arbeit beendet.
So geschehen am 27. Juli. Am 28. bricht Sanson mit seinem Sohn Henri um sechs Uhr von zu Hause auf, um seines Amtes zu walten. Schon in dieser frühen Stunde sind viele Pariser auf den Beinen. Das Gerücht von den bevorstehenden Exekutionen hat in der Nacht die Runde gemacht. Die Stadt ist in Bewegung gekommen. »Man sah nur Leute, die sich Glück wünschten, sich die Hände drückten und umarmten ... Die vorüberkommenden Ordonnanzen und Gendarmen werden mit begeisternden Rufen ›Es lebe die Republik!‹ begrüßt ... es war eine Trunkenheit, nicht die eines Sieges, sondern die Trunkenheit der Auferstehung.« (S)
Die Sansons begeben sich unverzüglich zur Conciergerie. Fouquier-Tinville will, daß die Verurteilten dort, und nicht beim Schafott, für ihren letzten Auftritt gerüstet werden, nachdem sie ihre letzte Nacht im Lycée Louis-le-Grand verbracht haben.
Die »Toilette« vollzieht sich in jener Zelle, in der auch Danton seine letzten Stunden verbracht hat. Ausgestreckt auf dem Bett, liegt da Robespierre. »Mein Vater nötigte ihn, aufzustehen; sein noch lebhafter Blick schien zu fragen: ›Weshalb?‹ Ehe man ihm antwortete, richtete er sich auf, stützte seinen Kopf mit der rechten Hand und hielt den Nacken hin, wodurch er den Wunsch ausdrückte, das Bett nicht zu verlassen.« (S)
Weniger sensibel als ihr Patron nehmen zwei Gehilfen Sansons Robespierre hoch, lösen die breite Binde zu beiden Seiten des Kinns. »Und während mein Großvater das Haar abschnitt, hielt

mein Vater, der vor Robespierre stand, den Verband nach den Schläfen hinauf fest. Als dies erledigt war, legte mein Großvater den Verband wieder an seine Stelle, und Robespierre machte ihm ein Zeichen mit dem Kopf, welches auszudrücken schien: ›Es ist gut!‹ oder vielleicht: ›Ich danke!‹« (S)
Haltung zeigt Saint-Just in seiner Zelle. Wortlos läßt er sich die blonden Locken abschneiden und streckt unaufgefordert die Hände nach hinten, damit der Scharfrichter sie fesseln kann.
Um vier Uhr besteigen 22 zum Tod Verurteilte die drei Karren im Cour de Mai. Nach einer schwül-heißen Nacht, die vor allem den verwundeten Robespierre-Brüdern keine Linderung gebracht hat. Sie befinden sich auf dem ersten Wagen, zusammen mit dem blutenden und stark entstellten Hanriot. Im letzten Wagen liegt der tote Le Bas.
In der Nachbarschaft der Conciergerie sind die Menschen auf die Dächer gestiegen, an den Straßen stehen sie dicht gestaffelt. Alle wissen Bescheid: Die blutige Herrschaft der Jakobiner nimmt heute endlich ein Ende. Die Hinrichtung artet wieder einmal zum Volksfest aus, von allen Dächern und aus den Fenstern wehen Fahnen.
Der Weg der Karren durch die Rue Saint-Honoré ist unendlich lang für die Verurteilten. Frauen in durchsichtigen Tuniken und ihre Galane mit Blumen in den Händen, eine Champagnerflaschen schwenkende Halbwelt, hüllen am dafür berüchtigten Palais-Egalité mit tosendem Geschrei die Opfer ein. Unter diesen befindet sich auch der Schuhmacher Simon, der den Sohn Ludwigs XVI. auf seine Weise erzog und mit schmutzigen Gerüchten und falschen Zeugenaussagen für Stimmung gegen Marie Antoinette gesorgt hatte.
Immer wieder gerät der Zug ins Stocken. Eine Pause von mehreren Minuten entsteht vor dem Haus Nummer 369, wo ein Haufen entfesselter Weiber die Karren umtanzt und ein Sansculotte mit Ochsenblut die Fensterläden anstreicht. Dahinter zittert Eléonore Duplay um ihr Leben. Elisabeth, die Frau des toten Le Bas, hat bei ihr Zuflucht gesucht; die anderen Duplays, Vater, Sohn und Töch-

ter, sind bereits inhaftiert; die Mutter erhängt sich in dieser Stunde am Fenstergitter des Luxembourg-Gefängnisses.

Um sieben Uhr erreichen sie die Place de la Révolution, auf der die Menschenmasse wogt. Drei Stunden hat die Fahrt gedauert. Für Sanson und seine Mannschaft das Finale eines Horrortrips, bei dem sie aber nie wirklich Gefahr liefen, ihre Gefangenen durch wütende Volksattacken zu verlieren. »Es war nicht mehr das Geschrei eines Fanatismus, sondern der Ausbruch der Gemüter, die sich von einer Angst befreit fühlten, mit welcher verglichen der Tod eine Wohltat war; es war das Geschrei der Verzweifelten, denen man Hoffnung wiedergab, es war die Menschlichkeit, die wieder festen Boden spürte.« (S)

Sanson nimmt in den Memoiren Abstand von den vielen Schilderungen der Historiker, die Robespierres letzte Minuten darstellen. »Das Drama trug sich mehr in der Umgebung der Scharfrichter zu als unter denen«, schreibt der Enkel im Geiste seines Großvaters. »Robespierre, in dem Wagen sitzend (und nicht stehend und mit Stricken befestigt, wie Michelet in seiner »Geschichte der Revolution« behauptet, d. Verf.) auf einer dünnen Schicht Stroh, welches ein Gehilfe ihm untergelegt hatte, lehnte den Rücken gegen die Wagenleiter; sein Gesicht, noch mehr geschwollen als am Morgen, war auch bleicher. Das Geschrei und die heftigsten Schimpfworte fanden ihn unempfindlich; er hielt seine Augen fast immer geschlossen.« (S)

»Monsieur de Paris« und der Unbestechliche sprechen auf dieser Fahrt kein Wort miteinander. Auch nicht in dem Augenblick, als Robespierre den Karren verläßt und als zehnter in der Reihe der Verurteilten das Schafott besteigt.

»Als der Karren am Fuß des Blutgerüstes angekommen war, holten die Henkersknechte den Tyrannen herunter und legten ihn auf den Boden, bis die Reihe an ihn käme, den Tod zu erleiden.

Es wurde beobachtet, daß er während der ganzen Zeit, da man seine Mitschuldigen hinrichtete, kein Zeichen von Empfindung von sich gab. Seine Augen waren beständig geschlossen, und er öffnete sie erst wieder, als er spürte, daß er aufs Schafott ge-

Robespierre guillotiniert den Henker, anonym

bracht werde. Es wird behauptet, er habe beim Anblick des unheilvollen Werkzeugs einen schmerzlichen Seufzer ausgestoßen, aber er hatte vor dem Sterben noch einen furchtbaren Schmerz zu erdulden. Nachdem der Henker ihm den Rock abgenommen hatte, der ihm über der Schulter hing, riß er roh den Verband ab, den ein Feldscher über seine Verletzung gelegt hatte; dabei löste sich die untere Kinnlade von der oberen; der Kopf des Elenden, der Ströme von Blut von sich gab, stellte nur noch ein greuliches und ekelhaftes Ding dar. Als dann das furchtbare Haupt abgeschlagen war und der Henker es an den Haaren packte, um es dem Volk zu zeigen, bot er das entsetzlichste Bild, das man sich vorstellen kann. Auf diese Weise starb das blutgierigste Raubtier, der ungeheuerlichste Bösewicht, den die Natur je hervorgebracht hat.« (Zeuge, in: »L'Histoire de la Révolution de la France« ...)
Ähnliches soll sehr sachlich und ohne Emotionen »Monsieur de Paris« notiert haben. Seine Informationen sind mit kühlem Abstand wiedergegeben. Und deshalb auch ernster zu nehmen. »Er stieg allein und ohne jede fremde Hilfe hinauf. Seine Haltung verriet weder Prahlerei noch Feigheit. Seine Augen waren kalt, aber ruhig.« (S)
Als ein Gehilfe ihm den Verband abnimmt, stößt er einen Schrei des Schmerzes aus. »Der lose Kinnbacken hing herab, der Mund öffnete sich, das Blut floß heraus.« (S)
Sekunden später liegt er auf der »Schaukel«, und der »stählerne Wind« saust herab. Der Kopf wird dem jubelnden Volk gezeigt.
»Das Ungeheuer hat 35 Jahre gelebt, war fünf Fuß zwei Daumen groß, hatte leicht verkniffene Züge und einen fahlen, galligen Teint.
Seine vorherrschenden Eigenschaften waren der Stolz, der Haß und die Eifersucht. Nichts konnte seinen Durst auf Menschenblut löschen; es waren nur Trümmer, Wüsten und Tote, über die er hätte herrschen können.«
So einer der vielen Nachrufe.

XVI

**Die beiden letzten Sansons: farblos und genußsüchtig.
Die Guillotine überlebt Henri-Clément. Nachbemerkung**

Robespierre, Danton und Desmoulins sind geköpft. Marat ist ermordet worden. Die Revolution hat ihre Macher vernichtet. Und dazu noch mit unersättlichem Appetit eine Majestät von Gottes Gnaden, Ludwig XVI., und seine Frau Marie Antoinette. Und Royalisten, Geistliche, viel Prominenz. Und viel Volk. Kurzum: Vertreter aller Stände. Sie alle wurden den Sansons übergeben, dem Vater Charles-Henri und dem Sohn Henri.
Hätten nicht auch sie, die im Namen der Revolutionäre töteten, geköpft werden müssen wie ihre Auftraggeber?
Tatsache ist: Die Sansons werden auch nach dem 28. Juli 1794 noch gebraucht. Gelegentlich. Und dann tun sie ihre Pflicht, guillotinieren Carrier, den Schlächter von Nantes und Lyon, Le Bon, den Tribun von Arras und Cambrai, Fouquier-Tinville, den öffentlichen Ankläger. Und auch François-Noël Gracchus Babeuf wird von ihnen zum Schafott geführt – ein Mann, der den größten politischen Weitblick dieser Jahre beweist, als er im kommunistischen Sinn und in der Nachfolge des Jacques Roux die gerechte Verteilung aller irdischen Güter fordert: »Die Erde gehört niemandem!«
Eine Forderung, die auf keine Gegenliebe stoßen wird. Und ebenso versandet wie die Revolution, die ihr eigentliches Ziel nie erreichte. Vom Kampf des Volkes unter dem Banner der Liberalität gegen gepuderte Aristokraten und parasitäre Feudalherren, die mit Steuern und Zöllen das Leben der Bürger und Bauern 1789 zur Qual machten, profitieren nach dem großen Schauspiel letztlich vorwiegend neureiche Großbürger, Bankiers und Industrielle.
Die Zahl der politischen Hinrichtungen nimmt unter der vergoldeten Verrücktheit der Zeit des Direktoriums ab. Dem Taumel des Todes folgt der Taumel des Lebens; die Tränen trocknen im

Gelächter; die Angst überwuchert die Liebe. Das Drama schlägt um in eine leichte Komödie.

Die Rousseauschen Tugend- und Fortschrittsideale und der gefeierte Liberalismus der ersten Stunde wurden im Lauf von 200 Jahren von einer neuen Staatsmacht in Obrigkeitsgehorsam und Spießbürgertum umgemünzt. Die Revolution – sie ist nur noch ein romantisch verklärter Traum. (40 000 Adlige [nobles], deren Vorfahren bereits unter dem Ancien régime tätig waren, haben auch im 20. Jahrhundert in Politik und Wirtschaft der Grande Nation bedeutende Rollen inne.)

Der vorletzte Sanson, der farblose Henri, bleibt während des Umbruchs ohne Konturen. Die wenigen Notizen des Scharfrichters aus dieser Zeit enthalten nur die Namen von Personen, die aufgrund entehrender Verbrechen und Betrügereien dazu verurteilt sind, sechs Stunden im Halseisen am Pranger zu stehen. Der Bourreau und seine Gehilfen müssen sie während dieser Zurschaustellung bewachen. Henri Sanson erfüllt diese Pflichten gewissenhaft.

Am 2. Februar 1816 hatte sein Sohn Henri-Clément die Nachfolge des Vaters bereits angetreten; er wird der letzte Sanson sein, der als »Monsieur de Paris« Dienst tut. Er ist allerdings noch gefordert, muß die Mörder Louis-Augustin Lober, Henri Salmon und Antoine Pont oder Königsattentäter wie Ennemond-Marius Darmès hinrichten.

Aber dieser Henri-Clément gereicht dem Geschlecht der Sansons nicht zur Ehre. Den leichten Mädchen und dem Wein zugetan, drückt er sich vor seinen Pflichten, wann immer er kann. Oft erst nach langem Suchen kann der »Procureur général« den Scharfrichter in den einschlägigen Weinstuben und Bistros aufspüren und zur Wahrnehmung seiner Pflichten überreden. Schlimmer noch: Gelegentlich sehr knapp bei Kasse, verpfändet Henri-Clément mehr als einmal die Guillotine, die dann sein Arbeitgeber Canler, Chef der Pariser Sûreté, jedesmal persönlich im Pfandhaus auslösen muß.

31 Jahre übt der letzte Sanson seinen Beruf aus, dann wird er mit

Schimpf und Schande aus seinem Amt entlassen. Im Vorwort der Memoiren beschreibt er deprimiert diesen 18. März 1847, an dem er erschöpft von einem langen Spaziergang nach Hause kommt und das Kündigungsschreiben vorfindet. Da treten noch einmal die Gestalten der Vorfahren vor sein geistiges Auge – der Großvater im Jagdanzug, melancholisch den Hund zu seinen Füßen kraulend; der Vater in der Trauerkleidung, die er nie ablegte. Stumme Zeugen, die Gott sei Dank nicht mehr erleben müssen, wie der letzte ihrer Ahnenreihe seine Pferde und die Equipage mit der zersprungenen Glocke im Wappen verkauft, um mit den »Nanas« die Nächte durchzufeiern.

Henri-Clément nennt seinen Rausschmiß eine »göttliche Fügung«. Nach seinem Tod durch Herzversagen wird er 1889 in der Familiengruft auf dem Friedhof von Montmartre neben Vater und Großvater beigesetzt.

Und die Guillotine? Sie überlebt als Werkzeug der Justiz die Sansons. Auch wenn eine Quelle berichtet, daß das »bois de justice« (»Holz der Gerechtigkeit«) während der Tage der Kommune »gerichtet« und der »neuen Freiheit« zum Opfer gebracht wurde. Das 137. Bataillon des 11. Arrondissements der Stadt Paris soll sie im April 1871 unter der Statue Voltaires zertrümmert und verbrannt haben.

Eine symbolträchtige Tat, die nicht verhindern konnte, daß das Mordinstrument noch im 20. Jahrhundert – und nicht nur in Frankreich – in Betrieb war. So schickte die Mordjustiz des Naziregimes einige tausend Regimegegner unter das Beil. Guillotinen gab es in Berlin-Plötzensee ebenso wie in München-Stammheim oder in Hamburg-Fuhlsbüttel. Zwanzig Tötungsmaschinen wurden Ende 1934, neu fabriziert, in Betrieb genommen. Ihre Opfer waren unter anderem die Geschwister Scholl und ihr Kreis. Mitglieder der Widerstandsorganisation »Rote Kapelle«, Widerstandskämpfer wie Julius Leber, Pfarrer Alfred Delp, Carl Friedrich Goerdeler und der Theologe Dietrich Bonhoeffer.

*

Freiheit, Gleichheit, Brüderlichkeit – im Namen dieser Dreieinigkeit verschmolzen sie zur Einheit: die Sansons und die Guillotine. Ihre Opfer wurden jene, die der neuen Republik und ihren Gesetzen, den Menschenrechten, im Wege standen. Jakobinische Logik, in deren Netz sich sehr viel mehr Schuldlose als Schuldige verfingen.

Als 1987 in Frankreich die ersten Kapitel dieses Buches entstanden, wurde rund 300 Kilometer entfernt, in Lyon, einem Nazischergen der Prozeß gemacht. Und wieder einmal stellte sich die Frage nach der Schuld jener, die auf Anordnung totalitärer Machthaber ihre Mitmenschen töteten.

Es sind immer die gleichen Voraussetzungen, wenn die Minderheit der Mehrheit und die Freiheit des einzelnen einem kollektiven Ziel geopfert werden. Damals, im revolutionären Frankreich, war das nicht viel anders als heute, 200 Jahre später, wo im Iran und Irak, in Afghanistan und Palästina Völkermord praktiziert wird, in südamerikanischen Ländern, in der Türkei, in Südafrika Menschen Folter und Mord ausgesetzt sind.

Überall sanktionieren diktatorische Machthaber das Verbrechen als notwendige Tugend. Sie behaupten: Eine neue Ordnung braucht neue Menschen. Oder: Eine bestehende Ordnung muß um jeden Preis erhalten werden. Auf der Strecke bleibt dabei immer die Moral.

Die Sansons, Vater Charles-Henri und sein Sohn Henri, mußten während der großen Revolution in Paris eine Maschine bedienen, die, als Ausdruck einer als demokratisch angesehenen Macht, erstmals gezielt Massenmord betrieb, »humaner« als zuvor. Es war dieses Gerät, das, so Montaigne, den Tod geradezu »erbaute« und vollkommen der Maxime Saint-Justs entsprach, daß ein großes Verbrechen höchste Tugend ist. Für Charles-Henri gewiß eine Irrlehre, die ihn dann tragisch belastete, als er den »Vater des Vaterlandes«, Ludwig XVI., köpfen mußte. Ein unerhörter Vorgang, der das Mordinstrument zum Symbol der Revolution machte und den Henker zum Star jener Tage.

Damit begann ein Leidensweg, auf dem der königstreue Sanson mit den Dimensionen einer neuen Moral konfrontiert wurde, die nicht mehr die seine sein konnte: Die tägliche Fahrt zum Schafott endete stets in einem Blutrausch.

Sanson – Vollstrecker einer neuen Gerechtigkeit mit ungenau gesteckten Grenzen. Diese überschritten viele, indem sie sich zu Handlangern von Systemen des Wahnsinns machten und in dumpfer Aggressivität dem Monstrum Mord und Gewalt dienten.

Diskussisonen über Sinn oder Un-Sinn der Todesstrafe führten die Sansons vor Ausbruch der Revolution wohl kaum; erst durch die täglichen Blutorgien wurden solche Auseinandersetzungen für »Monsieur de Paris« und seinen Sohn relevant. Menschen, deren Schuld nicht durch Kriminalität, sondern allein durch ihr politisches Handeln definiert wurde, mußten durch die Guillotine zum Schweigen gebracht werden. Der Henker von Paris konnte und wollte das nicht begreifen.

Auch in unserer Zeit ist so etwas nicht zu begreifen. In keiner Zeit.

Ein radikaler Reformer ... (engl. Karikatur)

Quellen- und Literaturverzeichnis

Sept Générations D'Exécuteurs 1685–1847
Mémoires Des Sansons
Mises En Ordre, Rédigés Et Publiés par Henri Sanson
Ancien Exécuteur Des Hautes Œuvres De La Cour de Paris
6 Bände, Paris, Dupray De La Mahéry Et Ce, Editeurs,
14, Rue D'Enghien, 1863

Tagebücher der Henker von Paris 1685–1847
von Henri Sanson
Nach einer zeitgenössischen deutschen Ausgabe ausgewählt von Eduard Trautner
Verlag Gustav Kiepenheuer, Potsdam 1924

Henri Sanson, Tagebücher der Henker von Paris
1685–1847, 2 Bände, Verlag C. H. Beck, München 1983

Ambrosini, Maria Luisa, The Secret Archives of the Vatican, London 1972
Arasse, Daniel, La Guillotine et L'Imaginaire de la Terreur, Paris 1987
Archives Nationales, Guide du lecteur, Paris 1978
Ariès, Philippe, Geschichte der Kindheit, München 1978
Ariès, Philippe, Geschichte des Todes, München 1982
Arnaud, Georges, Les Fils du Freron, Paris 1909
Arnaud, Georges, Prisons 53, Paris 1953
Badinter, Elisabeth, L'un est l'autre – Des rélations entre hommes et femmes, Paris 1986
Baier, Lothar, Die große Ketzerei, Berlin 1984
Balzac, Honoré de, Une Episode sous la terreur (Scènes de la vie politique), Paris 1853
Beauvoir, Simone de, Pour une Morale d'Ambiguité, Paris 1944
Behringer, Wolfgang (Hrsg.), Hexen und Hexenprozesse, München 1988
Bertaud, Jean-Paul, La vie quotidienne en France au temps de la Révolution 1789–1795, Paris 1983
Bertaux, Paul, Hölderlin und die Französische Revolution, Frankfurt 1969
Bertier de Sauvigny, G.-A. de, Histoire de France, Paris 1977
Beugnot, Comte, Mémoires du Comte Beugnot, 2 Bände, Paris 1866

Blanc, Louis, Histoire de la Révolution Française, Paris 1865
Blanc, Olivier, La dernière lettre, Paris 1984 (dt.: Der letzte Brief, Wien 1988)
Blos, Wilhelm, Die Französische Revolution, Stuttgart 1890
Braudel, Fernand, Civilisation matérielle, économie et capitalisme XVe–XVIIIe siècle, Paris 1979
Brost, Arno, Barbaren, Ketzer und Artisten, München 1988
Büchner, Georg, Werke
Cabanès, A., Marat inconnu, Paris 1891
Cabanis, P. J. G., Note sur le supplice de la guillotine, Paris 1823
Caradec/Masson (Hrsg.), Guide de Paris mystérieux, Paris 1985
Carlyle, Thomas, The French Revolution, London 1900
Castellot, André, La Révolution Française, Paris 1987
Chateaubriand, François René, Essais historiques sur les révolutions anciennes et maternelles, Paris 1859
Chaussinand-Nogaret, Guy, Mirabeau, Stuttgart 1988
Chauveau-Lagarde, Claude François, Note historique sur le procès de Marie-Antoinette, Paris 1859
Chereau, Achille, Guillotin et la Guillotine, Paris 1870
Cléry, J. B., Journal de ce qui s'est passé à la Tour du Temple pendant la captivité de Louis XVI, roi de France, London 1798
Corbin, Alain, Pesthauch und Blütenduft, Berlin 1984
Cortequisse, Bruno, La Sainte Guillotine, Paris 1988
Cronin, Vincent, Louis and Antoinette, London 1974
Dalrymple Elliott, Grace, During the Reign of Terror. Journal of my life during the French Revolution, London 1910
Desmoulins, Camille, Œuvres complètes, Paris 1906
Diderot, Denis, Œuvres complètes, Paris 1971
Dornain, Paul, De Sanson à Deibler, Paris 1934
Dülmen, Richard van, Theater des Schreckens, München 1985
Dumont, F., Samuel Thomas von Sömmerings Leben und Verkehr mit seinen Zeitgenossen, Stuttgart/New York 1987
Durant, Will und Ariel, The Story of Civilization, New York 1975
Fayard, Jean-François, La Justice Révolutionnaire, Paris 1987
Fischer, Peter (Hrsg.), Reden der Französischen Revolution, München 1974
Flake, Otto, Marquis de Sade, München 1966
Friedell, Egon, Kulturgeschichte der Neuzeit, München 1927
Furet/Richet, La Révolution, Paris 1965/66
Gross, J. P., Saint-Just – Sa politique et ses missions, Paris 1976
Gläser, Horst Albert (Hrsg.), Wollüstige Phantasie. Sexualästhetik der Literatur, München 1974

Goncourt, Edmond und Jules, Histoire de la Société Française pendant la Révolution, Paris 1864

Hallé, Jean-Claude, Histoire de la Révolution Française, Paris 1983

Hamon, Louis, Police et Criminalité, Paris

Hartig, Aglaia I. (Hrsg.), Ich bin das Auge des Volkes – Jean Paul Marat. Ein Patriot in Reden und Schriften, Berlin 1987

Hentig, Hans von, Vom Ursprung der Henkersmahlzeit, Tübingen 1958

Hillairet, Jacques, Dictionnaire Historique des Rues de Paris, 2 Bände, Paris 1951–1954

Holinshed, Raphael, Chronicles of England, Scotlande and Irelande, London 1577

Irsigler/Lassotta, Bettler und Gaukler, Dirnen und Henker, Köln 1984

Jean Paul, Gesammelte Werke

Joubert, Joseph, Pensées, Paris 1838

Kardec, Allan, Das Buch der Geister, Freiburg 1987

Keller, Albert, Der Scharfrichter in der deutschen Kulturgeschichte, Bonn/Leipzig 1921

Labrousse/Lefèbvre/Soboul u. a., Geburt der bürgerlichen Gesellschaft, Frankfurt 1979

Lamartine, Alphonse de, Portraits des Révolutionnaires, München 1984

Lamorlière, Rosalie, Relation du séjour Marie-Antoinette à la Conciergerie, Paris 1897

Landauer, Gustav, Briefe aus der Französischen Revolution, Berlin 1985

Leder, Karl Bruno, Todesstrafe, München 1980

Lennig, Walter, Marquis de Sade, Reinbek b. Hamburg 1965

Lenotre, André, La Guillotine et les exécuteurs des arrêts criminels pendant la Révolution, Paris 1920

Le Nôtre, Georges, Le Tribunal révolutionnaire, Paris 1908

Lévêque/Belot, Guide de la Révolution française, Paris 1986

Lex, Hans-Eberhard, Zum Sterben schön – Pariser Friedhöfe, Hamburg 1986

Lincoln/Baigent/Leigh, The Holy Blood and The Holy Grail, London 1982

Maistre, Joseph de, Considérations sur la France, London 1796

Manceron, Claude, Le sang de la Bastille, Paris 1987

Marat, J.-P., Ausgewählte Schriften, Berlin 1954

Markov, Walter, Revolution im Zeugenstand – Frankreich 1789–1799, 2 Bände, Leipzig 1982

Martini, Fritz (Hrsg.), Christoph Martin Wieland, Meine Antworten. Aufsätze über die Französische Revolution 1789–1793, Marbach 1983

Mehler/Zöllner, Henkersmahlzeiten, Frankfurt 1986
Melchior-Bonnet, Bernardine, La Révolution, Paris 1984
Mémoires de Charlotte Robespierre sur ses deux frères, Paris 1987
Mercier, Louis Sébastien, Tableau de Paris, ou Explications de Différentes Figures, Gravées à L'eau-Forte, pour servir aux différentes Editions du Tableau de Paris pour M. Mercier, Yverdon 1787
Michelet, Jules, Œuvres complètes, éditée par Paul Villanneix, Paris 1980 (dt.: J. M., Geschichte der Französischen Revolution in 5 Bänden, hrsg. v. Jochen Köhler, Frankfurt 1988)
Mirabeau, Ausgewählte Schriften, Hamburg 1971
Oelsner, Konrad Engelbert, Luzifer oder gereinigte Beiträge zur Geschichte der Französischen Revolution, Kronberg 1977
Pernond/Flaissier (Hrsg.), Die Französische Revolution in Augenzeugenberichten, München 1976
Petersen, Susanne, Marktweiber und Amazonen, Köln 1987
Plack, Arno, Die Gesellschaft und das Böse, München 1968
Prudhomme, Louis, Les Révolutions de Paris, Paris 1793
Reemtsma/Radspieler (Hrsg.), Christoph Martin Wieland, Politische Schriften, 3 Bände, Nördlingen 1988
Robespierre, Maximilien, Ausgewählte Texte, Hamburg 1971
Roederer, P. L., Œuvres, 9 Bände, Paris 1853–1859
Madame Roland, Memoiren aus dem Kerker, Zürich 1987
Rousseau, J.-J., Schriften, 2 Bände, München 1979
Sartre, Jean-Paul, Der Idiot der Familie, 5 Bände, Reinbek b. Hamburg 1977–1980
Schild, Wolfgang, Alte Gerichtsbarkeit, München 1980
Sédillot le jeune, Réflexions historiques et physiologiques sur le supplice de la guillotine, Paris 1796
Semmer, Gerd (Hrsg. u. Übers.), Ça ira – 50 Chansons, Chants, Couplets und Vaudevilles aus der Französischen Revolution, Ahrensburg 1961
Sieburg, Friedrich, Französische Geschichte, Frankfurt 1953
Sieburg, Friedrich, Im Licht und Schatten der Freiheit, Stuttgart 1961
Sieburg, Friedrich, Robespierre, Stuttgart 1958
Soboul, Albert, Französische Revolution und Volksbewegung: die Sansculotten, Frankfurt 1978
Soboul, Albert, Histoire de la Révolution Française, Paris 1965
Soboul, Albert, Précis de l'histoire de la Révolution Française, Paris 1962
Soubiran, A., Le bon docteur Guillotin, Paris 1962
Steiner, Gerhard (Hrsg.), Georg Forster, Werke in vier Bänden, Frankfurt 1970

Stendhal, Les Cenci, in: L'œuvre de Stendhal, Collection Les Porfiques, Paris 1952

Sue, J.J., Physiologische Untersuchungen und Erfahrungen über die Vitalität, Nürnberg 1799

Taine, Hippolyte, Les Origines de la France Contemporaine, 6 Bände, Paris 1876–1894

»Tel Quel« (Hrsg.), Das Denken von de Sade, München 1969

Thiers, M.A., Histoire de la Révolution Française, 2 Bände, Brüssel 1814

Tocqueville, Alexis de, L'Ancien Régime et la Révolution, Paris 1952

Tulard/Fayard/Fierri, Histoire et dictionnaire de la Révolution française 1789–1799, Paris 1982

Uthmann, Jörg von, Paris für Fortgeschrittene, Hamburg 1981

Varenne, Maton de la, Les Crimes de Marat, Paris 1795

Villiers de l'Isle-Adam, A., Le Secret de l'Echafaud, Paris 1886

Walter, G., Actes du Tribunal révolutionnaire, Paris 1968

Wendel, Hermann, Danton, Königstein 1978

Zeldin, Theodore, Die Kunst, zu sich selbst aufzublicken, Reinbek b. Hamburg 1987

Bildquellen: Abb. S. 11: Forschungsbibliothek Gotha; S. 49, 75, 117, 165, 173, 229 re. o., re. u., 271 u., 297: Bibliothèque Nationale, Paris; S. 109, 111, 246, 271 o., 291: Musée Carnavalet, Paris; S. 203, S. 229 li. o., li. u.: Musée de la Révolution Française, Vizille

Textquellen: S. 119 (Guillotine-Lied) aus: Gerd Semmer (Hrsg.), Ça ira – 50 Chansons, Chants, Couplets und Vaudevilles aus der Französischen Revolution, damokles-Verlag, Ahrensburg 1961 © Else Semmer, Ratingen; S. 164ff. (Bericht des Grafen Beugnot) aus: Olivier Blanc, Der letzte Brief, Zsolnay Verlag, Wien 1988; S. 216f. (Rede Robespierres) aus: Peter Fischer (Hrsg.), Reden der Französischen Revolution, Deutscher Taschenbuch Verlag, München 1974; S. 236f. (Michelet über die Frauen) aus: Jochen Köhler (Hrsg.), Jules Michelet, Geschichte der Französischen Revolution in 5 Bänden, Eichborn Verlag, Frankfurt 1988; S. 283ff. (Treffen Robespierre/Sanson) aus: Henri Sanson, Tagebücher der Henker von Paris 1685–1847, 2 Bde., Verlag C.H. Beck, München 1983

Karte S. 307 aus: Albert Soboul, Die Große Französische Revolution. Ein Abriß ihrer Geschichte (1789–1799), Athenäum Verlag, Frankfurt

Wir danken den Verlagen für die Veröffentlichungsrechte.

Erklärung der Rechte des Menschen und des Bürgers
26. August 1789

Die als Nationalversammlung vereinigten Vertreter des französischen Volkes betrachten die Unkenntnis der Menschenrechte, die Vergessenheit oder Mißachtung, in die sie geraten sind, als die einzigen Ursachen der öffentlichen Mißstände und der Verderbtheit der Regierungen. Daher haben sie beschlossen, in einer feierlichen Erklärung die angestammten, unveränderlichen und heiligen Rechte der Menschen darzutun, auf daß diese Erklärung jeglichem Gliede der menschlichen Gesellschaft ständig vor Augen sei und ihm seine Rechte und Pflichten für und für ins Gedächtnis rufe; auf daß die Handlungen der gesetzgebenden sowie die der ausübenden Gewalt jederzeit am Endzweck jeder politischen Einrichtung gemessen werden können und so mehr Achtung finden mögen; auf daß die Forderungen der Bürger, nunmehr auf klare und unerschütterliche Prinzipien gegründet, stets der Aufrechterhaltung der Verfassung und dem Wohl aller dienen.

So erkennt und verkündet die Nationalversammlung angesichts des Höchsten Wesens und unter seinen Auspizien die Rechte des Menschen und des Bürgers wie folgt:

Artikel 1. Frei und gleich an Rechten werden die Menschen geboren und bleiben es. Die sozialen Unterschiede können sich nur auf das gemeinsame Wohl gründen.

Artikel 2. Der Zweck jedes politischen Zusammenschlusses ist die Bewahrung der natürlichen und unverlierbaren Menschenrechte. Diese Rechte sind Freiheit, Eigentum, Sicherheit und Widerstand gegen Bedrückung.

Artikel 3. Jegliche Souveränität liegt im Prinzip und ihrem Wesen nach in der Nation, keine Körperschaft und kein einzelner kann eine Autorität ausüben, die sich nicht ausdrücklich von ihr herleitet.

Artikel 4. Die Freiheit besteht darin, alles tun zu können, was anderen nicht schadet. Also hat die Ausübung der natürlichen Rechte bei jedem Menschen keine anderen Grenzen als die, den anderen Mitgliedern der Gesellschaft den Genuß der gleichen Rechte zu sichern. Diese Grenzen können nur durch das Gesetz bestimmt werden.

Artikel 5. Das Gesetz hat nur das Recht, Handlungen zu verbieten, die der Gesellschaft schädlich sind. Was nicht durch Gesetz verboten ist, darf nicht verhindert werden, und niemand kann gezwungen werden, etwas zu tun, was das Gesetz nicht befiehlt.

Artikel 6. Das Gesetz ist der Ausdruck des Gemeinwillens. Alle Bürger haben das Recht, persönlich oder durch ihre Vertreter an seiner Schaffung mitzuwirken. Es muß für alle das gleiche sein, mag es nun beschützen oder bestrafen. Alle Bürger sind vor seinen Augen gleich. Sie sind in der gleichen Weise zu allen Würden, Stellungen und öffentlichen Ämtern zugelassen, je nach ihrer Fähigkeit und ohne andere Unterschiede als ihre Tüchtigkeit und Begabung.

Artikel 7. Niemand kann angeklagt, verhaftet oder gefangengehalten werden in anderen als den vom Gesetz festgelegten Fällen und in den Formen, die es vorschreibt. Wer Willkürakte anstrebt, befördert, ausführt oder ausführen läßt, ist zu bestrafen; aber jeder Bürger, der durch ein Gesetz gerufen oder erfaßt wird, muß augenblicklich gehorchen; durch Widerstand macht er sich schuldig.

Artikel 8. Das Gesetz darf nur unbedingt und offensichtlich notwendige Strafen festsetzen, und niemand darf bestraft werden, es sei denn kraft eines bereits vor seinem Delikt erlassenen, veröffentlichten und legal angewandten Gesetzes.

Artikel 9. Jeder wird so lange als unschuldig angesehen, bis er als schuldig erklärt worden ist; daher ist, wenn seine Verhaftung als unerläßlich gilt, jede Härte, die nicht dazu dient, sich seiner Person zu versichern, auf dem Gesetzeswege streng zu unterdrücken.

Artikel 10. Niemand darf wegen seiner Überzeugungen, auch nicht der religiösen, behelligt werden, vorausgesetzt, daß ihre Betätigung die durch das Gesetz gewährleistete öffentliche Ordnung nicht stört.

Artikel 11. Die freie Mitteilung seiner Gedanken und Meinungen ist eines der kostbarsten Rechte des Menschen. Jeder Bürger darf sich also durch Wort, Schrift und Druck frei äußern; für den Mißbrauch dieser Freiheit hat er sich in allen durch das Gesetz bestimmten Fällen zu verantworten.

Artikel 12. Die Sicherung der Menschen- und Bürgerrechte macht eine öffentliche Gewalt notwendig; diese Gewalt wird demnach zum Nutzen aller eingesetzt, nicht aber zum Sondervorteil derjenigen, denen sie anvertraut ist.

Artikel 13. Für den Unterhalt der öffentlichen Gewalt und für die Ausgaben der Verwaltung ist eine allgemeine Steuer vonnöten; sie ist gleichmäßig auf alle Bürger zu verteilen nach Maßgabe ihres Vermögens.

Artikel 14. Die Bürger haben das Recht, selbst oder durch ihre Vertreter die Notwendigkeit einer öffentlichen Auflage zu prüfen, sie zu bewilligen, ihren Gebrauch zu überwachen und ihre Teilbeträge, Anlage, Eintreibung und Dauer zu bestimmen.

Artikel 15. Die Gesellschaft hat das Recht, von jedem öffentlichen Beauftragten ihrer Verwaltung Rechenschaft zu fordern.

Artikel 16. Eine Gesellschaft, deren Rechte nicht sicher verbürgt sind

und bei der die Teilung der Gewalten nicht durchgeführt ist, hat keine Verfassung.
Artikel 17. Da das Eigentum ein unverletzliches und heiliges Recht ist, darf es niemandem genommen werden, es sei denn, daß die gesetzlich festgestellte öffentliche Notwendigkeit es augenscheinlich verlangt, und nur unter der Bedingung einer gerechten und im voraus zu entrichtenden Entschädigung.

Paris zur Zeit der Revolution
Die Sektionen von 1790–1795

(Die Namen von 1790/91 stehen an erster Stelle, spätere Namen in Klammern)

 1. Tuileries
 2. Champs-Elysées
 3. Roule (République)
 4. Palais-Royal (Butte des Moulins, Montagne)
 5. Place Vendôme (Piques)
 6. Bibliothèque (1792, Lepeletier)
 7. Grange Batelière (Mirabeau, Mont Blanc)
 8. Louvre (Musée)
 9. Oratoire (Garde Française)
10. Halle au Blé
11. Postes (Contrat Social)
12. Place Louis XIV (Mail, Guillaume Tell)
13. Fontaine Montmorency (Molière et la Fontaine, Brutus)
14. Bonne Nouvelle
15. Ponceau (Amis de la Patrie)
16. Mauconseil (Bon Conseil)
17. Marchés des Innocents (Halles, Marchés)
18. Lombards
19. Arcis
20. Faubourg Montmartre (Faubourg Mont-Marat)
21. Poissonnière
22. Bondy
23. Temple
24. Popincourt
25. Montreuil
26. Quinze Vingts
27. Gravilliers
28. Faubourg Saint-Denis (Faubourg du Nord)
29. Beaubourg (Réunion)
30. Enfants Rouges (Marais, Homme Armé)
31. Roi de Sicile (Droits de l'Homme)
32. Hôtel de Ville (Maison Commune, Fidélité)
33. Place Royale (Fédérés, Indivisibilité)
34. Arsenal
35. Ile Saint-Louis (Fraternité)
36. Notre-Dame (Cité, Raison)
37. Henri IV (Pont Neuf, Révolutionnaire)
38. Invalides
39. Fontaine de Grenelle
40. Quatre Nations (Unité)
41. Théâtre Français (Marseille, Marat)
42. Croix Rouge (Bonnet Rouge, Bonnet de la Liberté, Ouest)
43. Luxembourg (Mutius Scaevola)
44. Thermes de Julien (Beaurepaire, Chalier, Régénérée, Thermes)
45. Sainte-Geneviève (Panthéon Français)
46. Observatoire
47. Jardin des Plantes
48. Gobelins (Lazowski, Finistère)

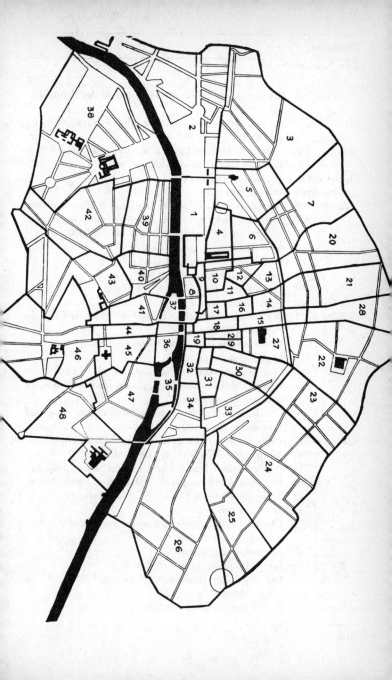

Zeittafel

1643–1715	Regierungszeit Ludwigs XIV., genannt der Sonnenkönig
1685	Charles Sanson de Longval verläßt die Normandie und geht nach Paris
23. 9.1688	Charles Sanson de Longval wird von der Königlichen Kommission als Scharfrichter in Paris bestätigt
18. 1.1689	Montesquieu geboren
21.11.1694	Voltaire geboren
8. 9.1703	Der zweite Sanson, Charles, wird in sein Amt eingeführt
1707	Tod von Charles Sanson de Longval. Sein Sohn Charles heiratet am 30. April Marthe Dubut, die Schwester seiner Stiefmutter
28. 6.1712	Jean-Jacques Rousseau in Genf geboren
1715	Regierungsantritt Ludwigs XV.
19. 4.1719	Charles-Jean-Baptiste Sanson geboren
5.10.1713	Denis Diderot geboren
27.10.1721	Der Bandit Cartouche wird auf der Place de Grève in Paris hingerichtet
1721	Montesquieus »Persische Briefe« erscheinen
12. 9.1726	Charles Sanson gestorben
2.10.1726	Charles-Jean-Baptiste Sanson wird als Scharfrichter bestätigt. Als Vormund vertritt den Siebenjährigen ein gewisser Prudhomme
31. 5.1729	Charles-Jean-Baptiste Sanson assistiert zum erstenmal bei einer Hinrichtung
24. 1.1732	Pierre Augustin Caron de Beaumarchais geboren
28. 5.1738	Joseph Ignace Guillotin in Saintes geboren
1739	der Revolutionshenker Charles-Henri Sanson geboren
2. 6.1740	Donatien-Alphonse-François Marquis de Sade geboren
24. 5.1743	Jean-Paul Marat in Boudry/Neuchâtel geboren
9. 3.1749	Mirabeau geboren
1754	Charles-Henri Sanson wird in sein Amt eingeführt
23. 8.1754	Ludwig XVI. geboren
10. 2.1755	Montesquieu gestorben
2.11.1755	Marie Antoinette in Wien geboren
23. 3.1757	Der Attentäter Damiens wird auf der Place de Grève hingerichtet
6. 5.1758	Robespierre in Arras geboren

26.10.1759	Danton in Arcis-sur-Aube geboren
20. 1.1765	Charles-Henri Sanson heiratet Marie-Anne Jugier
1767	Henri Sanson geboren.
	Saint-Just in Decize/Loire geboren
27. 8.1768	Charlotte de Corday d'Armont in Saint-Saturnin-des-Ligneries geboren
1769	Napoleon geboren.
	Die Du Barry wird Mätresse Ludwigs XV.
1770	Ludwig XVI. heiratet Marie Antoinette
1770	»Die Geschichte beider Indien« von Abbé Raynal
10. 5.1774	Ludwig XV. gestorben, Ludwig XVI. König von Frankreich
4. 7.1776	Annahme der amerikanischen Unabhängigkeitserklärung durch den Kongreß
August 1778	Charles-Jean-Baptiste Sanson gestorben
1778	Benjamin Franklin erreicht Bündnis Frankreich–Amerika
1778–1783	Teilnahme Frankreichs am amerikanischen Unabhängigkeitskrieg
30. 5.1778	Voltaire gestorben
12. 7.1778	J.-J. Rousseau gestorben
1781	Reformen Kaiser Josephs II. von Österreich: Abschaffung der Leibeigenschaft und der Folter; Religionsfreiheit; Aufhebung der Klöster
29. 2.1784	De Sade wird in die Bastille eingeliefert, nachdem er bereits 1778 in Vincennes wegen Giftanschlags und Sodomie inhaftiert worden war
30. 7.1784	Diderot gestorben
1784	Uraufführung von Beaumarchais' Stück »Ein toller Tag oder Figaros Hochzeit« in Paris
1785	Halsbandprozeß gegen den Kardinal Rohan, der sich mit einem Diamanthalsband die Gunst der Königin erkaufen wollte. Trotz Freispruchs Skandal
1786	Uraufführung von Mozarts Oper »Figaros Hochzeit« in Wien
1788	Die amerikanische Verfassung tritt in Kraft.
	Abbé Sieyès stellt in Frankreich die Frage: Was ist der dritte Stand?
14. 1.1789	Einberufung der Generalstände
5. 5.1789	Eröffnung der Generalstände
17. 6.1789	Konstituierung der Nationalversammlung (Konvent)
20. 6.1789	Ballhausschwur im »Jeu de Paume« in Versailles: Die

	Mitglieder der Nationalversammlung verpflichten sich zur Formulierung einer neuen Verfassung
4. 7. 1789	De Sade wird wegen revolutionären Verhaltens aus der Bastille nach Charenton verlegt
14. 7. 1789	Sturm auf die Bastille
26. 8. 1789	Erklärung der Menschen- und Bürgerrechte
12. 9. 1789	Marat bringt die Zeitung »Le publiciste de la République française« heraus
16. 9. 1789	Die Zeitung »Le publiciste« wird von Marat in »L'Ami du peuple« umgetauft
5. 10. 1789	Zug der Frauen nach Versailles
6. 10. 1789	Rückkehr des Königs und seiner Familie nach Paris (Tuilerienschloß)
9. 10. 1789	Der Arzt Guillotin beantragt die Todesstrafe und ihre Vollstreckung durch ein mechanisches Instrument
2. 11. 1789	Der Besitz der Kirche wird verstaatlicht
28. 11. 1789	Camille Desmoulins publiziert die erste Ausgabe seiner Zeitung »Révolutions de France et de Brabant«
Dez. 1789	Die Verfassunggebende Versammlung (»Assemblée Constituante«) entscheidet, den Scharfrichter wie jeden anderen Citoyen zu behandeln
7. 1. 1790	Aufstände in Versailles wegen des überhöhten Brotpreises
13. 2. 1790	Aufhebung der Klöster in Frankreich
31. 3. 1790	Robespierre wird Präsident des Jakobinerclubs
2. 4. 1790	De Sade wird aus der Haft entlassen, nachdem alle königlichen »lettres de cachet« (willkürliche Haftbefehle) für ungültig erklärt wurden
21. 5. 1790	Umwandlung der 60 Pariser Distrikte in 48 Sektionen
6. 9. 1790	Abschaffung des Parlaments
29. 9. 1790	Camille Desmoulins heiratet Lucile Duplessis
2. 4. 1791	Mirabeau gestorben
21. 6. 1791	Die Flucht der königlichen Familie scheitert in Varennes
17. 7. 1791	Blutbad auf dem Marsfeld
7. 2. 1792	Militärbündnis Österreich–Preußen gegen Frankreich
20. 3. 1792	Die Nationalversammlung bewilligt die Hinrichtung der Republikgegner durch eine Maschine
17. 4. 1792	Generalprobe der Guillotine in Bicêtre
20. 4. 1792	Die Gesetzgebende Versammlung (»Assemblée Législative«) erklärt Österreich den Krieg
25. 4. 1792	Erste Hinrichtung durch die Guillotine: Der Straßenräuber Pelletier wird auf der Place de Grève enthauptet

30. 5.1792	Auflösung der Königlichen Garde
20. 6.1792	Massendemonstrationen in Paris gegen die Okkupationspolitik des Königs
25. 7.1792	Manifest des Herzogs von Braunschweig
10. 8.1792	Die königliche Familie wird im Temple arretiert
2. 9.1792	Kapitulation von Verdun
3. 9.1792	De Sade Sekretär der revolutionären »Section des Piques«, später wird er zum Richter und Gerichtsvorsitzenden ernannt
2.–5. 9.1792	Septembermassaker in Paris
20. 9.1792	Schlacht von Valmy
22. 9.1792	Die erste französische Republik wird ausgerufen
11.12.1792–17. 1.1793	Prozeß gegen Ludwig XVI.
21. 1.1793	Ludwig XVI., degradiert zum Bürger Louis Capet, wird enthauptet
1. 2.1793	Frankreich erklärt England und den Niederlanden den Krieg
25./26. 2.1793	»Ladensturm« in Paris
7. 3.1793	Frankreich erklärt Spanien den Krieg
10. 3.1793	Das Revolutionstribunal beginnt seine Tätigkeit
4. 5.1793	Ein Höchstpreis für Mehl und Getreide wird festgesetzt
10. 7.1793	Danton scheidet aus dem Wohlfahrtsausschuß aus
13. 7.1793	Charlotte Corday ermordet Marat
17. 7.1793	Hinrichtung von Charlotte Corday
17. 7.1793	Marat bekommt als »Märtyrer der Freiheit« im Pantheon einen Ehrenplatz
27. 7.1793	Robespierre wird in den Wohlfahrtsausschuß gewählt
17. 9.1793	Beginn der Schreckenszeit
16.10.1793	Hinrichtung von Marie Antoinette
17.10.1793	Aufstand in der Vendée bei Cholet niedergeschlagen
31.10.1793	Die Girondisten werden hingerichtet
6.11.1793	Hinrichtung von Philippe-Egalité (Herzog von Orléans)
8.11.1793	Hinrichtung von Madame Roland
10.11.1793	»Fest der Freiheit und Vernunft« in Notre-Dame
24.11.1793	Beginn des neuen Republikanischen Kalenders (Jahr I)
8.12.1793	De Sade wird wegen revolutionsfeindlicher Haltung erneut verhaftet
24. 3.1794	Hinrichtung der Hébertisten
5. 4.1794	Hinrichtung Dantons und der Dantonisten
8. 6.1794	»Fest des Höchsten Wesens«

10. 6.–27. 7. 1794	»Der große Terror«: 1376 Menschen werden in Paris guillotiniert
26. 7. 1794	Robespierre spricht zum letztenmal vor dem Konvent
28. 7. 1794	Hinrichtung Robespierres und seiner Anhänger
24. 8. 1794	Die Revolutionsausschüsse werden abgeschafft
15. 10. 1794	De Sade wird aus dem Gefängnis entlassen
21. 11. 1794	Schließung des Jakobinerclubs
1795	Henri Sanson wird Nachfolger seines Vaters Charles-Henri
5. 4. 1795	Friedensschluß mit Preußen in Basel
7. 5. 1795	Hinrichtung von Fouquier-Tinville
16. 5. 1795	Friedensvertrag mit Holland
31. 5. 1795	Das Revolutionstribunal wird aufgelöst
8. 6. 1795	Der junge Dauphin stirbt im Gefängnis
Mai–Juni 1795	»Weißer Terror« in Paris, Aufstände wegen der Brotpreise
22. 7. 1795	Friedensvertrag mit Spanien
1. 10. 1795	Annexion von Belgien
26. 10. 1795	Auflösung des Konvents
3. 11. 1795	Regierungsantritt eines fünfköpfigen Direktoriums
10. 4. 1796	Napoleon beginnt seinen Italienfeldzug
1799	Henri-Clément Sanson geboren
18. 5. 1799	Beaumarchais gestorben
6. 3. 1801	Erneute Verhaftung de Sades und Einweisung in das Staatsgefängnis Le Pélagie
1806	Charles-Henri Sanson gestorben
1814	Dr. Guillotin gestorben
2. 2. 1816	Henri-Clément Sanson tritt offiziell die Nachfolge seines Vaters Henri an
1. 12. 1816	Henri-Clément Sanson nimmt an der für ihn ersten Hinrichtung teil
1821	Napoleon gestorben
1840	Henri Sanson gestorben
18. 3. 1847	Henri-Clément Sanson wird entlassen
1854	Madame Tussaud kauft Henri-Clément Sanson die Guillotine ab
1863	In Paris veröffentlicht Henri-Clément Sanson die »Mémoires des Sansons«
25. 11. 1871	Die französischen Scharfrichter werden arbeitslos. Für ganz Frankreich übt ab 1871 nur noch einer dieses Amt aus: Louis Deibler
1889	Henri-Clément Sanson gestorben

Personen der Handlung

Aichelin, Peter 73
Albi, Bischof von 70
Albrecht, Herzog von Bayern 72
Aldegrever, Heinrich 119, 122
Angoulême, Louis Antoine, Herzog von 239
Antje, Jean-François 157
Aristoteles 53
Arnaud, Guillaume 69

Babeuf, François-Noël, gen. Gracchus 293
Badin 208
Bailly, Jean Sylvain 117
Balzac, Honoré de 30, 113
Barbaroux, Charles-Jean-Marie 207, 221
Barre, Jean (Henker) 34, 149, 151
Basire, Claude 262, 264
Bassencourt, Marquis de 17, 170
Batz, Jean, Baron de 17
Beaufort, Anne-Marie de 170
Beauharnais, Françoise de 170
Beaumarchais, Pierre Augustin Caron de 93
Beaurieux, Gabriel 141
Bernauer, Agnes 72
Berthollet, Claude 178
Béthisy, Mlle de 170
Beugnot, Jacques Claude, Comte 167
Bierce, Ambrose 113
Billaud-Varenne, Jean-Nicolas 148
Biron, Armand-Louis de Gontaud 156, 158, 170
Blanc, Louis 39, 164

Bocchi, Achille 119
Boehmer, Georg Wilhelm 192
Boleyn, Anna 59
Bonaparte, Josephine 170
Bonhoeffer, Dietrich 295
Bouts, Dirk 44
Boyd, Walter 172
Braunschweig, Karl Wilhelm Ferdinand, Herzog von 144f., 258
Brissot, Jacques Pierre 16, 228, 244
Brouchard, Nicole 17, 22
Bruno, Giordano 70
Büchner, Georg 98, 230, 257
Burgkmair, Hans 44
Buzot, François-Nicolas-Léonard 16, 163
Byron, Lord 113

Cabanis, Pierre-Jean-Georges 131
Callier, Marie-Joseph 107
Calonne, Charles Alexandre de 178
Campe, Johann Heinrich 105
Capeluche (Henker) 83
Capet, Louis (s. Ludwig XVI.)
Carrichon, Abbé 21
Carrier, Jean Baptiste 107, 293
Cartouche, Louis Dominique 40, 64, 74
Casanova, Giacomo 113
Caserio 90
Castres, Abbé Sabatier de 215
Cenci, Beatrice 120
Cenci, Giacomo 120
Chabot, François 261, 264f.

Chamfort (Nicolas Sébastien Roch) 92, 114
Charpentier, Antoinette-Gabrielle 258
Chateaubriand, François René, Vicomte de 193, 258
Chaumette, Pierre Gaspard, gen. Anaxagoras 260
Chauveau-Lagarde, Claude François 219, 239
Chénier, André 102, 153, 171
Clairin, René Noël 134
Clavière, Etienne 169
Clemens V. 182
Clemens VIII. 68
Clermont-Tonnerre, Stanislas Marie Adelaïde, Comte de 77, 199
Cléry, Jean-Baptiste 182 ff.
Cloots, Jean Baptiste du Val-de-Grâce, gen. Anarchasis, Baron de 260
Coligny, Gaspard de 59
Collot d'Herbois, Jean-Marie 15 f., 107
Condé, Louis-Joseph, Prinz von 207
Condorcet, Marie Louise Sophie de Grouchy de 232
Corday d'Armont, Jean-François de 207
Corday d'Armont, Marie-Anne-Charlotte 16, 102, 136 f., 151, 153, 169 f., 194, 201–226, 236, 239
Corneille, Pierre 205, 207
Couthon, Georges 256, 285, 287
Cranach der Ältere, Lucas 44, 119
Crequi de Montmorency, Marquis de 157, 171
Cuillerier, Michel 130 f.

Curault, Henry-Gabriel 80

Dalrymple, Grace 42 f.
Damiens, Robert-François 40, 65, 74, 176
Damoreau, Abbé 193
Danton, Georges-Jacques 16, 21, 98, 101 f., 113, 139, 147, 153, 158, 174 f., 194, 206, 224, 256–271, 293
D'Arcis, Hugues 70
Darmès, Ennemond-Marius 294
D'Artois, Charles-Philippe de Bourbon, Comte 170, 210 f.
David, Jacques Louis 45, 102, 117, 162, 218, 252, 266, 272
Deibler, Fidelis (Henker) 88
Deibler, Joseph-Anton (Henker) 88 f.
Deibler, Louis-Stanislas (Henker) 89 f.
Deibler, Roger-Isidore (Henker) 90
Delaunay d'Angers, Joseph 256, 262, 264
Delp, Alfred 295
Desmoret, Louis-Antoine-Stanislas 89
Desmoret, Simon (Henker) 24, 227
Desmoulins, Lucie Simplice Benoît Camille 16, 20, 97 f., 102 f., 137, 143, 153, 158, 168, 194, 215, 220, 224, 230, 256, 261–265, 267, 270, 293
Desmoulins, Lucile 103, 137, 230, 263, 269, 271
D'Espagnac, Marc René Sahuguet, Abbé 262
Dickens, Charles 113
Diderot, Denis 36, 92, 114, 176, 210, 231, 257

Diedericksen, Jean-Frédéric 262, 270
Du Barry, Jean 179
Du Barry, Jeanne 153, 155, 170, 179, 233 f.
Dubut, Jeanne-Renée 32
Dubut, Marthe 32 ff.
Dumas, Alexandre 29, 113
Dupin, Claude-François 271
Duplay, Eléonore 280, 289
Duplay, Elisabeth 281, 289
Duplay, Henriette 281
Duplay, Maurice 280
Duplay, Sophie 281
Duplessis-Bertaux, Jean 45
Duport-Dutertre, Marguerite-Louis-François 125
du Pré, Pierre (Henker) 83
Dürer, Albrecht 44, 122
Durosay, Pierre Barnabe 143
Dutruy, André 150

Eduard III. 121
Elisabeth de France, gen. Madame Elisabeth 234 f., 245, 248
Essex, Graf 59
Evraerd, Simonne 170, 204, 217

Fabre d'Eglantine, Philippe-François-Nazaire 99, 102, 153, 261, 265 f., 269 f.
Fauchet, Claude 228
Felurant (Henker) 83
Ferniot, Jeanne 172
Fersen, Hans Axel, Graf von 239
Firmin (Henker) 149, 225
Firmont, Edgeworth de (auch Henry Essex) 183, 185 f., 189, 191
Flesselles, Jacques de 97
Fleury, Marquise de 171

Florian, Jean-Pierre-Claris de 170
Forster, Georg Ludwig 193, 224
Fouché, Joseph 107, 287
Foullon, Joseph François 97
Fouquier-Tinville, Antoine-Quentin 16 f., 101, 149 f., 154, 156, 158, 161, 166, 170, 172, 219, 228, 235, 239, 243, 248, 263, 278, 286, 293
Franklin, Benjamin 94
Frey, Emmanuel 262, 264, 270
Frey, Siegmund Gottlob Dobroujka-Schoenfeld, gen. Junius 262, 264, 270
Friedrich II. von Kassel 138

Gabriel, Jacques Ange 45
Garat, Dominique-Joseph 183
Gastel, Clément-Henri-Léon de 157
Gautier, Pierre 136
Gély, Louise 258
Goerdeler, Carl 295
Gorsas, Antoine-Joseph 44
Gouges, Olympe de 205, 231 ff., 235
Grandmaison, Marie Babin de 17, 19, 172
Grégoire, Achille, Abbé 30, 93
Grien, Hans Baldung 44
Gros (Henker) 149, 151
Gui, Bernard 69
Guidon 130 f., 133
Guillaume, Jean (Henker) 83
Guillotin, Joseph Ignace 40, 113–118, 120, 122, 124, 136
Guzman, Andres Marie de 262

Halbourg, Cathérine, gen. Eglé 169
Hanriot, François 289

315

Hauër, Jean Jacques 221
Hébert, Jacques-René 13, 96, 150, 153, 194, 214f., 230, 243ff., 255
Heindreicht (Henker) 133
Heinrich IV. 182
Henry-Larivière, Pierre Joseph Joachim 90
Hérault de Séchelles, Marie-Jean 16, 139, 256, 261, 264f.
Herman, Armand-Martial-Joseph 154, 158
Hölderlin, Friedrich 106, 206
Holbein der Ältere, Hans 44
Holinshed, Raphael 121
Howard, Katherine 59
Hugo, Victor 29, 64, 87
Humboldt, Wilhelm von 106
Hus, Johannes 70

Innozenz VIII. 71
Institoris, Heinrich 71

Jeanne d'Arc 71
Jefferson, Thomas 95
Johnson, Samuel 257
Jouënne, Marguerite 31
Jouënne, Pierre 32
Jugier, Marie-Anne 41, 74
Julien, Jean 143

Kardec, Allan 142
Kleist, Heinrich von 63
Klopstock, Friedrich Gottlieb 106
Kohlhase, Hans (Michael Kohlhaas) 63
Konrad von Schwaben 121

Labat, Jean-Baptiste 120
Laclos, Pierre Ambroise François Choderlos de 170

Lacroix, Jean-François 256, 262f., 269
Ladmiral, Henri 15ff.
La Fayette, Marie-Joseph-Gilbert-Motier, Marquis de 94, 99, 143
Lally-Tollendal, Gérard, Marquis de 61
Lamballe, Marie Thérèse Louise de Savoie, Prinzessin von 104, 106, 170, 183
Lamorlière, Rosalie 249
La Motte-Picquet, Toussaint 94
La Tour du Pin, Frédéric de Paulin, Marquis de 153, 169
Le Bas, Philippe-François-Joseph 281, 289
Leber, Julius 295
Le Bon, Joseph Guislain François 107, 285, 293
Ledoux, Claude Nicolas 170
Lehardy, Pierre 228
Leibniz, Gottfried Wilhelm v. 38
Lescaut, Manon 168
Levacher 45
Leyden, Lucas van 44, 122
L'Hérétier de l'Ain 30
Liguières, Dassy de 140
Lindet, Robert Thomas 279
Lisfranc, Jacques 38
Lober, Louis-Augustin 294
Lochner, Stephan 44
Loménie de Brienne, Etienne Charles de 235
Louis, Antoine 15, 113, 124f., 130f., 136
Louis Charles 238
Louis Joseph, Dauphin von Frankreich (Ludwig XII.) 238
Louis Philippe Joseph, Duc d'Orléans (Philippe-Egalité) 19, 100, 153, 158, 169, 175, 257, 261

Louschart, Jean-Louis 74 f.
Louschart, Maturin 74 f.
Luckner, Nikolaus Graf 156
Ludwig VIII., gen. der Löwe 68
Ludwig IX. 67
Ludwig XIV., gen. der Sonnenkönig 91, 100, 104
Ludwig XV. 13, 65, 179, 231, 238, 268
Ludwig XVI. (Louis Capet) 13, 34, 91, 93, 98, 102, 113 f., 124, 139, 147, 174–193, 197, 214, 257, 278, 296
Lullier, Louis-Marie 262
Lux, Adam 170, 207, 223 f.

Maistre, Joseph-Marie, Comte de 36
Marat, Albertine 170, 204, 282
Marat, Jean-Paul 16, 45, 102, 104, 136, 145, 147, 151, 168, 170, 174, 194, 201–226
Maria Stuart 62
Maria Theresia von Österreich 238, 255
Marie Antoinette 45, 74, 96, 102, 113, 145, 158, 183, 197, 205, 214, 238–255
Marie Thérèse Charlotte, gen. Madame Royale 238
Marigny, Enguerrand de 59
Mata Hari 171
Maury, Jean Siffrein 77
Mercier, Louis Sébastien 39, 160, 179
Merck, Johann Heinrich 105
Méricourt, Théroigne de 104, 147, 231
Mesmer, Franz Anton 117
Michelet, Jules 12 f., 39, 202, 207, 209, 222, 236 f.
Michon-Delafondée, Claire 204

Mirabeau, Honoré Gabriel Riqueti, Comte de 93, 98, 214 f., 257
Molay, Jacques de 192
Monaco, Thérèse Caroline de 153, 169, 172
Montaigne, Michel de 296
Montesquieu, Charles de Secondat, Baron de la Brède et de 36, 91 f., 117, 176
Montmartre, Äbtissin von 171
Montmorency, Marschall de 120
Montmorency-Laval, Mme de 170 f.
Montreuil, Mme de 170
Morelly, André, Abbé 92
Morton 121
Morus, Thomas 59
Motte-Valois, Jeanne de 74, 168, 244

Napoleon I. Bonaparte 29, 232, 271
Necker, Jacques 178
Noailles, Anne Claude Laurence, Vicomtesse de 153
Noailles, Cathérine-Françoise-Charlotte, Duchesse de 238
Noailles-Mouchy, Philippe de 162, 170

Paine, Thomas 175
Palm, Etta 231
Pelletier, Jacques-Nicolas 125, 132, 143, 278
Pencz, Georg 119, 122
Pestalozzi, Johann Heinrich 106
Pettigaud 141 f.
Peyrussan, Jean-Denis 198
Pfalz, Liselotte von der 180
Philipp IV., gen. der Schöne 182
Philippe-Egalité (s. Louis Philippe Joseph, Duc d'Orléans)

Philippeaux, Pierre Nicolas 262f., 269
Pinel, Philippe 131, 188
Pompadour, Jeanne Antoinette, Marquise de 179
Pont, Antoine 294
Pope, Alexander 257
Prévost d'Exiles, Abbé Antoine François 180
Provence, Louis Stanislas Xavier, Duc de 145
Prunier, Théotime 140

Racine, Jean-Baptiste 207
Raffet, Denis Auguste Marie 45
Raleigh, Sir Walter 59
Rasseneux, Antoine-Joseph 89
Rasseneux, Zoé-Victorine 89
Ravachol 90
Raymond VI., Graf von Toulouse 68
Raynal, Abbé Guillaume Thomas 207, 220
Renard, Abbé 193
Renault, Aimée Cécile 15–19, 103, 153
Robespierre, Augustin-Bon-Joseph de 16f., 282
Robespierre, Charlotte de 280, 282
Robespierre, Maximilien-Marie-Isidore de 15–18, 77, 92, 96, 98, 101f., 104, 106, 112f., 115, 147, 153, 156, 174, 194, 206, 224, 245, 252, 256, 259ff., 265ff., 272–293
Roch (Henker) 89
Roederer, Pierre-Louis 84, 125, 130f., 134f.
Roland de la Platière, Manon, Madame 13, 103, 153, 163, 167, 169f., 205, 223, 232

Ronsin, Charles Philippe 260
Rousseau, Jean-Jacques 35f., 92, 114, 117, 176, 207, 219, 231, 257, 276, 283, 286, 294
Roux, Jacques 96, 174, 184, 191, 212, 293
Rozeau, Jean (Henker) 83

Sade, Donatien Alphonse François, Marquis de 39, 56, 92, 170, 177, 218
Saint-Just, Louis Antoine de 101f., 113, 153, 174f., 194, 263, 279ff., 287, 289, 296
Saint-Remy-Valois, Jeanne de 74
Sainte-Amaranthe, Charlotte-Rose-Emilie de 16, 22, 170
Sainte-Amaranthe, Jeanne-Françoise-Desmier de 16, 19, 170
Salmon, Henri 294
Sanson, Anne-Renée 33
Sanson, Charlemagne 35, 186ff.
Sanson, Charles 27, 32, 63, 149, 152
Sanson, Charles-Jean-Baptiste 27f., 33f., 36f., 40, 61, 63, 65, 82
Sanson, Henri 24, 30, 35, 45, 73, 197, 288, 293f., 296
Sanson, Henri-Clément 24, 27–31, 42, 45, 64, 76, 84, 87, 112f., 124, 188f., 196, 227, 294f.
Sanson, Louis-Martin 35, 186
Sanson, Nicolas-Charles-Gabriel 33
Sanson, Nicolas-Gabriel 28, 65
Sanson de Longval, Charles 26, 28f., 31, 40, 61, 78, 83
Santerre, Antoine Joseph 184, 186, 191
Savonarola 70

Schiller, Friedrich 106
Schleiermacher, Friedrich 105
Schmidt, Tobias 113, 123f., 130, 134
Scholl, Geschwister 295
Schubart, Christian Friedrich Daniel 105
Scott, Sir Walter 121
Sédillot, Jean 139
Sillery, Charles-Alexis Brulart, Comte de Genlis et Marquis de 228
Simon, Antoine 245
Smith, Adam 257
Sombreuil, Mlle de 170
Sömmerring, Samuel Thomas 137–140
Sophie-Hélèn-Beatrix 238
Spartakus 51
Sprenger, Jacob 71
Staël-Holstein, Anne Louise Germaine, Madame de 232
Stahl, Georg Ernst 38
Stendhal (Marie Henry Beyle) 120
Suffren de Saint-Tropez, Pierre André de 94

Taine, Hippolythe 39
Talleyrand-Périgord, Charles-Maurice de 100
Tallien, Jean-Lambert 287
Tallien, Jeanne-Marie-Ignazie-Thérèse 232

Thiers, M. Adolphe 39, 202
Trenck, Friedrich, Freiherr von der 153, 157, 170
Tronson, Madeleine 34, 86
Tronson Ducoudray, Guillaume Alexandre 239
Tussaud, Madame (Marie Grosholtz) 113

Vaillant 90
Valagnos 166
Verdier, Hélène 76
Vergennes, Charles Gravier, Graf von 171
Vergniaud, Pierre-Victurien 101, 228
Vigée, Elisabeth 170
Villeneuve 45
Villeroy, Herzog von 170
Villiers de l'Isle-Adam, Auguste, Comte de 142
Voltaire, François Marie Arouët 36, 92, 114, 136, 176, 231, 257, 286

Weikard 138
Weiss, Peter 201
Westermann, Jean-François-Joseph 269
Wieland, Christoph Martin 105

Zelle, Christian 33
Zola, Emile 113